物联网基础及其商业模式研究

李欢 著

中国财富出版社

图书在版编目（CIP）数据

物联网基础及其商业模式研究 / 李欢著．—北京：中国财富出版社，2014.12

ISBN 978－7－5047－5446－2

Ⅰ．①物…　Ⅱ．①李…　Ⅲ．①互联网络—应用—商业模式—研究 ②智能技术—应用—商业模式—研究　Ⅳ．①TP393.4 ②TP18

中国版本图书馆 CIP 数据核字（2014）第 251736 号

策划编辑	寇俊玲	**责任印制**	方朋远
责任编辑	丁美霞　辛倩倩	**责任校对**	梁　凡

出版发行	中国财富出版社		
社　　址	北京市丰台区南四环西路 188 号 5 区 20 楼	**邮政编码**	100070
电　　话	010－52227568（发行部）　010－52227588 转 307（总编室） 010－68589540（读者服务部）010－52227588 转 305（质检部）		
网　　址	http://www.cfpress.com.cn		
经　　销	新华书店		
印　　刷	北京京都六环印刷厂		
书　　号	ISBN 978－7－5047－5446－2/TP·0085		
开　　本	710mm×1000mm　1/16	**版　　次**	2014 年 12 月第 1 版
印　　张	13.25	**印　　次**	2014 年 12 月第 1 次印刷
字　　数	238 千字	**定　　价**	58.00 元

推荐序

本书的作者李欢是我 2009—2013 年带的技术经济与管理专业博士研究生。作者入学之时，正值全球经济危机蔓延之际。历史经验表明，全球性经济危机往往催生重大科技的突破，创造新的经济增长点并创新经济发展模式，从而启动新一轮经济发展周期。而近代社会的每一次重大变革也都与科技的革命性突破密切相关。从而，作为技术经济与管理方向的研究学者，我们一直在技术与管理的交叉领域寻找新的、关系国家发展命运的研究课题。正在此时，物联网横空出世，联动着“云物大智”（云计算、物联网、大数据和智慧工程）新时代，宣告了第三次信息技术革命的到来，也拉开了新一轮技术革命的序幕，点燃了世界经济复苏的火种，可谓占尽天时、地利、人和。物联网被“两化融合”“智慧地球”“感知中国”“生态社会”等一系列预示着中国乃至世界变革方向的热词推向了经济改革、技术创新和社会升级的风口浪尖。但与炙手可热的“物联网”概念相比，物联网的产业内涵及商业模式却非常模糊，严重阻碍了中国物联网产业的发展。由此，我们也将研究焦点聚集到了物联网商业模式上。

起初的研究可以说是非常困难的，虽然 2009 年以后，涌现了很多有关物联网的书籍，但大多出自技术专家之手，多为从技术视角对物联网进行介绍与普及。在 Google 以及一些英文科学数据库中搜索题目中带有“Internet of Things”的论文，能够搜索到的文献基本都为概念阐述与技术预见，未发现从系统论角度阐述物联网产业的文章。截至 2013 年 5 月 1 日在《Management Science》中搜索“Internet of Things”结果依然为零。这对于管理研究学者显然是不够的。为了能够在物联网商业模式领域进行更加深入的研究，为了寻求合适的研究视角，李欢同学确实付出了很多的努力，跨界学习了很多新的知识、新的软件，也随我走访、调研了很多相关部门，仅仅研究初期的学习笔记就写了近 30 万字，才有了后来的博士论文和本书的出版，而相关成果也得到了很多业内专家的赞赏与认可。本人亲见了作者四年中经历的迷茫、彷徨、坚持与付出，深为本书的出版感到欣慰。

本书中，作者从系统科学的视角、现代工程理论出发，将物联网产业看成一个商业生态系统，分别从中微观、宏观层面解析了物联网的商业模式问题。并创新性的将 MAS 实验融入研究之中，阐释了多元开放平台（MOP）等新的概念。书中虽然涉及技术，但不是从微观技术的角度切入，而是从宏观技术体系入手，层层深入，能使读者从繁杂的技术细节中超脱出来而又对物联网技术有清晰的认识；书中也涉及物联网产业规划，不仅关注全局产业链，更加深入到产业细节，使读者可以从里及外透视物联网产业体系的细枝末节；同时，对宏观物联网商业模式的研究，更是从技术、产业、政策、战略四维视角对物联网的今天和明天做了全景解读，既呈现了物联网的美好一面，更点出了物联网对人性、伦理带来的冲击……总之，本书研究视角和方法独特，书中提出的问题值得思考，给出的策略值得借鉴，很适合品读。当然，个中滋味还请诸君自己品味！

2014 年 10 月

前 言

随着计算机技术、通信技术和互联网技术的广泛应用，信息化浪潮席卷全世界，信息化发展水平已经成为衡量一个国家文明程度和经济社会发展综合实力的重要标志。如果说工业化是从农业主导型经济向工业主导型经济的演变，它推动了社会经济结构从农业社会向工业社会的升级；那么信息化则是从传统产业主导型经济向信息产业主导型经济的演变，它推动社会经济结构从工业社会向信息社会升级。信息化是一个技术的进程，更是一个社会的进程。

到目前为止，信息技术已经经历过两次“革命性浪潮”，分别是20世纪四五十年代计算机的出现和20世纪90年代发生的互联网革命。2009年，IBM提出了“智慧地球”战略，引爆了信息技术的第三次革命浪潮——物联网革命，从而将人与人之间的交互延伸到了人与物以及物与物之间。下图为信息技术的三次变革。

信息技术的三次变革

物联网被预言具有万亿级的产业前景，为经济危机之后的各国带来了点燃新一轮经济增长周期的“火种”；物联网技术将纳米、生命、计算、认知等科学与信息技术有效结合，填平了虚拟世界与物理世界的数字鸿沟，引领了信息技术的第三次革命浪潮，是新技术革命的催化剂和助推器；物联网适时提供了实现“高效、节能、安全、环保”和谐社会的“管控营一体化”的基础和关键技术，将促使整个社会由人类社会—物理世界的二元模式向人类社会—信息空间—物理世界的三元模式转变与升级；物联网被“两化融合”“智慧地球”“感知中国”“生态社会”等一系列预示着中国乃至世界变革方向的热词推向了经济改革、技术创新和社会升级的风口浪尖。

但与炙手可热的物联网概念相比，物联网的产业内涵及商业模式却一直非常模糊。多年来，科技与经济两张皮的现象在我国大量存在，而作为国家战略性新兴产业的物联网正面临发展的十字路口，除了具体技术难点外，商业模式已经成为跨在科技和经济之间的鸿沟，阻碍了我国物联网产业的发展。由此，本书选择了物联网商业模式这一主题进行研究。

本书是在作者博士论文的基础上完成的，主要从系统科学的视角研究了物联网的基础及其商业模式，具体来讲，作者首先对物联网的相关概念和基础进行了梳理，汇总了物联网的主要技术基础和产业发展概况。其次对商业模式的相关理论（包括产业链与价值网、商业生态系统理论）以及复杂适应系统的相关背景及 MAS 方法进行了文献回顾与综述，并在此基础上，从系统科学的视角对物联网商业主体进行提炼、对总体特性进行分析，构建了物联网商业主体的 MAS 模型。再次，分别从中微观和宏观的角度对物联网商业模式进行了分析与实验：其中中微观角度是从企业、产业层面对物联网商业模式进行研究，提出了物联网云的构建、实施与运营方案，并进行了物联网企业策略和生态产业链的 MAS 实验；宏观角度，是从国家层面对物联网商业模式进行研究，从技术、产业、战略、政策四个纬度提出了物联网多元开放平台的概念模型，并对此平台战略进行了评价与实验验证。最后，对全书进行了总结与展望，指出了本书的后续研究方向。

随着物联网的逐渐发展，在第三次技术革命浪潮的推动下，云计算、大数据的概念逐渐流行起来，云计算作为信息资源的使用模式，正好可以弥补物联网技术发展中的问题，为物联网的商业应用提供参考。而作为信息技术及新兴应用模式发展的结果，“大数据”时代更是呼啸而来。关于“大数据”应用模式的研究（比如网络舆情的传播、微信商业模式应用研究等）已经成为近期研究的热点。

作者认为，对于大数据应用模式的研究不能离开所处的时代背景，大数据正是在第三次信息技术革命浪潮——物联网革命的背景下产生的，正是由于物联网的逐步实施，使得一切“物体”成为数据的来源，才直接导致了大数据的产生和流行，要研究大数据的应用模式，还需要了解物联网的技术构成、产业发展以及商业模式，比如通过对于物联网某一层技术的产业发展方向（比如二维码、RFID 等）可以看出大数据应用的走向。物联网、云计算、大数据，三者相互区别又相互联系，物联网强大的数据收集能力促进了大数据的产生；云计算为物联网的应用提供了可能，承载了大数据的应用；大数据是物联网和云计算的产物和发展动力。三者互相支撑，三元互动，将开启信息管理的新模式。

作　者

2014 年 9 月

研究框架与章节安排

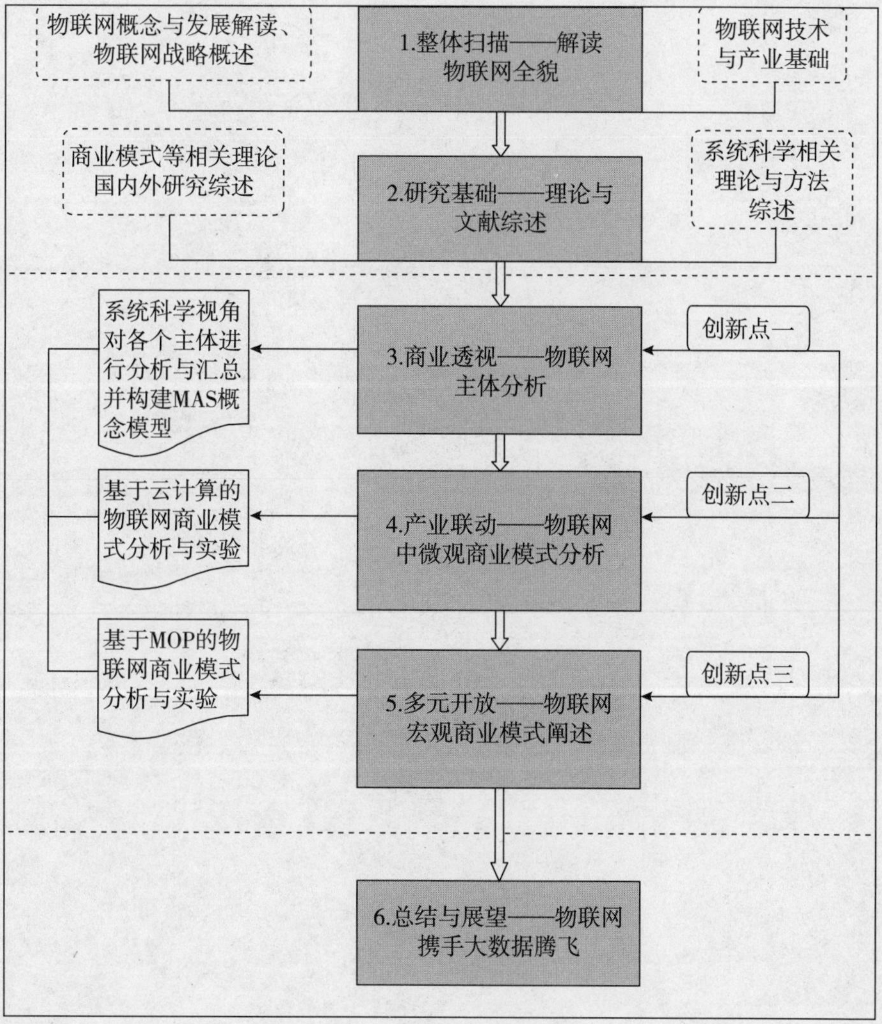
物联网概念与发展解读、物联网战略概述
1.整体扫描——解读物联网全貌
物联网技术与产业基础
商业模式等相关理论国内外研究综述
2.研究基础——理论与文献综述
系统科学相关理论与方法综述
系统科学视角对各个主体进行分析与汇总并构建MAS概念模型
3.商业透视——物联网主体分析
创新点一
基于云计算的物联网商业模式分析与实验
4.产业联动——物联网中微观商业模式分析
创新点二
基于MOP的物联网商业模式分析与实验
5.多元开放——物联网宏观商业模式阐述
创新点三
6.总结与展望——物联网携手大数据腾飞

目 录

1 整体扫描——解读物联网全貌

任何一种技术或理念的发展，都要经历发生、发展才会进入高潮期，物联网正是在经过了技术的萌芽和在各国政府推动下的初步发展阶段之后进入了被全世界所广泛关注的高潮发展阶段，从而引发了信息技术的第三次革命性浪潮。虽然物联网的概念出现不久，但与之密切相关的 M2M、传感网以及移动商务等概念却由来已久，为物联网的出现奠定了基础。本章中，将对物联网基础进行解读，包括物联网概念的由来、产生的原因、技术和产业基础以及相关战略发展等，其中具体的技术、产业和战略相关内容在后续章节中还会有进一步的剖析与解读。

1.1 物联网概念解读

1.1.1 物联网的前世今生

1995 年，比尔·盖茨在《未来之路》一书中就已经提及了“物—物”相连的物联网雏形，但由于硬件、无线网络以及传感设备等技术发展的制约，并未引起人们的关注；1998 年，美国麻省理工学院（MIT）创造性地提出了当时被称作电子程序控制系统（EPC）的物联网构想；1999 年，美国 Auto - ID 简单定义了物联网的概念，认为物联网只是把所有的物品通过射频识别（RFID）等传感设备与互联网连接起来，实现智能化的识别和管理，也就是说物联网是把各类传感设备与现有互联网衔接起来的一种新技术；同年，中国科学院启动了物联网的雏形——传感网的研究；2003 年，美国《技术评论》提出传感网络技术将是未来改变人们生活的十大技术之首；2005 年 11 月 17 日，在突尼斯举行的信息社会世界峰会（WSIS）上，国际电信联盟（ITU）发布了《ITU 互联网报告 2005：物联网》，正式提出了物联网的概念。

报告中指出：“物联网是指通过装置在物体上的各种信息传感设备，如红外感应器、RFID 装置、激光扫描器、全球定位系统等，赋予物体智能，并通过接口与互联网相连形成一个物品与物品相连的巨大的分布式协同网络。”同时，他们认为“物联网”具有“任何人、任何物体在任何时间、任何地点”都可连接的“4A（Anyone、Anything、Anytime、Anyplace）”特性，为信息和通信技术（ICTs）增加了新的维度，如图 1－1 所示。

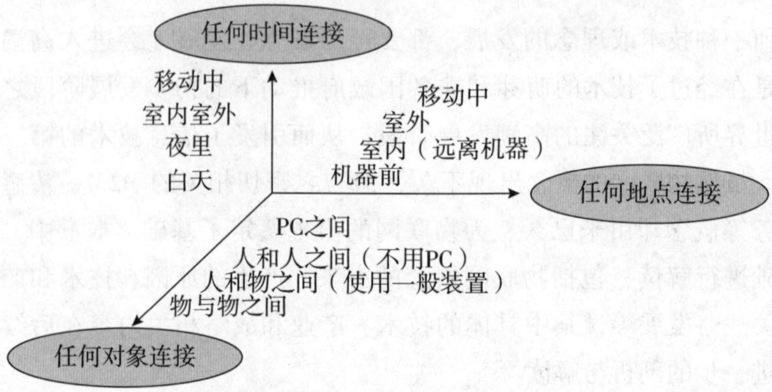

图 1－1　物联网示意图

资料来源：ITU adapted from Nomura Research Institute

2008 年 3 月，全球首个国际物联网会议“物联网 2008”在苏黎世举行，会上探讨了物联网的新理念与新技术以及发展前景；2009 年 1 月，IBM 提出了“智慧地球”的构想，得到美国总统奥巴马的积极回应，将其提升为国家级发展战略，从而引起全球的广泛关注，物联网作为“智慧地球”不可或缺的重要组成部分也开始席卷全世界；2009 年也成为中国物联网的元年，中国正式提出了以物联网为核心的“感知中国”理念，并将“加快物联网的研发应用”写入《2010 年政府工作报告》。

1.1.2　物联网定义解读

自从 2005 年国际电信联盟提出物联网的概念之后，物联网至今还没有一个被公认的定义。欧盟将物联网定义为一个动态的全球网络基础设施，具有基于标准和互操作通信协议的自组织能力，认为无论是实体的“物”还是虚拟的“物”均具有物理属性、身份标志、虚拟特性和智能的接口，并且能够与信息网络无缝对接、整合，物联网将与企业互联网、媒体互联网和服务互联网一起构成未来的互联网络；国际标准化组织认为：物联网是在计算机互联网的基础上，利用射频识别、无线数据通信等技术构成的一个覆盖世上万事万物的“The Internet of Things”，在物联网中，“物”之间无须人的干预即可彼此“交流”，其实质就是利用 RFID 等技术，通过计算机互联网实现“物”的自动识别以及信息的互联和共享。

在我国《2010 年政府工作报告》中将物联网看作互联网的延伸和扩展，并将其定义为：“物联网是通过射频识别（RFID）、红外感应器、全球定位系统、激光扫描器等信息传感设备，按约定的协议，把任何物品与互联网相连接，进行信息交换和通信，以实现对物品的智能化识别、定位、跟踪、监控和管理的一种网络”；2011 年，工业和信息化部电信研究院发布《物联网白皮书》将物联网定义为：“物联网是通信网和互联网的拓展应用和网络延伸，它利用感知技术与智能装置对物理世界进行感知识别，通过网络传输互联，进行计算、处理和知识挖掘，实现人与物、物与物信息交互和无缝链接，达到对物理世界实时控制、精确管理和科学决策目的。”

虽然各个部门对物联网定义的描述不尽相同，但本质上并无明显的差异，都体现了以下三点特征：

第一，物联网是互联网基础上的扩展和延伸：物联网是一种建立在互联网上的泛在网络，物联网技术的重要基础仍旧是互联网，需要通过各种有线和无线网络与互联网融合，将物体的信息实时准确地传递出去。在物联网上的传感器定时采集的信息需要通过网络传输，由于其数量极其庞大，形成了海量信息，在传输过程中，为了保障数据的正确性和及时性，实现无缝链接与可靠传递，必须适应各种异构网络和协议。

第二，物联网包含了全面感知、可靠传输、智能处理与自动控制四大属性：①全面感知：可通过 RFID、传感器、二维码等智能感知设施，随时随地感知、获取物体的各类信息（包括 ID、编码等属性特征，血压、位置、体温等状态信息，震动、湿度、温度等环境信息，等等）；②可靠传输：通过各种信息网络与计算机网络的融合，将物体的信息实时准确地传送到目的地；③智能处理：利用数据库、数据挖掘、云计算等各种数据分析技术，对海量信息进行分析与处理；④自动控制：智能处理的结果可以反馈，并作为智能化服务提供给各类用户，实现对物体的智能化控制。

第三，物联网将人与人之间的交互延伸到了人与物以及物与物之间，实现了对数据感知、传输与应用的一体化，最终可形成物理、数字、虚拟世界和社会共生互动的智能社会，如图 1－2 所示。

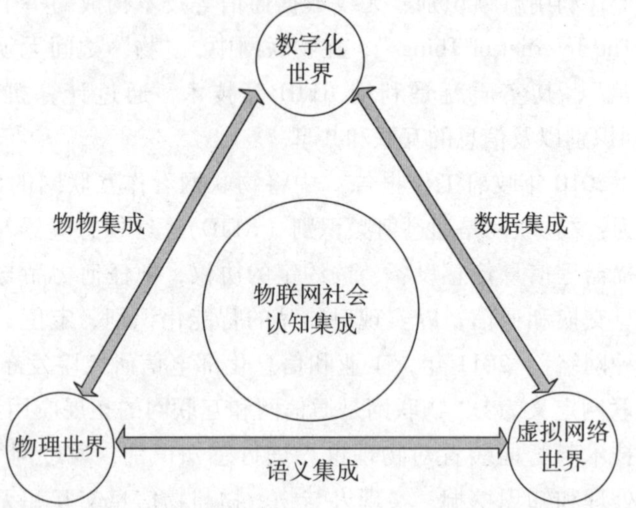

图 1－2　数字、物理、虚拟世界的社会互动共生

1.1.3　物联网产生的原因与发展趋势

在科技发展的长河中，科学的每次重大发现和技术的一次次突破与飞跃都在帮助人们不断获取新的知识。物联网的产生与发展有技术发展的原因，也有应用环境和经济背景的需求。物联网之所以被称为第三次信息革命浪潮，主要源于以下三个方面的因素。

1. 经济危机催生新产业革命

2009 年爆发的全球金融危机，把世界经济带入了深渊。按照经济增长理论，每一次的经济低谷必定会催生某些新技术的发展，而这种新技术一定可以为绝大多数工业产业提供一种全新的应用价值，从而带动新一轮的消费增长和高额的产业投资，以触动新经济周期的形成。由此，战略性新兴产业将成为“后危机时代”的新宠儿。美国、日本、欧盟等均已将注意力转向新兴产业，并给予了前所未有的强有力的政策支持。例如，奥巴马的能源计划是发展智能电网产业，全面推进分布式能源信息管理。我国亦提出智能电网的概念，以智能电网技术为基础，通过电子终端，可在用户之间、用户和电网公司之间形成网络互动和即时连接，实现数据读取的实时、高速、双向的总体效果及电力、电信、电视、远程家电控制和电池集成充电等的多用途开发。电力检测无线传感器电网配电传输系统和智能电表的用电智能感知网络，在很多地区的使用过程中已呈现出其优越性能。而这些功能正是通过物联网实现的，联网技术在工业测量与控制、智能电网领域都扮演着不可替代的重要角色，它所带来的全新的信息获取与信息处理模式，深刻影响着信息技术的未来发展，成为经济危机后新产业革命的导火线，也成为新一轮经济增长的助推器。

2. 相关技术已经基本成熟

近年来，随着微电子技术的发展，微型制造技术、电池技术等都得到改进，微小的智能传感器已经具有了感知、无线通信及信息处理的能力。涉及人类生产、生活、企业管理等各个方面的智能传感器已经比较成熟，二维码、RFID 等技术也得到了较广泛的应用，这些都为物联网的实现提供了基础。物联网的雏形传感网已经能够实现数据的采集量化、融合处理和传输，它综合了微电子技术、现代网络及无线通信技术、嵌入式计算技术、分布式信息处理技术等先进技术，兼具感知、运算与网络通信能力，可通过传感器侦测周边环境，如温度、湿度、光照、气体浓度、震动幅度等，并通过无线网络将收集到的信息传送给监控者；监控者解读信息后，便可掌握现场状况，进而维护、调整相关系统。由于监控物理环境的重要性从来没有像今天这么突出，传感网已被视为环境监测、建筑监测、公用事业、工业控制与测量、智能家居、交通运输系统自动化中的一个重要发展方向。传感网使目前的网络通信技术功能得到极大的拓展，使通过网络实时监控各种环境、设施及内部运行机理等成为可能。经过十余年的研究发展，可以说传感网技术已是一项相对成熟的能够引领产业发展的先进技术。传感网技术的成熟，可以说直接推动了物联网的普及与发展。

3. 网络接入和数据处理能力已基本适应多媒体信息传输处理的需求

目前，随着信息网络接入多样化、IP 宽带化和计算机软件技术的飞跃发展，对于海量数据采集融合、聚类或分类处理的能力大大提高。在过去的十几年间，从技术演进视野来看，信息网络的发展已经历了三个大的发展阶段，即：①大型机、主机的联网；②台式计算机、便携式计算机与互联网相连；③一些移动设备（如手机、PDA 等）的互联。信息网络的进一步发展，显然是更多的与智能社会相关物品互联。宽带无线移动通信技术在过去数十年内，已经历了巨大的技术变革和演变，对人类生产力产生了前所未有的推动作用。以宽带化、多媒体化、个性化为特征的移动型信息服务业务，成为公众无线通信持续高速发展的原动力，同时也对未来移动通信技术的发展提出了巨大挑战。当前，第三代移动通信系统（3G）已经进入商业化应用阶段，下一代移动通信系统（3G/4G）也已进入实质性研发试用阶段，按照最新的工作计划，国际电信联盟（ITU）在国际范围内启动了技术提案的征集工作，开始了一整套包括技术征集、评估、融合以及标准化在内的4G无线通信技术的国际标准化（ITU称之为IMT－Advanced）。可以说，网络接入和数据处理能力已适应构建物联网进行多媒体信息传输与处理的基本需求。

从信息技术的起源到现代信息技术，经历了从烽火台到电报电话，再到计算机互联网的发展阶段，每一次技术进步，都是一次信息技术的飞跃发展。从人与人之间的通信、物与物互联通信这两个发展演进模式，可以总结得到信息技术进一步发展的趋势。

（1）人与人之间的通信

人与人之间的通信已经过无数人上百年的研究发明、推广应用，建立了一整套科学的、可控可管的信息通信网络体系，可安全高效地服务于人类的信息通信。纵观通信技术的发展过程，其一直在沿着两大方向不断探索未知领域：一个是移动化方向，人们为了追求通信的自由，逐步由移动电话替代固定电话，实现位置上的自由通信；另一个是宽带化方向，通信从电路交换转变为以数据分组交换为主，从电报电话到互联网，逐步实现了宽带化的自由通信。人类的信息化从电报、固定电话开始，然后逐步探究更便捷、更大容量的信息传递方式，如移动电话、局域网、互联网。随着网络通信技术的不断发展，人与人之间的通信未知领域不断缩小，目前已经发展到了移动互联网阶段，使社会快步进入了宽带化、移动化数字通信时代。

（2）物与物互联通信

在人们不断探索人与人之间的通信技术时，又从物与物互联通信的角度开始探索研究，并沿着智能化和IP化演进。为了更好地服务于物与物互联信息的传递，最初，一部分物体被打上条码，有效地提高了物品识别的效率，随着近场通信（Near Field Communication）技术（如RFID）、蓝牙（Bluetooth）、ZigBee等各种近程通信技术的发展，RFID、二维码、传感器等各种现代感知识别技术逐步得到推广应用，在摩尔定律的推动下，芯片的体积不断缩小，功能更加强大，物品自身的网络与人的通信网络开始联通，并快速向未知领域开拓进取，使社会快步进入了基于IP数据通信的智能化、数字化时代。

在未来的发展过程中，未知领域将逐步缩小，从人的角度和从物的角度对通信的探索将实现融合，最终实现无所不在的物联网。因此，物联网的发展将呈现两大发展趋势：一是智能化趋势，物品要更加智能，能够自主地实现信息交换，才能实现物联网的真正目的，而这需要对海量数据进行智能处理，随着云计算技术的不断成熟，这一难题将得到解决；另一趋势是IP化，未来的物联网，将给所有的物品都赋予一个标志，实现“IP到末梢”，只有这样才能随时随地地了解、控制物品的即时信息。在这方面，“可以给每一粒沙子都设定一个IP地址”的IPv6将能够承担起这项重任。

综上所述，若把人类信息网络划分成实现人与人通信的通信网和实现物与物互联通信的物联网两种类型，从通信网络技术的发展历程来看，它们将并行推进应用发展，逐步实现融合。物联网仅仅是刚刚起步，要想进一步推进该技术的发展，让其更好地为社会和人们的生活服务，不仅需要研究人员开展广泛的应用系统研究，更需要国家、地区以及优质企业在各个层面上的大力推动和支持。

随着物联网的发展，将产生巨量的数据，云计算为物联网的发展提供了使用模式，物联网、大数据与云计算携手成为信息技术发展的新方向，是新一轮信息技术革命和科技革命的核心。

专栏

微软眼中的“未来”

在微软主楼中的一个房间，展示了信息技术推动下的未来家庭和办公场所的景象，这些景象大部分是想象中的，还没有能够完全实现，但是代表了目前微软正在投入开发的技术领域，也体现了信息技术的发展趋势。

场景一：零售业的“未来”

在微软的展示中，当客户进入零售商店或超级市场的时候，系统会自动识别客户事先存在手机里的购物清单，并引导客户进入相应的区域进行购物。如果客户在商店内找到一个想要的玩具，只要把它放在触摸屏上，屏幕上就会显示这个玩具的细节，比如售价等，如果决定购买，可以用带有NFC的手机进行支付，然后在屏幕上输入地址，就可邮寄到家了。图1-3展示的是未来零售业。

图1-3 未来零售业

场景二：生活中的“未来”

微软的高级产品规划师 Harald Becker 使用 Kinect 摄像头在一个“家”里扫描了一个盆栽，并想利用 3D 打印机把它打印出来。在打印之前，他使用手势技术给这个盆栽重新塑型，让它看起来更加苗条。同时，微软在厨房中设计了一个大触摸屏，把家庭信息集中在这个屏幕上，在这个屏幕上，还可以找到食谱和烹饪指南，烹饪指南可以在厨房切菜的台面上显示，好像一个虚拟大厨全程陪伴指导。另外，生活中，孩子们还可以选择故事中出现的毛绒玩具，只要把这个玩具对准摄像头，系统就可以识别出来并把它插入到故事中，配套的说明图片会显示在屏幕上，孩子们可以使用 Surface 平板电脑去探索故事中的世界，故事中的景色也可以投射到地板上，四处移动。图 1－4 展示的是未来生活。

图 1－4　未来生活

场景三：工作中的“未来”

微软展示的未来工作场所景象，是一个开放、随时随地办公的临时性空间，一块现代化白色书写板格外引人注目，工作人员可以把自己的工作从这个白色书写板转移到一台 Surface 平板电脑上，也可以在 Surface 上完成工作，然后只需轻弹一下，就可以转移到这些大屏触摸屏板电脑上。同时，在这个触摸平板电脑上，还可以拖拉各种项目所需元素并搜索信息，轻松处理工作。图 1－5 展示的是未来工作场景。

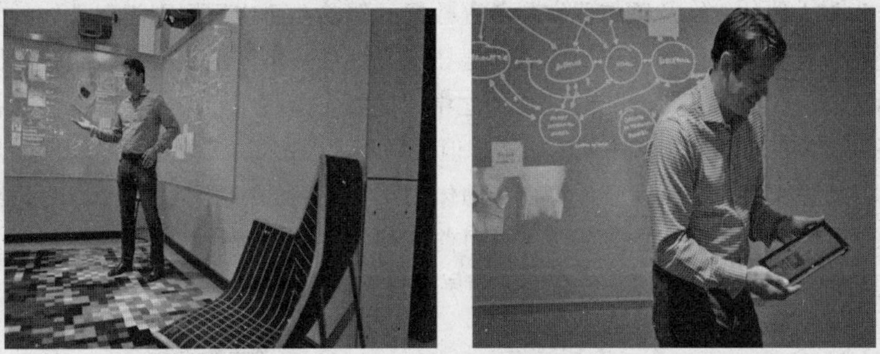

图 1－5　未来工作场景

总之，在微软眼中的“未来”触摸屏无处不在，各种物体都可以互联互通，物联网已经融入了日常生活之中，这样的生活你期待吗？

（资料来源：整理自 http：//news. zol. com. cn/tech/99336. html）

1.2　物联网技术基础

物联网技术框架是物联网概念的具体实现，是物联网产业形成的基础。在全面了解物联网的基础上，分析出我国发展物联网的技术瓶颈，预见物联网持续发展的关键技术需求，有针对性地进行技术开发和管理，是物联网产业发展的线索，是制定我国物联网发展战略的基础，也是进行物联网商业模式分析的必要环节。

1.2.1　物联网技术框架

从信息技术的发展脉络看，自香浓的信息论始，由计算机发明而引起的第一次计算机革命可以认为是聚焦于信宿的革命；而互联网引起的第二次信息技术革命主要关注信道技术的研发；在物联网引起的第三次信息技术革命中，较之之前更加重视信源——也就是信息采集技术的发展，同时强化了信源、信道、信宿技术的集成效率。

物联网并不是一种单一的技术，而是一系列技术的集合，是一个技术束。一般来讲，物联网可分为感知层、网络层和应用层三层技术框架，如图 1－6 所示。感知层类似人体的手、脚等感觉器官，负责数据的感知与采集；网络层类似人体的经络及脏腑器官，负责数据的传输；而应用层则类似人体的大脑，负责数据的处理与应用。每一层技术又由许多不同的相关技术组成，同时还有一些技术是贯穿于三层架构之中，比如安全技术、架构技术等。对物联网架构的分析有很多不同的版本，但区别不大，图 1－7 显示了物联网的基本技术框架，本书认为云计算更多地体现了物联网的应用模式，所以将其归入应用层技术框架之中，实际上，目前流行的大数据所代表的数据分析、处理与挖掘等功能也可以在物联网应用层中得到体现。

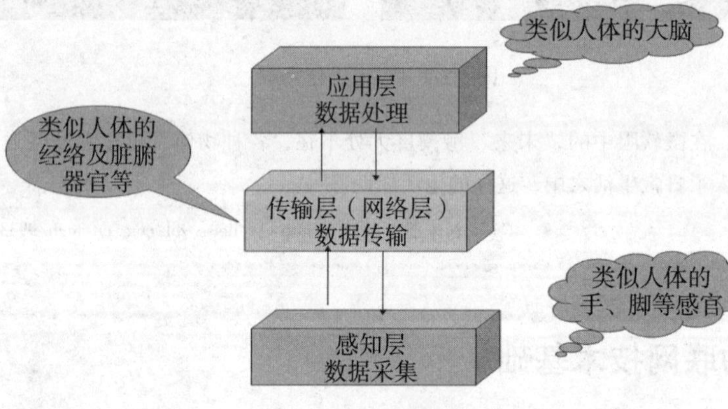

图 1－6　物联网三层框架示意图

由物联网总体技术框架分析可知，感知层技术属于信息采集技术；网络层技术主要关注有线、无线网络的传输；而应用层技术包括高性能计算、数据库技术、人工智能技术等公共应用技术和聚焦于行业应用的专业系统构建，同时关注以云计算为代表的分布式应用计算技术。在三层技术中，感知层技术最需要普及，网络层需要解决向国外看齐，突破各类关键技术以实现互联网向物联网的完美过渡，应用层技术尤其是中间软件存在最大的标准诞生空间，是争取物联网话语权的战略制高点。

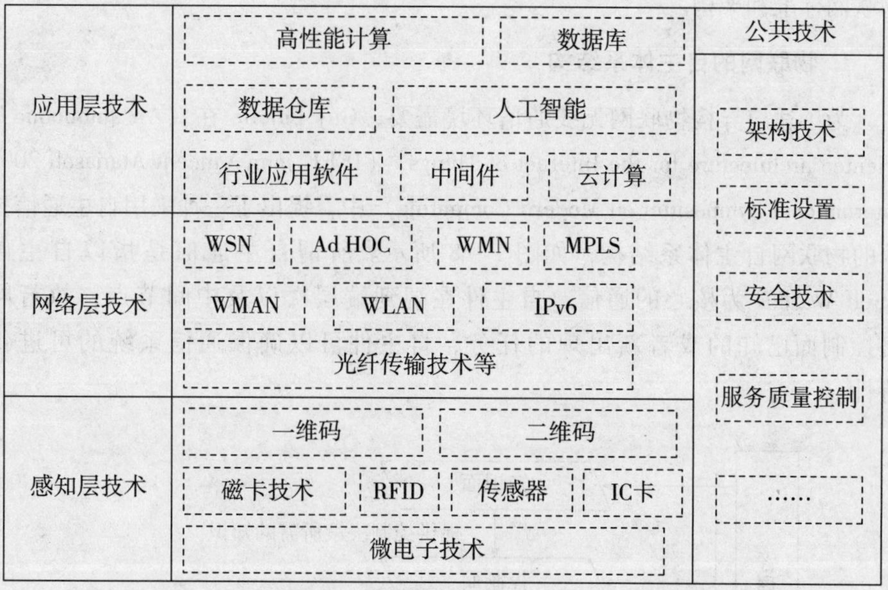

图 1－7 物联网技术框架

关于每层具体的技术剖析，在本书第 3 章中有较为详细的解读。

1.2.2 物联网体系结构

体系，泛指一定范围内或同类的事物按照一定的秩序和内部联系组合而成的整体，是不同子系统组成的系统。物联网的体系架构是物联网的各类技术按照一定的秩序和内部联系组成的物联网构建的方式，是在物联网技术架构基础上建立的物联网系统。

目前，由于物联网尚处在起步阶段，还没有一个广泛认同的体系结构。在公开发表物联网应用系统的同时，很多研究人员也提出了若干物联网体系结构。例如物品万维网（Web of Things，WoT）的体系结构，它定义了一种面向应用的物联网，把万维网服务嵌入到系统中，可以采用简单的万维网服务形式使用物联网。这是一个以用户为中心的物联网体系结构，试图把互联网中成功的、面向信息获取的万维网结构移植到物联网上，用于物联网的信息发布、检索和获取。当前，较具代表性的物联网架构有欧美支持的 EPC Global 物联网体系架构和日本的 Ubiquitous ID（UID）物联网系统等。我国也积极参与了物联网体系结构的研究，正在积极制订符合社会发展实际情况的物联网标准和架构。

1. 物联网的自主体系结构

为了适应异构物联网无线通信环境需要，Guy Pujolle 在《An autonomic - oriented architecture for the Internet of Things》（IEEE John Vincent Atanasoff 2006 International Symposium on Modern Computing）中，提出了一种采用自主通信技术的物联网自主体系结构，如图 1 - 8 所示。所谓自主通信是指以自主件（Self Ware）为核心的通信，自主件在端到端层次以及中间节点，执行网络控制面已知的或者新出现的任务，自主件可以确保通信系统的可进化特性。

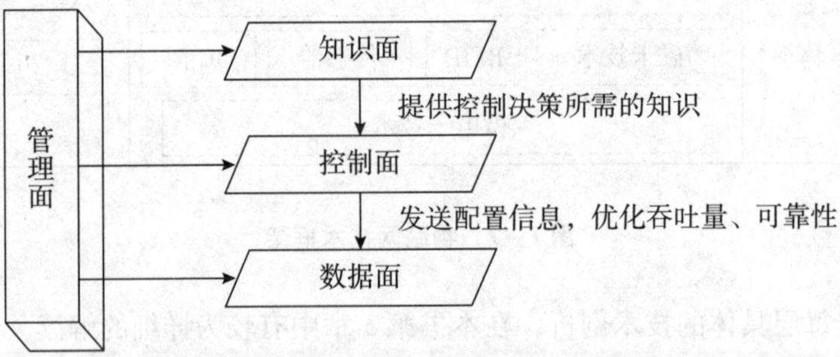

图 1 - 8　物联网的一种自主体系结构

资料来源：杨刚等《物联网理论与技术》第二章

由图 1 - 8 可以看出，物联网的这种自主体系结构由数据面、控制面、知识面和管理面 4 个面组成。数据面主要用于数据分组的传送；控制面通过向数据面发送配置信息，优化数据面的吞吐量，提高可靠性；知识面是最重要的一个面，它提供整个网络信息的完整视图，并且提炼成为网络系统的知识，用于指导控制面的适应性控制；管理面用于协调数据面、控制面和知识面的交互，提供物联网的自主能力。

在图 1 - 8 所示的自主体系结构中，其自主特征主要是由 STP/SP 协议栈和智能层取代了传统的 TCP/IP 协议栈，如图 1 - 9 所示，其中 STP 表示智能传输协议（Smart Transport Protocol），SP 表示智能协议（Smart Protocol）。物联网节点的智能层主要用于协商交互节点之间 STP/SP 的选择，优化无线链路之上的通信和数据传输，以满足异构物联网设备之间的联网需求。

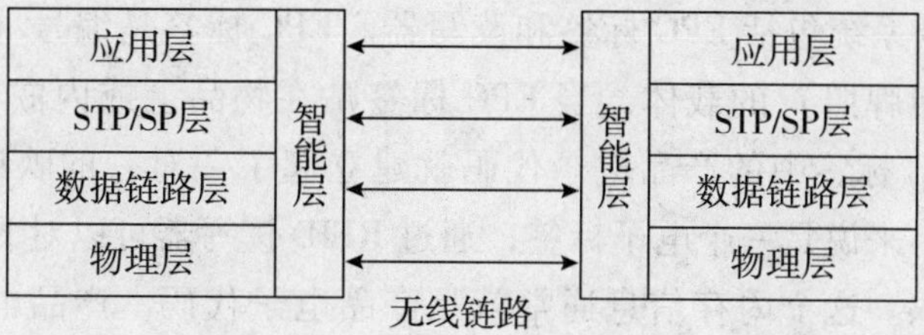

图1-9 实现STP/SP协议栈的自主体系结构
资料来源：杨刚等《物联网理论与技术》第二章

这种面向物联网的自主体系结构所涉及的协议栈比较复杂，只能适用于计算资源较为充裕的物联网节点。

2. 物联网的EPC体系结构

随着全球经济一体化和信息网络化进程的加快，为满足对单个物品的标识和高效识别，美国麻省理工学院的自动识别实验室（Auto-ID）在美国统一代码协会（UCC）的支持下，提出要在计算机互联网的基础上，利用RFID、无线通信技术，构造一个覆盖世界万物的系统；同时还提出了电子产品代码（Electronic Product Code，EPC）的概念，即每个对象都将赋予一个唯一的EPC，并由采用射频识别技术的信息系统管理，彼此联系，数据传输和数据储存由EPC网络来处理。随后，国际物品编码协会（EAN）和美国统一代码协会（UCC）于2003年9月联合成立了非营利性组织EPC Global，将EPC纳入了全球统一标识系统，实现了全球统一标识系统中的GTIN编码体系与EPC概念的完美结合。

EPC Global对于物联网的描述是，一个物联网主要由EPC编码体系、射频识别系统及信息网络系统三部分组成。

（1）EPC编码体系

物联网实现的是全球物品的信息实时共享。显然，首先要做的是实现全球物品的统一编码，即对在地球上任何地方生产出来的任何一件物品，都要给它打上电子标签。这种电子标签携带有一个电子产品代码，并且全球唯一。电子标签代表了该物品的基本识别信息，例如，表示“A公司于B时间在C地点生产的D类产品的第E件”。目前，欧美支持的EPC编码和日本支持的UID（Ubiquitous ID）编码是两种常见的电子产品编码体系。

(2) 射频识别系统

射频识别系统包括EPC标签和读写器。EPC标签是编号（每件商品唯一的号码，即牌照）的载体，当EPC标签贴在物品上或内嵌在物品中时，该物品与EPC标签中的产品电子代码就建立起了一对一的映射关系。EPC标签从本质上来说是一个电子标签，通过RFID读写器可以对EPC标签内存信息进行读取。这个内存信息通常就是产品电子代码。产品电子代码经读写器报送给物联网中间件，经处理后存储在分布式数据库中。用户查询物品信息时只要在网络浏览器的地址栏中，输入物品名称、生产商、供货商等数据，就可以实时获悉物品在供应链中的状况。目前，与此相关的标准已制定，包括电子标签的封装标准，电子标签和读写器间数据交互标准等。

(3) EPC信息网络系统

EPC信息网络系统包括EPC中间件、发现服务和EPC信息服务三部分。

EPC中间件通常指一个通用平台和接口，是连接RFID读写器和信息系统的纽带。它主要用于实现RFID读写器和后端应用系统之间的信息交互、捕获实时信息和事件，或向上传送给后端应用数据库软件系统以及ERP系统等，或向下传送给RFID读写器。

EPC信息发现服务（Discovery Service）包括对象名解析服务（Object Name Service，ONS）以及配套服务，基于电子产品代码，获取EPC数据访问通道信息。目前，与ONS系统和配套的发现服务系统由EPC Global委托VeriSign公司进行运营和维护，其接口标准正在形成之中。

EPC信息服务（EPC Information Service，EPC IS），即EPC系统的软件支持系统，用以实现最终用户在物联网环境下交互EPC信息。关于EPC IS的接口和标准也正在制订中。

可见，一个EPC物联网体系架构主要由EPC编码、EPC标签及RFID读写器、中间件系统、ONS服务器和EPC IS服务器等部分构成，如图1-10所示。

由图1-10可以看到一个企业物联网应用系统的基本架构。该应用系统由三大部分组成，即RFID识别系统、中间件系统和计算机互联网系统。其中RFID识别系统包含EPC标签和RFID读写器，两者通过RFID空中接口通信，EPC标签贴于每件物品上。中间件系统含有EPC IS、PML以及ONS及其缓存

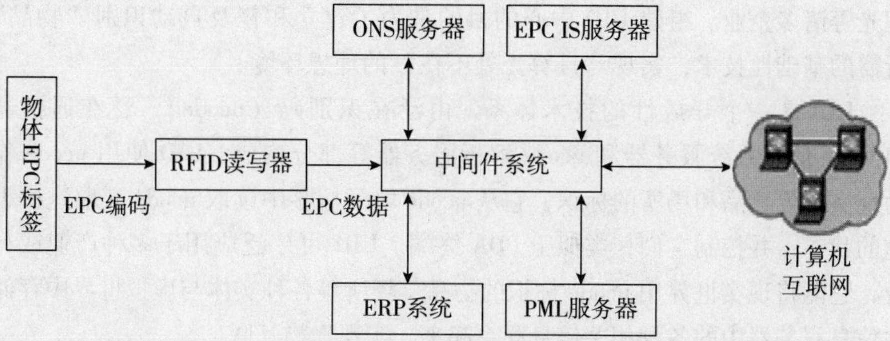

图1－10　EPC物联网体系架构示意图

资料来源：杨刚等《物联网理论与技术》第二章

系统，其后端应用数据库软件系统还包含ERP系统等，这些都与计算机互联网相连，故可及时有效地跟踪、查询、修改或增减数据。

RFID读写器从含有一个EPC或一系列EPC的标签上读取物品的电子代码，然后将读取的物品电子代码送到中间件系统中进行处理。如果读取的数据量较大而中间件系统处理不及时，可应用ONS来储存部分读取数据。中间件系统以该EPC数据为信息源，在本地ONS服务器获取包含该产品信息的EPC信息服务器的网络地址。当本地ONS不能查阅到EPC编码所对应的EPC信息服务器地址时，可向远程ONS发送解析请求，获取物品的对象名称，继而通过EPC信息服务的各种接口获得物品信息的各种相关服务。整个EPC网络系统借助计算机互联网系统，利用在互联网基础上发展产生的通信协议和描述语言而运行。因此，也可以说物联网是架构在互联网基础上的关于各种物理产品信息服务的总和。

综上所述，EPC物联网系统是在计算机互联网基础上，通过中间件系统、对象名解析服务（ONS）和EPC信息服务（EPC IS）来实现物物互联的。

3. 物联网的UID技术体系

鉴于日本在电子标签方面的发展，早在20世纪80年代中期就提出了实时嵌入式系统（TRON），其中的T－Engine是其体系的核心。在T－Engine论坛领导下，UID中心设立于东京大学，于2003年3月成立，并得到日本政府以及大企业的支持，目前包括微软、索尼、三菱、日立、日电、东芝、夏普、富士通、NTT、DoCoMo、KDDI、J－Phone、伊藤忠、大日本印刷、凸版印刷、理光等诸多企业。组建 UID 中心的目的是为了建立和普及自动识别“物品”所需的基础性技术，实现“计算无处不在”的理想环境。

UID 是一个开放性的技术体系，由泛在识别码（ucode）、泛在通信器（UG）、信息系统服务器和 ucode 解析服务器等部分构成。UID 使用 ucode 作为现实世界物品和场所的标识，它从 ucode 电子标签中读取 ucode 获取这些设施的状态，并控制它们，类似于 PDA 终端。UID 可广泛应用于多种产业或行业，它能将现实世界用 ucode 标识的物品、场所等各种实体与虚拟世界中存储在信息服务器中的各种相关信息联系起来，实现物物互联。

1.2.3 物联网技术标准

“做标准”是很多企业乃至国家所希望达到的战略制高点，物联网标准化也是物联网战役中各方追求的焦点。标准有时和专利的作用一样，对于入围的企业来说，它的作用是给后来者设置一个门槛以保持其在业界的领先地位，对于一个国家来说，它往往给外来者设置一个“壁垒”，以合法的方式来保护本国企业利益或抢占先机。标准往往是在产业竞争和利益的博弈中产生的，没有足够的实力，包括财力、物力和在业界领导潮流的影响力来做支撑，就很难做成。

标准有开放标准和事实标准，做标准的组织有官方的和非官方的、营利的和非营利的。开放标准往往由地方、国家、区域性乃至国际的产业联盟来制订。事实标准往往由营利性质的企业来主导，往往是专有（Proprietary）的，然而事实标准的拥有者往往无一例外都声称他们的标准是开放的。IT 产业相关的标准组织如图 1－11 所示。

有些企业靠做标准和配套的产品来生存，例如美国的 Echelon 和 Qualcomm 公司，这两个公司的标准都和物联网产业密切相关。

有些事实标准体现在产品中，看不见，摸不着，没有规范的文字描述，例如微软的 Windows 系统，Apple 目前以移动应用为主的“开放”（对开发者的确是开放的，但技术和平台是不开放、专有的）软件平台有可能是下一个赶超微软的有力竞争者。Salesforce 的基于云计算的 SaaS 平台也试图达到类似目标。由此可见，软件的力量是无穷的。物联网产业也有可能催生这样规模的平台，Apple 和 Salesforce 的技术和业务模式值得物联网产业借鉴，国内外的几家 MMO（包括中国移动基于 WMMP 标准的 M2M 运营平台）其实已经采用了 SaaS 和云计算技术。

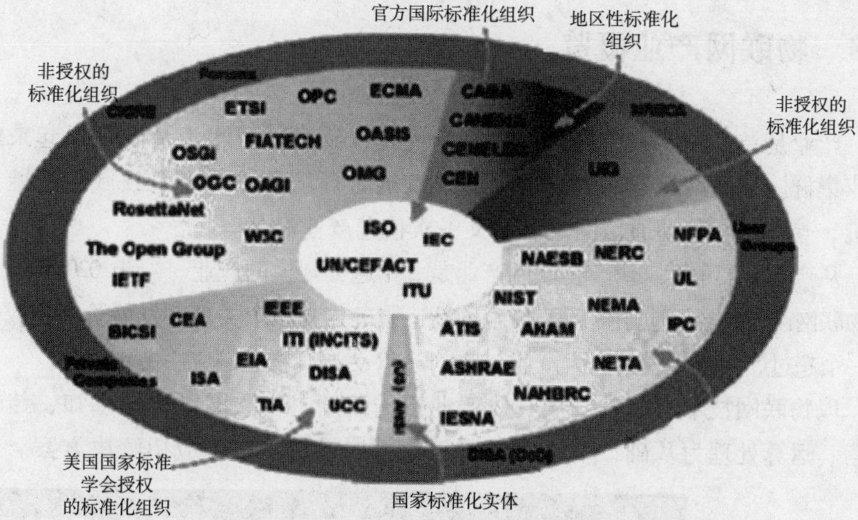

图 1－11　IT 产业相关的标准组织

物联网的本质是物物相连，“物”是广义的，可以小到一个“智能尘埃”，如芯片或生物传感器，也可以大到是一列高速列车或一架航天飞机，可以是一对一，也可以是多对一的把所有末端连接到一个云计算中心的超级计算机上，实现大集成（Grand Integration）。物联网的核心是实现大集成的软件和中间件，它在各行业的应用早已开始并普遍存在，如环保监测、安防消防联网、工业信息化等，目前的挑战在于按标准化的 M2M 软件技术实现这些已存在的和新建的系统之间的互联互通，通过“管控营一体化”和泛在的物物相连，实现高效、安全、节能、环保的和谐社会。

物联网标准的关键和核心是基于软件和中间件的数据交换和处理标准。在物联网三层体系中，感知层基于物理、化学、生物等技术和发明的传感器，“标准”多成为专利。而传输层的有线和无线网络属于通用网络，有线长距离（三网）通信基于成熟的 IP 协议体系，有线短距离通信主要以 10 多种现场总线标准为主，无线长距离通信的基于 GSM 和 CDMA 等技术的 2G/3G/4G 网络标准也基本成熟，无线短距离通信针对频段的不同也有 10 多种标准，如 RFID，Bluetooth 等，建立新的物联网通信标准难度较大，可行性较小。因此物联网标准的关键点和可以大有作为的部分是物物相连的数据表达、交换和处理标准。关于物联网技术标准体系详见本书第 5 章。

1.3 物联网产业概览

产业是技术发展的依托，物联网产业是以物联网技术为基础发展起来的产业集群。物联网用途广泛，遍及智能交通、环境保护等多个领域，是继计算机、互联网与移动通信网之后的又一次信息产业浪潮。

从产业发展角度来讲，物联网产业是一个超大规模的产业。“到2020年，中国物联网产业将经历应用创新、技术创新、服务创新三个关键的发展阶段，成长为一个超过5万亿规模的巨大产业”。图1－12为国际物联网应用主要领域。

以物联网技术为基础，从具体产业链的角度，物联网以传感感知、传输通信、运算处理为基础，可以形成若干个面向最终用户的应用解决方案。下

	重点应用					
	定位/跟踪/导航	安全/监控	移动支付及管理	计量/检测	自动化和远程管理	远程医疗
公共事业服务	√	√		√	√	√
交通运输	√	√			√	
个人用户	√	√	√		√	√
批发零售		√	√			
工业/制造业		√			√	
商业/服务业		√			√	
农业		√		√		
开采/建筑		√			√	
金融		√	√		√	

图1－12 国际物联网应用主要领域

资料来源：《2010年中国物联网产业发展研究报告》

表中，列举了物联网的应用场景。

物联网应用场景举例

序号	应用领域	应用场景
1	公共安全	监测环境的不稳定性，根据情况及时发出预警
		加强对重点地区、重点部位的视频监测监控及预警
		加强对危险物品监控、垃圾监控、可燃物排放、有毒气体排放、医疗废物、疾病预防控制等的全流程过程监测和控制
		对建筑工地、矿山开采、水灾火警等现场的信息采集、分析和处理
		监察执法管理的现场信息监测
		智能司法管理
2	城市运行管理	城市网格、部件监控管理，如井盖等
		城市水、电、燃气、热力等重点设施和地下管线实施监控
		各类作业车辆、人员的状况，对日常环卫作业、扫雪铲冰、垃圾渣土消纳进行有效的监控
		建立户外广告牌匾、城市家具、棚亭阁、城市地井的管理体系
3	生态环境	大气和土壤治理，森林和水资源保护，应对气候变化和自然灾害
		污染排放源的监测、预警、控制
		空气质量、城市噪声监测
		水库河流、居民楼二次供水的水质检测
		森林绿化带、湿地等自然资源的情况监控
4	城市交通	道路交通状况的实时监控
		道路自动收费
		智能停车
		实时的车辆跟踪
5	农业	农作物生长环境监测控制、动物健康监测、动物屠宰监测
		主要农副产品、食品、药品的追溯管理
		土壤成分、水分、肥料变化情况监控
		食品加工各环节跟踪

续 表

序号	应用领域	应用场景
6	医疗卫生	医疗、药品监管
		血浆采集监控
		医疗电子档案管理
		公共卫生突发事件管理
7	文化	智能文化创意园
		文化监管
		文物、古树、文化古迹保护

资料来源：《2010 年中国物联网产业发展研究报告》

目前，物联网产业链可由以下节点构成：传感器/芯片厂商为代表的感知层产业结点；通信模块提供商和电信运营商为代表构成的传输产业结点；中间件及应用开发商为代表的应用产业结点；致力于整合技术的系统集成商。另外，物联网产业链各环节合作模式目前主要集中于产业联盟，产业联盟是产业链主要的合作形式，运营商是产业链的主导，扮演集成商和服务商角色，通过产品和服务购买的形式向产业链下游渗透，各环节除运营商外，厂商整体综合实力均较弱。

国内终端传感器及芯片厂商处在起步阶段，定位比较专一，赢利能力尚不稳定，技术水平低，多为代工，国内 M2M 终端传感器及芯片厂商规模相对较小。针对 M2M 领域的发展正处于起步阶段，赢利能力尚不稳定，更多是在专注领域稳定发展，当企业发展到一定程度后，会激励出部分企业投身于跨领域拓展型发展。国内终端传感器及芯片厂商定位与规模如图 1－13 所示。

国内通信模块厂商发展较为成熟，其中华为中兴国际知名，赢利能力较为稳定，拥有一定的自主研发能力，国内通信模块厂商不仅生产通信模块，还生产配套的通信传输设备，统计数据为两部分之和，从收入规模及赢利能力上看，该环节的赢利能力较为稳定。其中很多企业都专注于通信传输设备，比如光纤光缆的生产。国内通信模块供应商规模如图 1－14 所示。

国内通信模块供应商规模国内中间件、软硬件集成、应用开发划分不清晰，同方为国内目前最大的综合平台提供商，运营商也在涉足，这与国

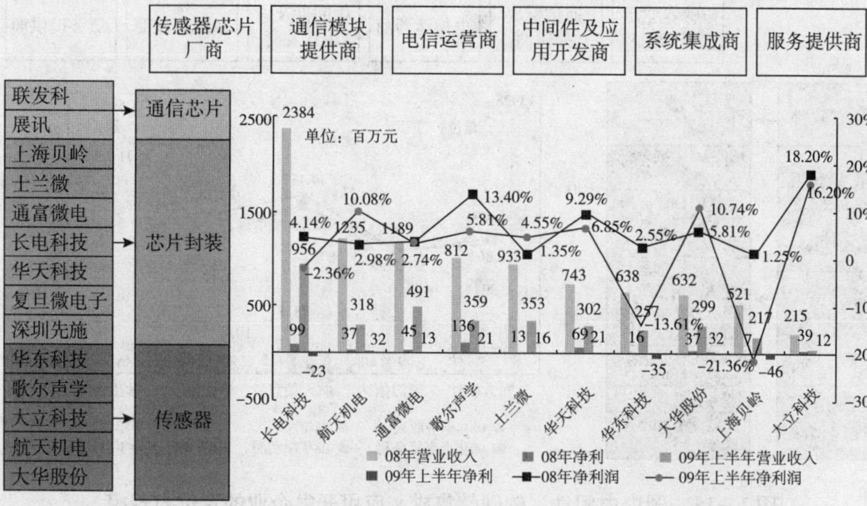

图 1－13　国内终端传感器及芯片厂商定位与规模

资料来源：《2010 年中国物联网产业发展研究报告》

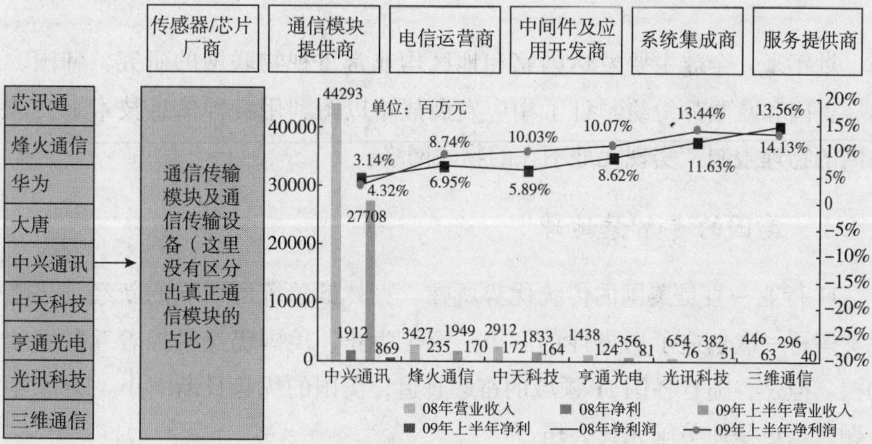

图 1－14　国内通信模块供应商规模

资料来源：《2010 年中国物联网产业发展研究报告》

内 M2M 产业发展水平有关，产业链分工尚不清晰。各企业目前处于在相关技术领域内向相关行业提供应用开发、系统集成、中间件等一整套解决方案阶段。国内中间件、软硬件集成、应用开发企业的定位与规模如图 1－15 所示。

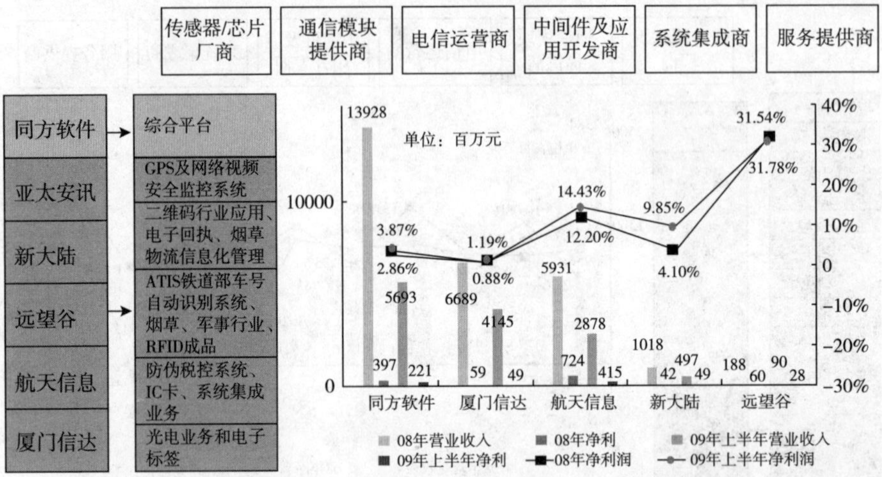

图1-15　国内中间件、软硬件集成、应用开发企业的定位与规模

资料来源：《2010年中国物联网产业发展研究报告》

1.4　物联网战略发展

近年来，全球主要发达国家和地区均非常重视物联网的研究，韩国、日本、美国和欧盟都纷纷制订了相应发展战略以图利用各种信息技术来突破互联网的物理限制，实现无处不在的物联网络。

1.4.1　美国的“智慧地球”

IT行业一直是美国的传统优势所在，克林顿总统所倡导的新经济战略使得美国再一次创造了历史性的辉煌。至今为止，美国仍然掌控着互联网的主动权。但是，随着各国IT领域的奋起直追，美国的优势日渐缩小。2008年的金融风暴更是使美国元气大伤。

物联网在美国历史悠久，美国拥有目前世界上最为系统、最为成熟的物联网技术。2008年11月，IBM公司发表了《智慧地球：下一代领导人议程》《智慧地球：赢在中国》；2009年1月，IBM公司提出了“智慧地球”的构想，美国总统奥巴马就职后，对“智慧地球”的构想作出了积极回应，并将其作为振兴经济的新武器提升到国家层级的发展战略；奥巴马将新能源和物联网作为振兴经济的两大武器，投入巨资深入研究物联网相关技术；美国7870亿美元《经济复苏和再投资法》中，鼓励在推动能源、宽带与医疗三大领域开展物联网技术的应用。

IBM认为建设“智慧地球”需要三个步骤：首先，各种创新的感应器件开始被嵌入到各种物体和设施中，从而令物质世界被极大程度地数据化；其次，随着网络的高度发达，人、数据和各种实物都将以不同方式连入网络；最后，先进的技术和超级计算机可以对这些堆积如山的数据进行整理、加工和分析，将生硬的数据转化成实实在在的信息/消息，并帮助人们作出正确的行动决策。因此，“智慧地球”战略认为，IT产业下一阶段的任务是把新一代IT技术充分运用到各行各业之中，具体地说，就是把感应器嵌入和装备到电网、铁路、桥梁、隧道、公路、建筑、供水系统等各种物体中，并且普遍连接，形成所谓“物联网”，然后将物联网与现有的互联网整合起来，实现人类社会与物理系统的整合，使得由人和物组成的地球达到“智慧”的状态。

1.4.2 欧盟的物联网行动计划

从总体来说，欧洲已经坐上了通信霸主的地位，主导着世界第三代通信的标准，这是未来互联网发展的制高点。同时，与美国相比，它在通信基础方面仍然很薄弱，如何利用网络的优势扩大战果是欧洲的重要议题，而发展物联网正是扩大这一优势的绝好机会。

2006年，欧盟成立工作组，专门研究RFID技术，并于2008年发布了《2020年的物联网——未来路线》；2009年6月，欧盟委员会向欧盟议会、理事会、欧洲经济和社会委员会及地区委员会递交了《欧盟物联网行动计划》（*Internet of Things - An action plan for Europe*），意在引领世界物联网发展；2009年10月，欧盟委员会以政策文件的形式对外发布了物联网战略，将于2011—2013年每年新增2亿欧元进一步加强研发力度，同时拿出3亿欧元专款，支持物联网相关公私合作短期项目建设；2009年12月，欧盟委员会以政策文件的形式，对外发布了欧盟“数字红利”，即未来物联网发展战略，为了加强政府对物联网的管理，消除物联网发展的障碍，欧盟制定了12项行动保障物联网的发展。

1.4.3 日、韩、新的u计划与智慧国蓝图

日本政府自20世纪90年代中期以来相继制定了e-Japan、u-Japan和i-Japan计划，如图1-16所示。2004年制定的u-Japan的目标是建设无所不在的网络社会，2010年实现“Anytime、Anywhere、Anything、Anyone”都

能上网的环境；2009 年提出的 i－Japan 目标是要在 2011 年实现日本产业社会、地区与 Information and Communications Technology（ICT）融合，2015 年通过数位技术达到“新的行政改革”，使行政流程简化、效率化、标准化、透明化，同时推动电子病例、远程医疗、远程教育等应用的发展。

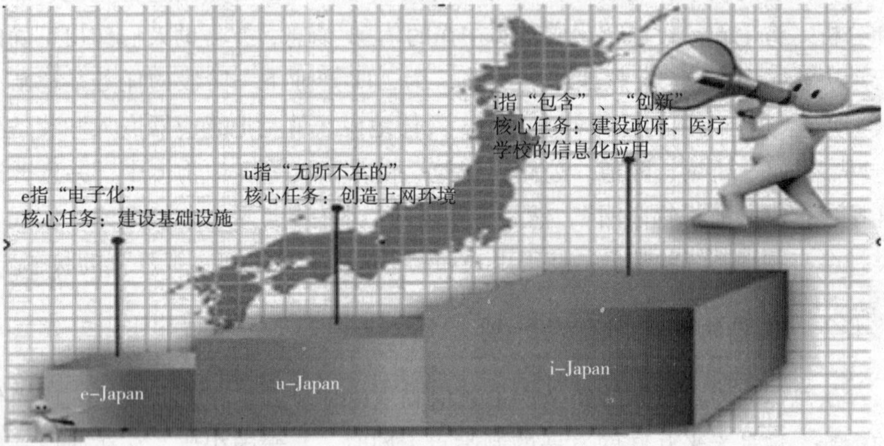

图 1－16　日本的 e－Japan、u－Japan 和 i－Japan

资料来源：中国信息主管网

2002 年 4 月，韩国提出了“e－Korea”战略，2006 年确定了“u－Korea”战略，IT839 计划是 u－Korea 的核心，计划中提出了“八项信息产业服务、三大基础网络设施建设、九项新增长技术”，如图 1－17 所示。2009 年韩

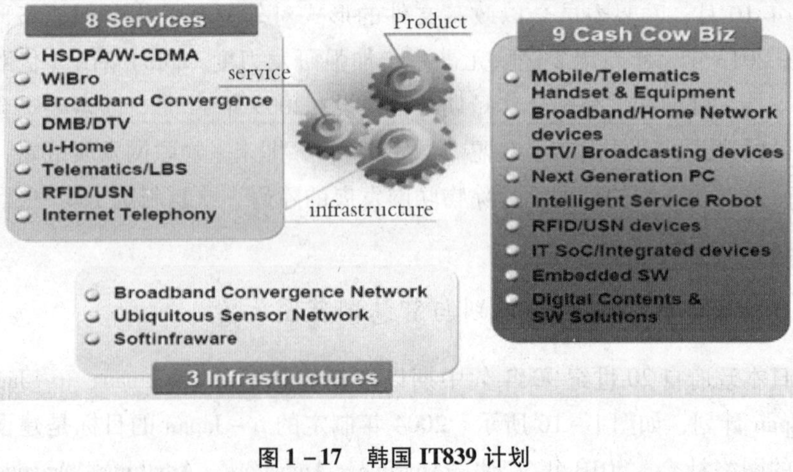

图 1－17　韩国 IT839 计划

国通信委员会出台了《物联网基础设施构建基本规划》，将物联网市场确定为新增长动力。《物联网基础设施构建基本规划》提出到2012年实现“通过构建世界最先进的物联网基础实施，打造未来广播通信融合领域超一流信息通信技术强国”的目标，并确定了构建物联网基础设施、发展物联网服务、研发物联网技术、营造物联网扩散环境四大领域、12项详细课题。

2005年，新加坡制定“智慧国2015（iN2015）”战略，计划在十年内实施四项政策，在政府、金融、教育、医疗保健、媒体娱乐、制造与物流、旅游与零售7大行业达成六大目标，“利用无所不在的信息通信技术将新加坡打造成一个智慧的国家、全球化的城市”，2015年后拥有新一代的宽带网络和资信科技，让资信科技与学习、休闲、工作和经济发展更紧密地结合在一起，这就是新加坡智慧国蓝图的愿景。

1.4.4　感知中国

2009年是中国物联网发展元年。2009年8月7日，温家宝考察中科院无锡高新微纳传感网工程技术研发中心时强调：“在传感网发展中，要早一点谋划未来，早一点攻破核心技术，把传感系统和3G中的TD技术结合起来。”2009年9月21日，工信部在相关会议上，首次明确提出要进一步研究建设物联网、传感网，加快传感中心建设，推进信息技术在工业领域的广泛应用，提高资源利用率、经济运行效益和投入产出效率等。2009年11月1日，中关村物联网产业联盟正式成立，成员包括了北京移动、清华同方股份有限公司、北京邮电大学、中科院软件所、北京交通委信息中心等十二家单位，囊括了政府、院校和企业。2009年年底，“中国电信物联网应用和推广中心”、“中国电信物联网技术重点实验室”在江苏无锡成立，标志着中国第一个“物联网城市”在无锡正式落成。

2010年1月，物联（传感）网技术产业联盟在无锡成立；2010年4月30日，在中国物联网产业发展论坛暨第三届国际无线传感网产业发展峰会上，“美国硅谷—杭州物联网产业创新中心”正式签约落户杭州东部软件园；2010年5月18日，我国首个针对物联网、传感产业融资的中国“物联网产业基金”签约设立，由无锡新区创投集团、大唐电信、中科院与无锡国联集团共同发起，计划总规模将达50亿元。

自2009年8月温家宝总理提出“感知中国”以来，物联网被正式列为国家五大新兴战略性产业之一，写入政府工作报告：温家宝总理在《2010年政府工作报告》中明确提出：今年要大力培育战略性新兴产业；要大力发展新能源、新材料、节能环保、生物医药、信息网络和高端制造产业；积极推进新能源汽车、电信网、广播电视网和互联网的三网融合取得实质性进展，加快物联网的研发应用；加大对战略性新兴产业的投入和政策支持。物联网在中国受到了全社会极大的关注，其受关注程度是在美国、欧盟及其他各国不可比拟的。关于我国物联网具体的战略规划，请参见本书第5章。

2 研究基础——理论与文献综述

从本质上说，物联网是互联网的延伸，合作与开放是物联网的精髓，内容和服务是物联网的灵魂，物联网具备网络经济和数字经济的一切特征。所以，物联网的商业模式虽然模糊，但是还是有章可循的。其他领域的商业模式研究，尤其是与之相关的电子商务商业模式、移动商务商业模式等，对于物联网商业模式的研究都有很强的借鉴意义。纵观以往的研究文献可以发现，不同企业，不同行业，不同时代背景下所采用的商业模式定义大相径庭，商业模式作为一个概念，其实具有很强的多样性，这就需要在研究之前对商业模式有个明确的界定。

以往对于商业模式的研究方法大概可以分为三种：第一种是将具有代表性的企业的商业模式进行归纳、分析，总结出具有典型代表意义的商业模式类型，比如 eBay 拍卖模式、亚马逊的模式、戴尔的直销模式等。亚德里安·斯莱沃斯基（2003）就曾在他的《利润模式》一书中把商业模式归纳成七大类，共计三十种商业模式。该种方法得出的商业模式显然具有很强的企业个性特征，理论综合性不强。第二种方法是进行大样本企业调查，然后归纳总结出不同的商业模式，如 Weill 和 Thomas（2004）等对 1000 家美国大企业采用定量方法进行分类。他们利用两个维度（企业出售何种权利、企业在多大程度上改变资产性质）来构建基本模式原型，共获得四个基本模式原型和 16 种商业模式。这种方法调查范围大、难度高。在已有文献中很少得到采用，但大量实例的归纳结果提高了可信度。第三种方法是运用理论推演和实例相结合的方法，先通过逻辑推理来构建商业模式，再寻找案例支持，这种先构建模式后寻找例证的方法，尽管有可能很好地抓住商业模式的本质，但与实际结合度不高。

对于物联网商业模式而言，目前还没有成熟甚至成型的商业模式，用前两种研究方法显然是不适合的，而第三种纯靠推理又太脱离现实。物联网是个很综合的概念，面对企业、产业、国家的不同层面，对于商业模式的解读也不尽相同。本书从系统科学的视角来研究物联网商业模式，将物联网商业系统看成一个复杂的适应系统，并将之与商业模式的概念相结合，分别从中、微观和宏观的视角，企业、产业和国家的层面对物联网商业模式进行分析与研究，并通过多代理（MAS）实验对相关内容与结论进行了实验和验证。在本书的研究中，将涉及商业模式、产业链与价值网、商业生态系统以及复杂适应系统（CAS）和多代理系统（MAS）等概念与理论基础，这些内容将在本章进行阐述。

2.1 商业模式综述

商业模式的概念出现很早，在公元前600年之前的前古典时期已经成为贸易和经济行为的一部分，商朝是中国史上第一个以商业发家立国的王朝，早在公元前1000多年前就实现了对商业模式的应用。但是直到20世纪90年代中期，随着互联网的出现，商业模式才开始被广泛关注和流行。Ghaziani和Ventresca在2005年从ABI/INFORM数据库中搜索到了1729篇带有“商业模式”的文章，其中只有166篇出版于1975—1994年，而剩余的1563篇全部出版于1995—2000年。在CNKI上搜索1975—2012年12月间的题目带有“商业模式”的文章有4708篇，其中4704篇在1995年以后发表，结果亦然。

虽然商业模式由来已久，但学者们经常在不同的情境下和不同的管理领域中用商业模式来表达不同的意义。商业模式被Applegate和Vitale等人称为一种描述；被Morris和Timmers等人称为一种表示方式；被Osterwalder、Tucci和Teece等人称为一种概念工具或模型；被Amit和Zott称为一种结构化模板；被Afuah和Tucci称为一种方法；被Afuah称为一种框架，等等，至今也没有一个确切统一的定义。而且有相当一部分有关商业模式的文献甚至根本没有定义它，而是理所当然的应用。表2-1中，按照年份总结了比较有代表性的商业模式定义及其作者。

表2-1　　商业模式的定义

时间	作者	定义
1998	Timmers	商业模式是由产品、服务和信息流组成的体系架构，包括对不同的商业参与者的角色描述、利益描述以及利润源描述（p. 2）

续 表

时间	作者	定义
2001	Amit 和 Zott	商业模式描述了计划的内容、结构和管理模式以及如何通过挖掘商业机会来创造价值（p. 511）
2002	Chesbrough 和 Rosenbloom	商业模式是连接技术潜力和经济价值实现的启发式逻辑（p. 529）
2002	Magretta	商业模式是解释企业如何运作的过程。一个好的商业模式可以回答 Peter Drucker 的老问题：谁是客户？客户的价值是什么？也可以回答每一个经理人必须回答的基础问题：做生意如何赚钱？并且可以解释以合适的价格给客户传递价值的根本经济规律（p. 4）
2005	Morris 等	商业模式是包括风险策略、体系结构和经济因素在内的一系列相关变量的简化表达，其目的是为了在特定的市场上创造持续的竞争优势。它包括六个基本的组成部分：价值主张，客户，内部过程/能力，外部配置，经济模型和个人/投资者因素（p. 727）
2008	Johnson 等	商业模式由四个相互联系的要素组成：客户价值表达，利润公式（利润创造路径），主要的资源和关键的过程。它们合起来创造和传递价值（p. 52）
2010	Casadesus - Masanell 和 Richt	商业模式就是公司实现战略的反映（p. 195）
2010	Teece	商业模式可以为公司传递价值，找到收入和成本的可行结构，它联合了逻辑、数据和其他的证据以支持客户的价值表达（p. 179）

总体来讲，目前对于商业模式的研究主要集中在三个方面：一是对电子商务模式（包括移动电子商务）的研究，主要关注企业或行业的运营模式及组织中信息技术的使用；二是从价值创造、竞争优势的角度将商业模式作为一种战略问题进行研究；三是在科技和创新管理领域对商业模式进行研究。

2.1.1 电子商务中的商业模式研究

互联网驱动了商业模式及其相关研究文献浪潮的出现，到目前为止，本领域关于商业模式的研究主要集中于对电子商务模式的讨论。简单地说，电子商务模式表达了一种鼠标加水泥的商业形式，即“电子化做生意”。学者们从企业发掘供应链重组的方式（比如，价值链的分解和重组）到收入的赚取方式（订货成本和从客户处得到的收费，从其他公司得到的广告和赞助费，由提供服务得到的佣金和交易费用等）等方面强调了电子商业模式的不同方面。总体来讲，可将对电子商务模式的研究分为两个互相补充的流派：第一个流派的目的是描述一般的电子商务模式并提供分类；第二个流派聚焦于对电子商务模式的组成成分分析。另外，对于电子商务模式战略的研究也是建立在以上两个流派基础上的重要研究方向。

在第一个流派中，Timmers 区分了 11 种通用的电子商务模式，从电子商店到电子采购，再到信用和第三方服务。Tapscott 等人提出了一个以网络和价值为中心的分类系统，通过经济控制和价值整合程度的不同区分了五类他所称为的 b 网络（商业网络）。Rappa 描述了八种所谓的原子商业模式，每一种都描述了电子化商业的不同经营方式。电子商务初始化可以被纯粹的原子商业模型或他们的综合所代表。Weill 和 Vitale 通过价值主张和收入控制模式对八种不同的公司角色进行了分类。Applegate 根据提供的服务和聚焦点不同总结了六种不同的电子商业模式。所有这些分类的共同点都是为了试图去描述和组织被互联网技术驱动的商业原型。

同时，Timmers 和 Mahadevan 提出了一个二维的分类体系，Dubosson - Torbay 等人提出了一个多维的。他们为了分类商业模式，定义了下列分类原则：用户角色（公司如何考虑客户和前途），交互模式（多对多），提供的内容（信息，服务和产品），价格体系（收费体系，价格列表或是动态价格机制），客户化水平（大量的客户定制内容）和经济控制（从自我管理到分级管理）。

在第二个流派中，对电子商务模式的研究是试图区分电子商务模式的组成成分，如表 2 - 2 所示。同时，很多学者也尝试用非正式的文本、口语或图形来混合表现商业模式。Weill 和 Vitale 介绍了一套简化的图表试图为电子商务初始化的分析和设计提供工具，他们的“电子商务模型图表”以三级目标为基础：参与者（公司利益，客户，供应者和联盟者）、关系和流（资金流、信息流和服务流）；也有些学者试图用商业模式原型（BMO）来表示商业模式，Osterwalder认为一个商业模式原型是深入到原理、关系、词汇和语义的商业模式模型重要组成成分的概念化和形式化表示。一个商业模式原型被分解为逐渐深入和复杂的许多层级；Tankhiwale为了跟踪一家电信公司的商业模式进展，将一个BMO模型应用于纵向案例研究，从而影响了这家公司的商业进程构造。

表2-2　　电子商务模式的组成成分

作者及年份	电子商务模式组成成分
Mahadevan，2000	参与者价值流以及购买者网络（在互联网环境下为购买者识别价值主张）；收入流（确保收入产生的计划）；后勤流（明确供应链相关的各种问题）
Stewart和Zhao，2000	利润流（包括收入流和成本结构）；客户选择；价值捕捉；区别和战略控制；范围（机会）
Afuah和Tucci，2001	客户价值（公司提供的区别服务程度或是比竞争者成本低的程度）；收入来源；机会；价格；连接活动；实施；容量；维持能力
Alt和Zimmerman，2001	任务（包括目标、前景、价值主张）；结构（参与者和控制者）；过程（面向客户、协调机制）；收入（收入来源、业务逻辑）；法律问题；技术
Applegate，2001	概念（市场机会、产品和服务提供、竞争动力、为了夺得一个统治地位的战略、为了开展交易的战略选择）；容量（将概念变为现实所需要的资源）；价值（测量投资回报率和其他股票收益）
Rappa，2001	持续力；收入流；成本结果；价值链配置
Osterwalder，2004	价值主张；客户分割；合作者网络；传递渠道；收入流
Bonaccorsi等，2006	产业和服务传递；客户；成本结构；收入；网络（结构化方面）；网络外部因素
Brousseau和Penard，2006	成本；收入流；持续收入控制；商品和服务产品及交换；价格战略；关系（需求和供应）；网络外部因素

在电子商务模式战略的研究中，有些学者专门研究电子商务货币，有些

学者研究互联网的广告效应，也有很多学者关注到了多媒体的收敛现象：Pauwels 和 Weiss 检查了在互联网上提供数字内容的“收费和免费”的电子商务模式，在“免费”模型中，公司免费提供所有内容，而在收费模型中，用户至少负责部分费用，他们的研究聚焦于公司表现暗含的从“免费”到“收费”模型的转换，并经验性地分析了在实现这种转变中市场行为的角色；Clemons 对货币化互联网应用的电子商务模型进行了回顾，提出大部分以个体为目标的互联网应用货币化的尝试已经聚焦于传统媒体或传统零售业的自然扩充上；McPhillips 和 Merlo 通过介绍“多媒体商业模式”而指出了多媒体收敛现象，即在同一数字平台上多种不同多媒体渠道的收敛，这种现象导致了多媒体产业的结构化改变；Eriksson、Kalling、Akesson 和 Fredberg 通过思考电子报纸和移动阅读分析了电子商务移动变革的含义。

综上，商业模式在电子商务领域的研究，主要致力于理解互联网做生意的完整形态，以及各个公司在整个商业生态系统中所担任的新角色。总体来讲，本领域的商业模式研究可以归纳为以下两点：①定义了有代表性的一般电子商务模型；②逐步发展了电子商务模式的特征和分类，从价值观念、货币化、产业网络框架以及经济构成等方面描述了电子商务模式多样化的程度。

近年来，随着无线网络技术的发展，尤其是手机用户的普及，移动商务成为电子商务发展的新方向。从本质上讲，移动商务更多的是将电子商务原有的业务迁移到手机或其他移动终端实现，除了新的应用模式外，在商业模式理论方面并没有太多的新研究。但无论如何，移动商务对于手机业务的扩展，无疑为物联网商业模式的探索起到了良好的推动作用。

2.1.2 战略角度的商业模式研究

战略文献中，对于商业模式的研究主要围绕三个方面：一是网络市场中的价值创造；二是商业模式和公司表现之间的关系；三是商业模式和其他战略概念的区别。

所谓网络化，是指公司以及大量的合作者共同为多种用户创造了价值，价值创造和价值捕获发生在一个价值网络中，价值网络包括供应者、合作者、分发渠道和扩展了公司资源的参与者。在此领域，Seelos 和 Mair 认为商业模式是一组配置的机制来使价值创造和经济及社会战略目标相协调。Zott 和Amit 以及很多学者都试图采用商业模式的概念去解释在网络化市场中的价值创造。

总体上，此类文献认为价值也可以通过商业模式变革来创造。

虽然一些商业模式的文献企图聚焦于公司及其所处网络合作者的活动，但是学者们越来越意识到公司不是在一个竞争空间里执行商业模式，而是通过他们的商业模式来竞争，商业模式代表了竞争优势的潜在来源。Patzelt 等人曾对商业模式看作一种调节管理团队竞争和组织表现效果的偶然变量进行了实验研究，结果显示：不同的商业模式选择，管理团队在创立之初的非常细节的经历都会对公司的表现产生或消极或积极的不同效果。Zott 和 Amit 认可了商业模式在调节产品市场战略和公司表现之间的关系时效果的不确定性，他们将商业模式看作是一种结构化构造，这种构造捕获了公司和外部，也就是客户、合作者和卖主之间交易的框架。在他们的工作中，他们开发了一种正式的模型来进行实验测试，结果表明：①强调了创新性、区别性或成本领导力的商业模式能对公司表现起积极作用；②以创新为中心的商业模式对公司表现有积极作用。IBM 的 Giesen 等人的研究指出了三类商业模式模型创新：即产业模型（产业供应链的创新），收入模型（公司如何产生价值的创新）和企业模型（公司结构在一个新的或存在的价值链中的任务创新），指出了两个关键的结果：①每一类商业模式的创新都可能导致成功；②和新公司相比，在较早成立的公司中聚焦于外部协作和合作的企业模式创新有更显著的效果。

尽管商业模式和公司战略特殊方面之间的概念明显不同，但很多学者还是强调商业模式对战略起了重要的作用。Magretta 认为相较于竞争战略，商业模式更加聚焦于协作、合作关系和联合价值创造。Teece 将商业模式看成管理层“假想客户需要什么，一个企业如何才能最好地迎合这种需求来赚钱”的反应。Richardson 认为商业模式解释了公司如何将各种活动组织在一起来实施战略，所以是公司战略形成和实施的桥梁。Casadesus - Masanell 和 Ricart 也持有相似的观点，他们认为商业模式是公司实现其商业战略的反应。

总之，在本领域已经存在的、被普遍接受的定义中，学者对概念提炼的努力至少帮助我们区分了商业模式不是什么：第一，商业模式不为从供应者到客户的价值创造提供线性机制，通过商业模式创造的价值创造包含多个参与者之间的更复杂的，互相联系的交换关系和活动；第二，商业模式和产品市场战略与合作战略不同；第三，商业模式不能减少有关公司内部组织的问题。

2.1.3 科技和创新领域的商业模式研究

在科技和创新管理领域，有两种相互补充的观点支撑了这个领域的研究：第一种观点认为商业模式促进了技术的商业化；第二种观点认为商业模式代表了创新的一个维度，它跨越了传统的过程、产品和组织创新模式，将新的合作和协作方式纳入其中。

在第一种观点中，Chesbrough 和 Rosenbloom 早在 2002 年的研究中就详细描述了 Xerox 公司如何通过实行有效的商业模式，将被其他领先公司拒绝的技术商业化，从而促进了自身成长；Bjorkdahl 采用商业模式的概念来研究技术多样化和交叉应用的效果，通过对三家公司的案例研究，挖掘了商业模式在价值捕获中的角色；Calia、Guerrini 和 Moura 介绍了一家铝业技术公司的案例，表明了商业模式不仅仅承担技术创新的结果，同时也会被技术创新所形成。以上学者从单个企业的角度观察商业模式在技术创新中的作用，Johnson 和 Suskewicz 则指出了产业角度的商业模式对技术创新的作用。他们在文章中讨论了如何通过商业模式的变革将陈旧的燃料经济转变为清洁技术经济，将焦点从发展个别技术转变为创造新系统。有学者指出尽管技术创新是重要的，但是至少有两个原因可以说明技术并不能保证企业的生存：第一，技术本身并没有固定的价值，况且上游企业只是将技术授权给下游企业而不是自己开发最终的产品；第二，技术本身的竞争变得越来越困难。研发成本的升高和产品生命周期的缩短都意味着再伟大的技术在成为一般性技术之前都不能被依赖来赚取满意的利润。一个更好的商业模式比一个好点子或技术要强得多。

在第二种观点中，除了采用商业模式来促进技术创新和技术管理，更强调将商业模式视为创新中的来源或创新本身从而更聚焦于商业模式创新研究。Giesen 等人认为商业模式创新可以分为三类：①产业模式创新：包括通过引入新产业、重新定义新产业或创造一个全新的产业来创新产业价值链；②收入模式创新：比如通过产业及服务的再配置或新价格模式创新；③企业模式创新：主要指改变企业在价值链中的角色来创新，包括在企业的延伸和雇用者、提供者、客户和其他相关者组成的网络中的改变，也包括企业容量和资产配置中的改变。另外，大量学者在商业模式创新对公司业绩起关键作用方面已经逐渐达成了共识从而将研究焦点放在了公司内的商业模式创新上，Chesbrough 提出了商业模式创新的两类壁垒：第一种类型的壁垒指潜在的资产配置，壁垒以与现有资产和商业模式矛盾的形式存在（比如，对资产再配置和操作过程的复杂需求导致的惯性出现）；第二种类型的壁垒是认知，一些领导者被局限在某种商业模式中，无法理解和当前的商业模式相匹配的技术和思想价值潜力。为了克服已经确立的商业模式的僵化，Doz 和 Kosonen 提出公司应该更加敏捷，而这可以通过发展三种能力来实现：战略敏感性，领导阶层统一性和资源的灵活性，他们指出顶层管理团队的重要性，因为他们要承担必要的风险去尝试新的商业模式并抛弃旧的以完成集体的使命。在相似的领域，Smith、Binns 和 Tushman 强调复杂商业模式的有效管理依靠可以做动态决策的、为远景和详细的目标做承诺的、可以积极的聆听多方建议并解决冲突的领导阶层。Santos、Spector 和 Van Der Heyden 则强调了商业模式创新行为方面的重要性，他们提出，为了完成商业模式创新，需要多方的结合和组织的公平性，商业模式的创新不仅要考虑正式组织的结构化方面，还应该关注非组织层面的相关动力机制。

总之，在科技与创新领域，商业模式的概念位于公司的输入资源和市场输出之间，主要被看作连接企业的（创新）技术和客户需求以及其他公司资源（比如技术）的一种机制，被认为补充了技术，是创新的媒介和来源。

综上所述，商业模式的分析是伴随着企业管理、商业运营、发展战略、电子商务等的研究一起进行的，很多学者从不同领域、不同视角对商业模式进行了研究，商业模式的研究在微观上专注于企业内部运营的研究，包括各种商业策略的制定和执行等；在中观上研究企业网络，即商业链的构建以及产业结点间的互动和协作模式等；在宏观上研究产业生态系统的构成和演化。尽管各种商业模式研究者在细节概念使用和现象解释方面有不同的方法，也难以形成统一的定义，但总体上来说商业模式已经成为一个横跨企业和产业界的分析单元。

在企业层面，商业模式包含着企业如何赢利的内容和形式，内容方面涵盖了策略选择、价值网络和价值创造，是企业商业模式价值创造的主要过程；形式方面则主要包含了财务、成本等价值获得的表征，构成了商业模式的显性要素。技术创新是企业对价值创造的重新探索，其价值体现依托于企业商业模式的创新。商业模式是企业对技术、市场和价值创造系统等各种构成要素进行整合优化，获得企业价值的体系化活动。商业模式创新是企业追求利润的重要过程。

在产业层面，商业模式研究通常会从系统的角度，而不是细节的功能化角度进行研究，其研究焦点不聚集于企业，而是研究整个产业做什么（比如提供什么产品和服务来满足市场需求等）以及如何做（比如如何通过协作促进最终产品的形成等）。在产业层面，虽然商业模式仍然包含了对内容和过程的思考，但较之企业层面，其研究的范围已经由个体的点向线和平面过渡，更加关注产业链和企业协作，最典型的就是基于互联网产业的电子商务模式的研究。

无论企业层面还是产业层面，商业模式都是一个整体化系统化的研究，都有一定的结构而不能仅仅是单一的组成要素。各组成部分之间必须有内在的联系，并通过它把各组成部分有机的联系起来，使其相互作用、共同影响、相互支持，形成一个良性循环的生态系统。同时，商业模式是根据技术、市场、制度、政策等综合决策而制定的，是企业对整个行业系统适应性的结果，企业具有能动性，商业模式也具有多样性与差异性。

在本文对物联网商业模式的研究中，将遵从商业模式的一般研究规律，采用系统化的视角与方法进行研究。由于物联网产业的主体由企业、用户和相关组织构成，这些主体都具有自己的“思想”，所以在研究中把他们作为智能体来对待，从中微观视角和宏观视角，从企业、产业和国家三个不同的层面，研究物联网商业主体的构成及其互动方式，并在此基础上分析物联网商业模式的组成要素和物联网商业生态系统的运行机制。研究中主要涉及产业链、价值网、商业生态系统、复杂适应系统等理论与相关方法。

2.2 产业链与价值网

商业模式的研究，始终体现着价值创造的理念，价值创造也成为商业模式的重要组成部分。价值创造的理论基础主要包括产业链和价值网理论。

2.2.1 产业链综述

从价值创造的角度看，产业链实际上指的是产业价值链，它起源于波特的价值链理论。波特教授在其1985年发表的《竞争优势》一书中，首次提出了价值链的概念，将“实现企业利润”作为最终目标，用价值链对企业竞争优势的来源进行集成研究，将宏观的竞争战略转化为获取竞争优势的具体步骤，他认为“每一个企业都是一个集合体，包含了设计、生产、销售、发送以及辅助过程，这些活动可以用一个价值链来表示”。企业价值链如图 2－1 所示。在价值链模型中，波特教授将企业所有的经营活动分为基本活动和辅助活动，其中基本活动基于有形产品的生产流程，主要围绕生产和销售活动展开，而辅助活动是对基本活动提供的支持。表 2－3 中，将价值链九种活动的定义进行了归类。

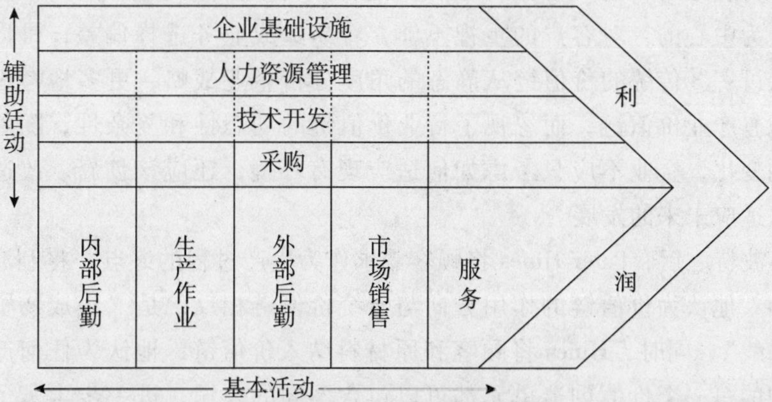

图 2－1　企业价值链

表 2－3　价值链九种活动的定义归类

	活动名称	定义
基本活动	1. 内部后勤	为生产制造而进行的各种接收、贮藏和分发活动
	2. 生产作业	将各种输入转化为最终产品的活动
	3. 外部后勤	成品的储存、配送等活动
	4. 市场销售	各种促销和销售工作
	5. 服务	为保持和增加产品的价值而进行的售后服务活动
辅助活动	1. 企业基础设施	包括一般的管理活动、计划、财务、法律服务、质量管理等，是整个价值链的基础
	2. 人力资源管理	人员的招聘、培训、评价等活动
	3. 技术开发	为提高产品和制造水平进行的产品和工艺改进活动
	4. 采购	购买各种原材料用于价值链投入的活动

资料来源：M. E. Porter，1985

之后，波特在其《竞争战略》一书中重新将价值链定义为“一系列连续的价值创造活动，从基本的原材料到供应商、生产者直至消费者使用和运输中的最终产品”。价值链理论表明了价值创造的过程，但传统的价值链分析有很多局限性：①传统的价值链分析往往偏重于企业内部运营而忽视了对行业整体的考虑，毕竟不是每个企业都可以跨越产品生产的全过程，从长期看，企业应该从行业和市场的特点来决定自身的战略；②传统的价值链分析从原材料投入开始到生产和销售分析，最后到达客户，本质上是以企业为中心的，对客户的重视不够，容易造成业务选择偏差，难以得到市场认可；③传统的价值链从静态的角度分析企业战略，更多地考虑如何适应现有产业价值链，而忽视了行业价值链的动态性和复杂性，随着竞争环境的变化，企业不应只考虑如何适应现有环境，还应该创新、改造现有环境以适应未来的发展。

在波特之后，Peter Hines 将顾客需求作为生产过程的终点，将利润作为副产品，他认为价值链的作用方向与传统价值链相反，是“集成物资价值的运输线”。同时，Hines 将顾客和原材料纳入价值链，他认为任何产品价值链中的每一个价值创造单元都可以包含不同的公司，进一步丰富了价值链理论。

将视角定位于产业而不是企业，波特提出了价值系统的概念，认为企业价值链与供应商价值链、渠道价值链和买方价值链等共同构成了价值系统，这一概念实际上也就是产业价值链的雏形。价值系统如图 2－2 所示。

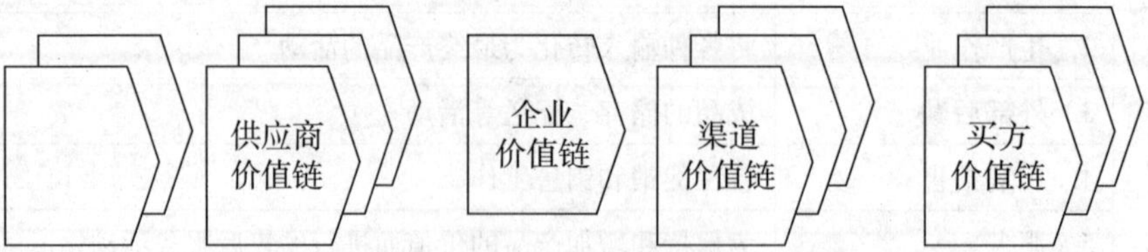

图 2－2　价值系统

从分工的角度讲，产业链的思想可以追溯到亚当·斯密的分工论断，比如著名的“制针”实例；之后，马歇尔将分工扩展到企业之间，强调了分工协作的重要性；赫希曼从产业前后关联的角度阐述产业链的概念；史蒂文斯认为产业链是由供应商、制造商、分销商和消费者以及物流、信息流构成的系统；我国学者杨公仆和夏大慰将不同产业间或同一产业内所有具有连续追加价值的活动所构成的价值链称为产业链，认为产业链可由若干可以重叠的服务链或产品链所构成；蒋国俊研究了产业链的理论基础与稳定机制，认为产业链是一种战略联盟关系链，由在特定区域内、具有较强国际竞争力或竞争潜力的企业与其相关产业中的企业所构成等。

总体来说，产业链是指以某项核心技术或技术束为基础，以提供某种产品或服务为目的而聚集起来的具有相互衔接关系的企业集合。目前对于物联网产业链的研究多集中于技术和结构方面：外国文献中基本没有出现过“产业链”一词，而是以“体现结构”出现，更趋向于技术分工；国内文献中，王亚唯认为物联网产业链分为设备（传感器、芯片、感应器、网络设备等）制造商、应用开发商、方案提供商、网络运营商和最终用户；李刚和柳艳梅指出要实现物联网大发展，产业链合作是大势所趋；李如年分析指出，物联网的下游应用分布广泛，上游技术及产业也基本成熟，实现上下游物联网产业的联动和跨行业的联动，形成多元化产业联盟是目前物联网发展的关键。更多的对于物联网产业链的分析还是基于物联网的三层技术架构。本文认为，物联网产业链是以物联网技术束为基础，以提供物联网产品和服务为目的聚集起来的企业集合，主要可以分为感知层、网络层和应用层三大企业节点，每个节点也可以根据技术和服务对象的不同而分为更小的企业节点。

2.2.2 价值网综述

1998 年，亚德里安·J. 斯莱沃斯基在其出版的《发现利润区》中首次提出了价值网的概念，将价值网定义为以客户为核心的价值创造体系，它是一种新型的业务模式。美国学者大卫·波维特 2001 年在《价值网——打破供应链挖掘隐利润》一书中对价值网做了深入研究，他认为价值网打破了价值链的线性结构，通过数字化技术，将企业、供应商、合作伙伴以及客户等多个节点联系起来，实现了多条价值链的协同发展，利用资源和优势互补，不仅可以实现公司的超额利润率，更可以满足客户的多样化需求，从而达到高度的客户满意度，是一种战略性模式。同年，Prabakar Kathandaraman 和 David T. Wilson 提出了价值网模型，描述了价值创造的三个核心概念：卓越的客户价值，核心能力以及网络成员间的相互关系，他们认为价值网是互联网时代的新型商业模式。芮杰明教授认为波特的“五力模型”实际上就是一种企业价值网络。价值网模型如图 2－3 所示，价值网框架如图 2－4 所示。

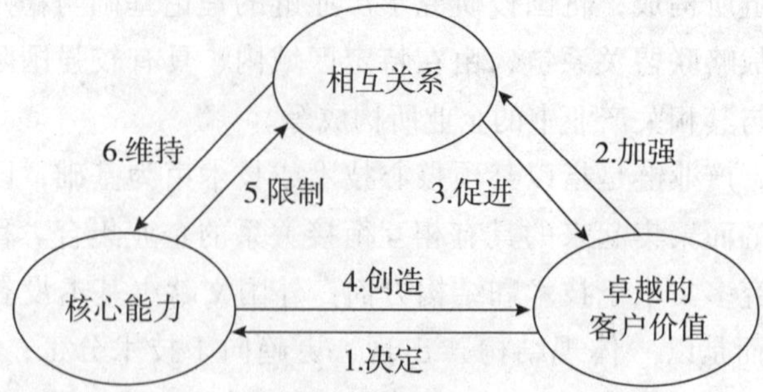

图2－3　价值网模型

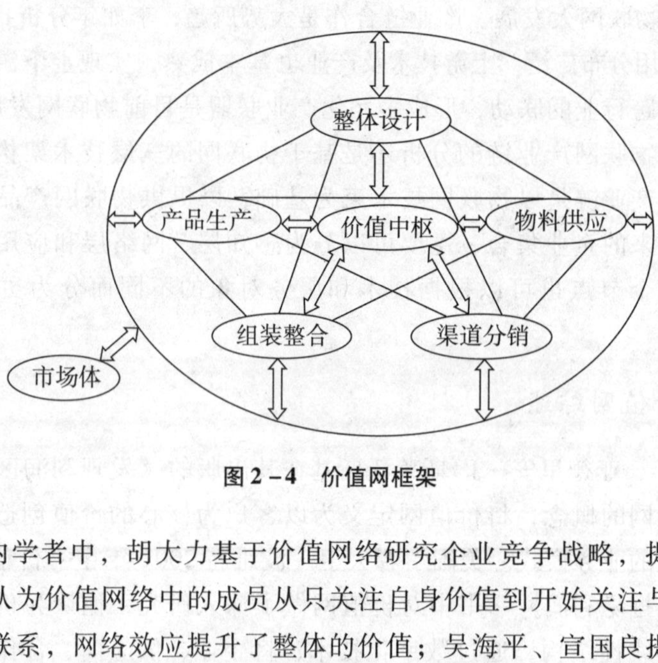

图2－4　价值网框架

在国内学者中，胡大力基于价值网络研究企业竞争战略，提出了价值网框架，认为价值网络中的成员从只关注自身价值到开始关注与网络其他成员间的联系，网络效应提升了整体的价值；吴海平、宣国良提出了价值网的动力学模型；余东华认为一系列承担不同专业分工的组织基于核心要素或通过一定的方式相互连接形成了广泛而灵活的价值体系，构成了价值网。

总之，价值网是传统价值链思想的变革，是以产业链为基础，以信息技术为依托建立起来的一种新型商业模式，关注点从企业内部转移到外部资源整合，从以企业为中心转变为以客户为中心，从关注价值分配到重视价值创造，网络成员都与价值生成、传递和分配密切相关，实现多方共赢是价值网的目标。但在实际的商业环境中，除了直接参与价值创造的价值网主体，还包括了很多其他利益相关者，比如政府、金融机构、教育机构、科研机构等，这些成员与价值网主体相互依存、协同进化、资源共享，构成了更加复杂的利益共同体——商业生态系统或称价值生态系统。因此，商业模式的研究从线性向网络化演化之后，再一次延伸到系统层次。

2.3 商业生态系统理论

商业生态系统概念是生态学与经济学、管理学的融合，是系统观视角下的商业模式研究。生态学研究和经济学、管理学研究存在着很多共同点，比如供求关系、竞争战略以及为了某种目的而付出成本获得收益等。不同的是，在自然界的成本表现为能量和资源，而在人类世界，更多的可以用金钱来代表。从而，生态学的研究方法为研究商业战略提供了有益的参考，对于商业生态系统中战略模型的研究则更加有助于从系统科学和生态学的视角对商业模式进行分析和研究。

总体来讲，对商业生态系统的研究大致分为三个方面：一是对商业生态系统概念及其组成成分的研究；二是对商业生态系统特性的分析；三是对于商业生态系统应用的研究。

2.3.1 商业生态系统的概念与结构研究

商业生态系统的概念来源于自然生态系统，最早可溯源于1866年德国动物学院厄恩斯特·海克尔对生态学的首次定义，他认为生态学是研究生物及其环境关系的科学；1963年，美国生态学家H. T. Odum在其著作《Fundamentals of Ecology》中将生态学定义为研究自然结构及其功能的学科，它适用于包括人类在内的任何对生命形式的研究；1980年，我国生态学家马世骏将生态学定义为研究生命系统与环境系统之间相互作用规律和机理的科学。虽然不同学者对生态学的定义并不完全一样，但内涵基本一致，生态学是研究生物主体以及环境之间互动关系的科学。根据研究对象的不同，生态学可以分为个体生态学、种群生态学、群落生态学和生态系统学四个研究层次，其中生态系统是指生物与非生物环境在一定的空间内通过物质循环、能量流动相互依存、相互作用构成的具有自我调节能力和动态性的统一整体，是生态学的系统化研究。企业是商业系统的有机主体，企业生态学延续了生态学的研究方法，它研究企业主体之间以及企业与环境之间的互动关系，分为企业个体生态学、企业种群生态学、企业群落生态学和商业生态系统学（见图2－5）。

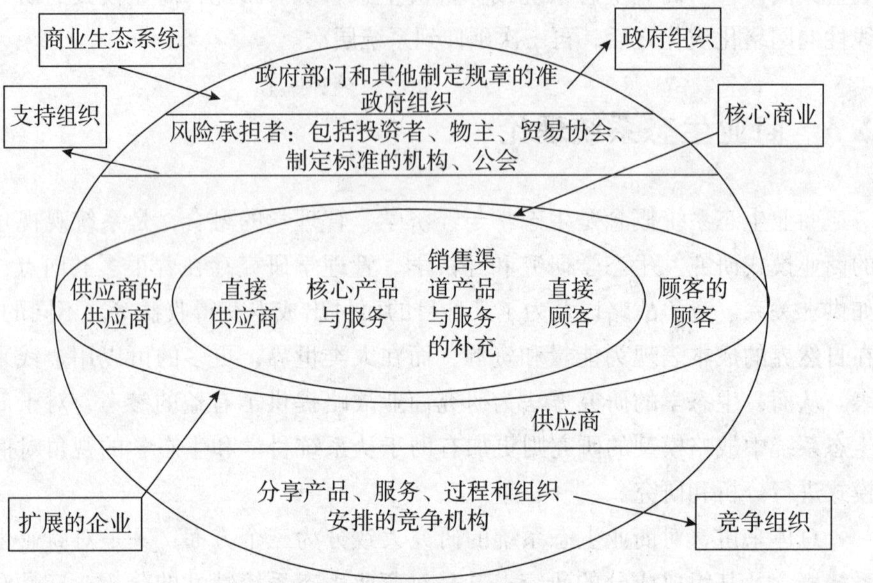

图2－5　商业生态系统结构模型

1993年，管理学家詹姆斯·弗·穆尔在《哈佛商业管理评论》发表了论文——掠食者与猎物：新的竞争型生态，提出了商业生态系统这一概念。1996年，穆尔在其著作《竞争的衰亡》一书中建立了商业生态系统的理论框架，将商业生态系统定义为个人和组织相互作用的联合体，并将个人和组织认定为包括主要生产者、供应商、竞争者、其他风险承担者以及消费者在内的商业世界的有机体，从而明确了商业生态系统的结构和特点。之后，穆尔在论文“一种新型企业形式的兴起”中强调了商业生态系统的动态性与共生性，并将商业生态系统的主要组成成分扩展为：主要生产者、供应商、其他风险承担者、消费者、金融机构、工会、贸易团体、政府以及各类相关组织和单位等利益共同体，这些共同体自发的以高度的自组织形式聚集在一起，构成了一个相互支撑的组织。

此外，Peltoniemi 和 Vuori 认为商业生态系统具有生物生态系统、经济系统和复杂适应系统的特点，是由具有一定关联的组织构成的动态结构系统，组成成分可能包括社会公共服务机构、企业、研究机构、高校以及其他相关组织；2004 年，Marco Iansiti 和 Ray Levien 调研了大型企业的成功商业生态系统运作方式，通过实证研究说明了商业生态系统中每一个企业都与整个商业生态系统共命运。他们将商业生态系统的物种分为骨干型企业、主宰型企业和缝隙型企业三种类型；我国学者王雅宁将商业生态系统定义为由相互作用、相互影响的组织成员组成的进行信息、物质和价值交换的动态共生系统，这些组织成员包括政府、社会服务机构、生产者、消费者、供应商、合伙人以及制定标准者等；2012 年，潘剑英和王重鸣在对商业生态系统模型进行总结归纳的基础上提出了商业生态系统的跨层次整合模型，如图 2－6所示。

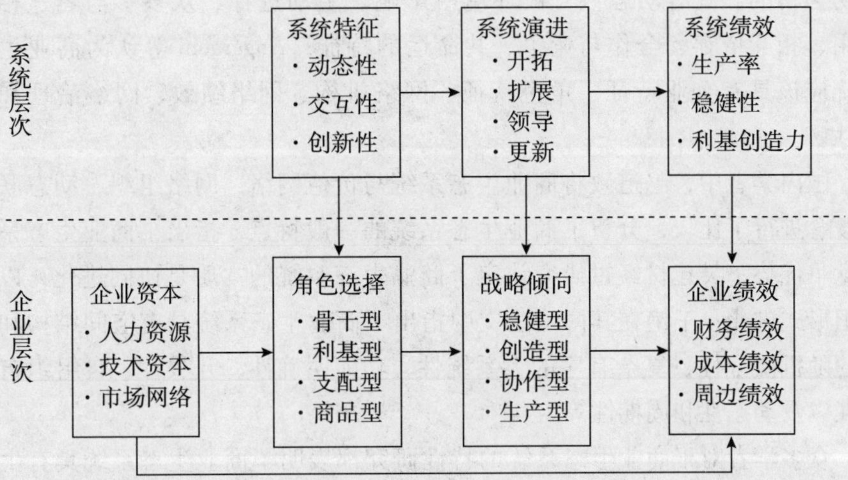

图 2－6　商业生态系统的跨层次整合模型

总之，商业生态系统的结构是复杂的，其结构就是商业生态系统内成员的类型、数量和相互关系。商业生态系统理论突破了传统产业组织理论按行业进行分析的局限性，深化了系统主体间共生共进的合作观念。

2.3.2　商业生态系统特性研究

商业生态系统是生态学、管理学与经济学的结合，兼具生态学与系统科学的特征，是典型的复杂适应系统。很多学者从生态学视角和系统科学视角对商业生态系统的特征进行了研究。

外国学者中，穆尔 1996 年提出了商业生态系统的“4P3S”七维分析框架，即人员（People）、场所（Place）、产品（Product）、过程（Process）、结构（Structure）、股东（Shareowner）和社会环境（Society）；Power 和 Jerjian 指出了商业生态系统的 12 条准则：学习、计划、安全性、网络化、系统化、关注购买、销售、物流、供应商、消费者、网络支付和个性化；Eve Mitleton－Kel 经过分析总结出商业生态系统具有自组织、涌现性、关联性、反馈、远离平衡态、相互依赖性、可能性空间、时间依赖、路径依赖以及共同进化的特性；Peltoniemi 和 Vuori 等也得出了类似的结论；2004 年，Marco Iansiti 和 Ray Levien 总结商业生态系统的特性为分布式、交互式、合作、竞争等；2005 年，Peltoniemi 提出了商业生态系统应该是以创新和商业成功为目的，具有动态性、被环境所影响、主动选择、众多参与者、相互作用、相互依存、合作与竞争、共命运的特征；Anggraeni 等认为商业生态系统应该具有企业特征、角色特征、网络机构、网络绩效、网络治理和动态性。

国内学者中，赵道致将商业生态系统与价值网络、网络组织、动态联盟等概念进行了比较，分析了商业生态系统的一般特点，指出了商业生态系统的竞争优势；吴建材经过研究认定了商业生态系统的本质是协同进化，以自组织形式进化；王艳在其博士论文中指出了商业生态系统具有空间结构和边界的随机微分性、复杂有序的大系统性、功能明确性、开放性、自组织自稳定性以及动态性和周期性等。

众多学者对于商业生态系统的特性研究都表明了商业生态系统具有生态科学和复杂性科学的一般属性，主要体现在以下方面：

1. 层层嵌套　边界开放

商业生态系统往往由许多子系统组成，根据不同的划分原则，按照功能可分为生产子系统、销售子系统、战略子系统等；按照范围可以分为核心企业层、扩展层等；按照类别也可分为不同的产业链子系统。而且每个子系统实际上也可以进一步细分为更小的成分，使得整个商业生态系统呈现出层层嵌套的特征。同时，随着系统的演化，系统的边界并不固定，可能会出现成员的增加、更改和消亡，体现出很强的动态性，也有可能同一个单位根据不同的划分方法而属于不同的子系统。

2. 主动适应　协同进化

在商业生态系统演化的过程中，每个成员都会根据自身的发展主动地适应环境变化，并在适应的过程中积累经验，提升自我；同时各个成员的发展相互依存，每个成员都是其他成员的生存环境，只有互相适应，协同进化，才能保证个体及系统的发展与演化。

3. 涌现与自组织

所谓涌现指的是系统在演化过程中而出现的新属性，即各个成员及子系统的演变、融合，可能会使得系统发生物理变化或化学变化从而呈现出个体不存在的特性，但系统会根据内部成员之间的相互协作，促使系统自我发展、自我更新形成自组织现象。正是由于涌现与自组织的存在，才是系统能够演化与进化，形成商业生态系统运作的根本动力。

4. 周期性

穆尔将商业生态系统的合作、竞争与演变划分为初创期、扩展期、领导期、和自我更新期（也称灭亡期）四个阶段：初创期阶段，系统成员较少，价值链条也较短，尚未能够形成价值网络，是商业生态系统整体框架的搭建时期；扩展时期，随着商业生态系统的逐步发展，系统范围不断扩大，形成了核心成员，价值网络初步形成并发展，系统协作运行一段时间，系统成员有一定的收益，自组织能力增强；领导期阶段，系统内竞争更加激烈，演化更加频繁，成员角色开始明确划分，核心企业竞争力增强，系统处于演化的高潮期；随着新技术的不断涌现、客户需求的变更以及客观环境的转变，产品会随之更新，核心产业链、价值网都会随之更新，这将导致原有商业生态的更新甚至灭亡。

2.3.3 商业生态系统应用研究

商业生态系统应用研究主要体现在具体行业的商业生态系统构建研究、商业生态系统的评价研究以及战略研究方面。

在商业生态系统构建方面：Renaissanc 咨询公司曾对 ASP 商业生态系统进行研究；Hansjoerg Griese 等对欧盟的 ICT 商业生态系统进行了研究；Marco Iansiti 和 Ray Levien 于 2005 年对美国 IT 商业生态系统进行了评估；Moore 对个人电脑行业的商业生态系统进行了研究；Francois Letellier 对中间件商业生态系统构建进行了论述；日本一桥大学创新研究所（2006）对日韩移动音乐行业商业生态系统进行了比较研究并给出发展建议。国内学者中，李怀政、夏训峰、徐涌、郭宁等分别对我国连锁超市、肉类加工业、互联网经济与电信行业的商业生态系统进行了研究，分析了商业模式的成功结构；近年来，卓骏等对阿里巴巴的商业生态系统进行了研究；杨茉对手机应用商城的商业生态系统进行了分析；赵葆军研究了中国银联基于商业生态系统的发展战略；孔德安、潘翀对水电技术标准走出去的商业生态系统演化和服务平台建设进行了研究，等等。从对商业生态系统构建的研究来看，商业生态系统的构建基本遵循如下原则：①确定系统构成的关键主体（类似自然生态系统中的物种）；②以技术或产品为核心形成产业链，构建价值网；③管理创新优化商业生态系统生存环境，促进商业生态系统协调发展。

在商业生态系统的评价研究中，Iansiti 和 Levin 提出了如图 2-7（a）所示的商业生态系统评价指标；Den Hartigh 等在前者的基础上开发了跨层次的商业生态系统评价模型，如图 2-7（b）所示；Marco Iansiti 和 Ray Levien（2004）认为创建缝隙型企业和新商业机会的能力连同生产力、健壮性一起构成了商业生态系统的三大评价要素；胡斌（2006）等在分析商业生态系统健康内涵的基础上构建了商业生态系统健康评价指标体系；李爱玉提出了健康生态系统的评价量化指标，如表 2-4 所示。总体来讲，对于商业生态系统评价的研究还不是很多，相对于传统的企业诊断，商业生态系统涉及很多外部指标是难以获得的，这也对商业生态系统的诊断与评价造成了障碍。

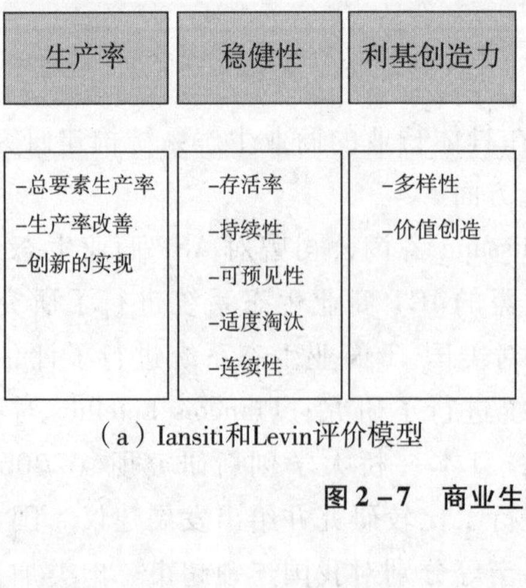

（a）Iansiti和Levin评价模型

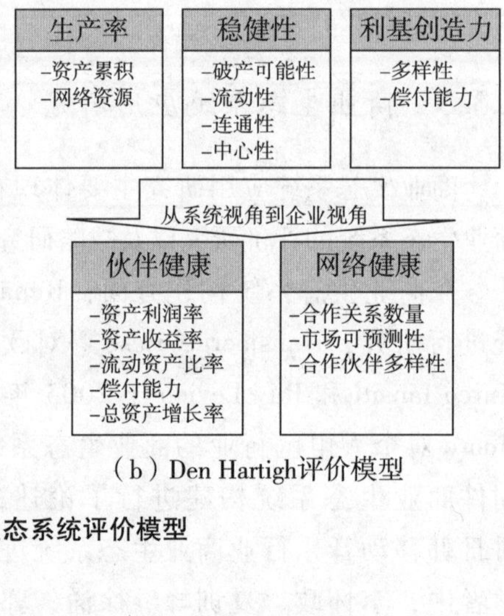

（b）Den Hartigh评价模型

图 2-7　商业生态系统评价模型

表 2-4　　　　健康商业生态系统的评价指标

<table>
<tr><th>健康指标</th><th>评价指标</th><th>测量指标</th></tr>
<tr><td rowspan="8">稳定性</td><td rowspan="3">活力</td><td>初级总生产力</td></tr>
<tr><td>初级净生产力</td></tr>
<tr><td>新陈代谢</td></tr>
<tr><td>组织结构</td><td>多样性指数</td></tr>
<tr><td rowspan="3">恢复力</td><td>成长范围</td></tr>
<tr><td>恢复时间</td></tr>
<tr><td>化解干扰的能力</td></tr>
<tr><td rowspan="3">可持续发展性</td><td>生产率</td><td>投资收益率</td></tr>
<tr><td>生命力</td><td>系统成员的存活率</td></tr>
<tr><td>缝隙空间创造能力</td><td>新兴技术被应用的程度</td></tr>
</table>

在商业生态系统战略研究中，Lewin 最早提出了企业生态位的概念，认为企业生态位代表了不同的企业战略，而生态位之间的联动正是企业战略之间的掣肘；马尔科·扬西蒂等根据企业角色定位和对系统价值的不同影响，将商业生态系统的企业战略分为：网络核心型战略、支配主宰型战略以及市场缝隙型战略三种；Kim 等人认为商业生态中有领导型企业，而这类企业对整体系统的健康运行具有重要的影响，并基于此提出了基于领导型企业的战略选择模型，如图 2-8 所示；李强和揭筱纹在总结原有商业生态系统战略的基础上，根据企业价值属性和联结属性的不同提出了商业生态系统的战略组合矩阵，如图 2-9 所示，形成了价值依附型、价值平衡型、价值共享型、价值

<table>
<tr><td colspan="2" rowspan="2"></td><td colspan="2">知识密集度</td></tr>
<tr><td>基础设施导向型BES</td><td>知识密集型BES</td></tr>
<tr><td rowspan="2">环境动荡性</td><td>动态BES</td><td>稳健型战略</td><td>创造型战略</td></tr>
<tr><td>稳定BES</td><td>协作型战略</td><td>生产型战略</td></tr>
</table>

图 2-8　商业生态系统旗舰企业战略选择模型

注：图中的“BES”表示商业生态系统。

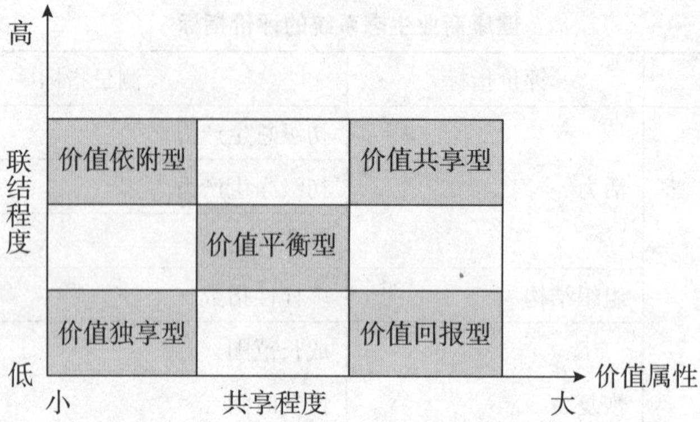

图 2－9　商业生态系统企业战略组合矩阵

回报型和价值独享型五种商业生态系统战略，等等。

总之，商业生态系统本质上是一个复杂适应系统，反观商业模式的概念，商业生态系统实际上是系统化的商业模式体现，是一种最佳的商业模式，体现了企业间的互动、产业链的协作以及整个产业的演变历程。

2.4　从 CAS 到 MAS

本文主要以多智能体的思想对物联网商业生态系统进行研究与实验分析，多智能体的方法主要基于复杂适应系统理论，是复杂性科学在现阶段的主要研究方向之一。

2.4.1　复杂适应系统（CAS）产生的背景

复杂适应系统是系统科学的研究分支之一，从系统科学的发展历程看，可分为三个阶段：第一阶段从 20 世纪 40 年代到 20 世纪 60 年代，系统论、控制论、信息论和运筹学构成了早期的系统科学理论；第二阶段主要是 20 世纪 70 年代诞生的耗散结构论、协同学、突变论、混沌学以及分形理论等，它们统称为非线性科学，以复杂对象为研究对象，从不同视角揭示了复杂现象的规律性，非线性科学被誉为继量子力学和相对论后 20 世纪的第三次科学革命；第三阶段从 20 世纪 80 年代至今，是复杂系统研究阶段。1984 年，以物理学家盖尔曼（M. Gell－mann）、安德森（C. Aderson）和经济学家阿罗（K. Arrow）为首，在美国新墨西哥州成立了圣菲研究所（Santa Fe Institute，

SFI)，不同领域的科学家们跨学科地运营自组织、混沌、涌现、复杂适应系统理论来研究复杂性，他们认为，事物的复杂性是从简单发展起来的，是在适应环境的过程中产生的。圣菲研究所的创始人考温将复杂性科学誉为“21世纪的科学”，虽然目前它仍然处于萌芽和发展阶段，但已经受到科学界的广泛关注。

复杂系统是相对于简单系统（如线性系统）和非线性系统而言的，简单系统通常包含少量的个体，它们之间的相互作用比较弱，或者具有大量的相似行为，可以用简单的统计平均方法来研究它们的行为，比如封闭的气体。而复杂系统多为有生命的系统组成并且要有一定的规模，由于生命体本身具有智能使得整个系统的演变变得复杂，比如人体系统、经济系统、生态系统等。物联网商业系统就是因为个人以及众多企业和组织的参与而构成了一个复杂系统。复杂系统一定是非线性系统，但非线性系统不一定是复杂系统，非线性是构成复杂系统的必要而非充分条件。

由于研究者的学科领域不同，目前对于复杂系统还没有统一的定义。丹麦科学家巴克（Per Pak）把有巨大变化性的系统称为复杂系统；日本的福田丰生教授称复杂系统是由多个具有复杂的非线性关系的要素构成的系统；美国科学家司马贺认为，复杂系统是由许多部件组成的系统，这些部件之间有许多相互作用不是简单的，在这种系统中，整体大于部分之和，也就是说，即使已知部件的性质和它们的相互作用规律，也很难把整体的性质推断出来。一般认为，复杂系统是由众多存在复杂相互作用的组分（或子系统）组成的，系统的整体行为（功能或特性）不能由其组分的行为（功能或特征）来获得。正是由于组分间无数可能的相互作用，才使得复杂系统涌现出所有组分不具有的整体行为（功能）。海斯（J. A. Highsmith）用“复杂行为 = 简单规则 + 丰富联想”来描述复杂系统的复杂行为。沃尔德罗（M. Waldrop）在《复杂性》一书中指出，复杂性其实存在于组织之中，即每一个系统的组成因素用无数可能的方式在相互作用。组合不仅仅是聚集，组合物的组分之间存在着相互作用，通过这种相互作用形成复杂的结构；但它还不仅仅是相互作用，它在表现组分特性的同时，还传递着作为整体而产生的新特点。大尺度的组合可以产生高度的复杂性和无限的可能性。

对于复杂系统的研究从无生命的复杂自然系统开始逐渐深入到有生命的经济系统、社会系统、生态系统等。根据不同的观点和角度，对复杂系统有不同的分类方法。北京师范大学姜璐教授认为，研究比较多的、有较多规范方法且取得一定成就的有三类复杂系统：非平衡系统、复杂适应系统和开放的复杂巨系统。非平衡系统主要采用自组织理论（耗散结构理论、协同学等）讨论无生命子系统组成的非平衡系统的演化，讨论这类系统的理论比较规范，有较强的数理基础和较好的数学工具，得到了比较可信的结果；复杂适应系统理论是圣菲研究所以生物体为背景建立起来的模型，这类系统认为子系统以及各个主体都具有一定的智能，主体适应环境的过程构成了系统演化的过程，这也是本论文研究的基础；开放的复杂巨系统是1990年，由我国钱学森、于景元、载汝为三人发表的论文《一个科学新领域——开放的复杂巨系统及其方法论》中首次提出的，主要研究由人组成的最复杂系统的演化问题，钱学森提出了从定性到定量的综合集成方法，主要采用人机对话的科学研讨厅体系，在方法论层次上给出了解决问题的办法，虽然在分析实际问题上取得了一定的效果，但是理论研究上的困难还比较多。

本文认为物联网商业生态系统本身就是一个典型的复杂适应系统，构成物联网商业系统的各个主体都是具有智能的，通过这些智能体之间的互动可以分析整个系统的演化规律与特点。

2.4.2 复杂适应系统理论内涵

1995年，霍兰出版了专著《隐秩序——适应性造就复杂性》，标志着复杂适应系统理论的创立。霍兰在书中系统阐述了复杂系统理论，提出了复杂适应系统的核心思想：适应性造就复杂性。

复杂系统中系统的组成成分称为个体，而在复杂适应系统中将具有适应能力的个体称为适应主体（Adaptive Agent），简称主体，又称智能体。复杂适应系统理论认为主体具有主动性和适应性，可以与环境以及其他主体进行持续不断的交互作用，从中不断地“学习”，并能够利用积累的经验改变自身的结构和行为方式，当适应能力赶不上环境变化时，就会衰亡下去。霍兰将主体与环境以及其他个体间的主动的、反复的交互以促进整个宏观系统演化或进化所具有的特性称为适应性。

霍兰定义了四个特性——聚集、非线性、流、多样性以及三个机制——标识、内部模型和积木共七个基本点来描述主体的适应和演化过程。同时，具有这七个基本点的系统，毫无例外都是复杂适应系统。聚集指构成模型的构件也就是基础主体，这些主体还可以通过黏合形成较大一级的主体——介主体及介介主体等，这些聚集体，在系统中像一个单独的个体那样行动；非线性是指个体以及它们的属性在发生变化的时候，并非遵从简单的线性关系，特别是在与系统的反复交换作用中，这一点更为明显；流指在个体与环境之间存在的物质资源、能量和信息流。这些流的渠道是否通畅，周转迅速到什么程度，都直接影响系统的演化过程；多样性指在适应过程中，由于种种原因，个体之间的差别会发展并扩大，最终形成分化，这是 CAS 的显著特点；标识是为了便于识别和选择，给主体赋予的辨识符号、名称；内部结构是指系统运行过程中逐步建立的模型；积木块是内部模型的表现方式，类似面向对象语言中的元素。图 2－10 所示为 CAS 理论树。

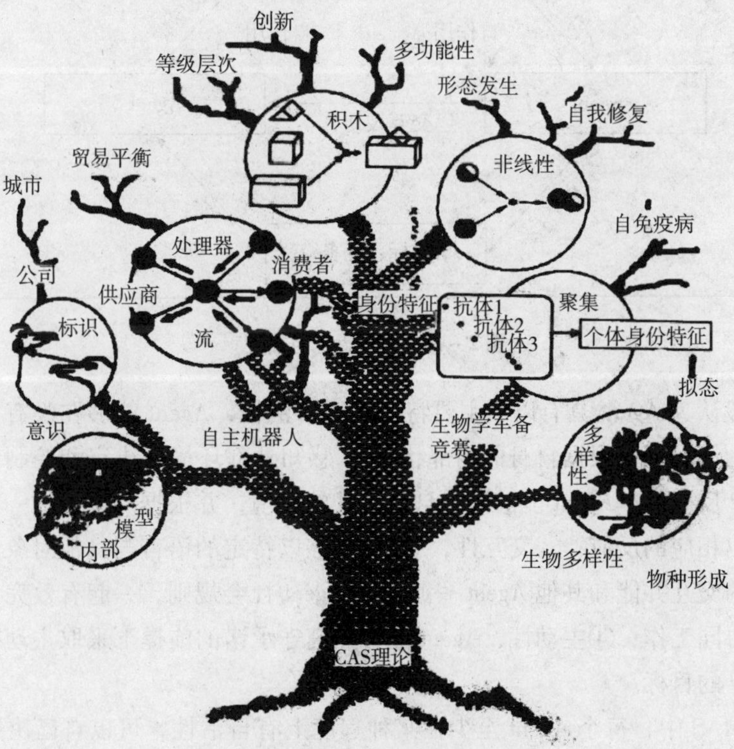

图 2－10　CAS 理论树

2.4.3　Agent 与 MAS

复杂适应系统中的主体称为 Agent，Agent 是来源于经济学中的用语，表示代理人或代理商；在人工智能领域，1986 年 Minsky 在其著作《思维的社会》中提出了 Agent，认为 Agent 具有交互性和智能性，是在某一环境中能够持续自主的发挥作用、具有生命周期的计算实体，Agent 行为描述如图 2－11 所示。在复杂适应系统中，Agent 是主动的、活的实体，主体与主体、主体与环境之间相互作用，使得个体的变化成为整个系统变化的基础和系统演变、进化的主要动力。每个复杂适应系统都是由多个主体构成的，MAS 即 Multiple Agent System，多主体系统，也称多代理系统，是以复杂适应系统理论为基础的，研究复杂适应系统中的多个主体之间相互作用及演化的系统，Agent 是 MAS 的构成要素。

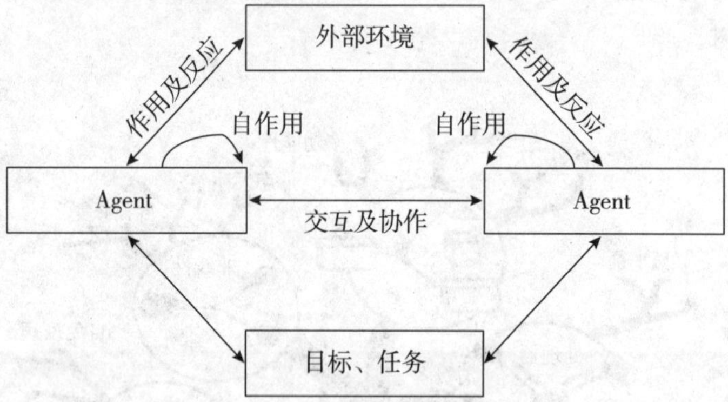

图 2－11　Agent 行为描述

一般认为 Agent 具有以下主要特征：①自治性，Agent 能够在没有外界直接操纵的情况下，根据自身的内部状态，感知外部环境并决定和控制自身的行为；②反应性，Agent 能够感知自己所处的环境，并根据环境中的一些特定事件做出相应的反应；③交互性，Agent 能够以特定的语言与其他对象进行各种各样的交互并能和其他 Agent 一起遵守 Agent 社会规则，一起有效完成各种层次的协同工作；④主动性，Agent 能够在遵守承诺的前提下采取主动行为以实现自己的目标。

在 MAS 中，每个 Agent 至少在某种程度上有自治性，可以自己决定需要采取什么行动以实现其自身目标。并且每个 Agent 都可以与其他 Agent 进行交互，这种交互不是简单的交换数据和资源，而是参与某种社会行为，就像人与人之间的协商与合作。

2.4.4 MAS 仿真工具

对于 MAS 的仿真工具有很多，目前公开的有上百种，并且呈继续增长之势，比较有影响的包括 Escape、Swarm、Repast、NetLogo、MASON、Fables 等，但是迄今为止对这些仿真工具进行评估的还比较少，Gillbert 和 Bankes 曾在美国科学院院刊上发表了一篇论文，对复杂系统仿真技术进行了简略评述，他们指出仿真平台应该具有易于学习、建模灵活和运行快速的特点；Railsback 等选择了五种最流行的多主体仿真工具 Objective－C Swarm、Java Swarm、Repast、NetLogo 和 MASON，从设计理念、仿真实现、实验管理和运行速度四个方面进行了对比，指出了各自的特点。总体而言，Objective－C Swarm 是第一个多主体仿真框架，目前已被 Java Swarm 所代替，Swarm 有着完整的开发框架但稍显复杂，Repast 同样基于 Java 语言，是为了简化 Swarm 而开发，但目前国内可供学习的资料很少，NetLogo 易用性最好，但编程环境受限，适宜不是特别复杂的模型。本文将根据不同的仿真需求，借用面向对象的思想，分别采用 Java 语言，选取 NetLogo 和 Swarm 两个仿真平台对物联网商业生态系统进行了仿真实验与分析。

1. 面向对象与 Java

面向对象是将现实世界的人、物或组织进行理解和抽象的方法，对象可以是人们进行研究的任何事物，对象的状态和行为都可以通过数值表达和函数分析来描述，对象与主体有着异曲同工之妙，面向对象的程序设计方法非常适合用于 MAS 模型的开发与实验。

Java 一词于 1995 年诞生，它来源于印度尼西亚爪哇岛的英文名称，Java 语言是面向对象编程语言的典型代表，最开始由 Sun 公司研发，由于其开源性受到了广泛传播与使用。目前流行的 Swarm 和 Repast 仿真平台都基于 Java 语言建立，本质上可以理解为 Java 的一个类库。Java 不同于一般的计算机语言，它首先将源代码编译成字节码，然后以来自不同平台上的虚拟机来解释执行字节码，从而实现了“一次编译、到处执行”的跨平台特性。Java 平台由 Java 虚拟机（Java Virtual Machine，JVM）和 Java 应用编程接口（Application Programming Interface，API）构成。API 为 Java 应用提供了独立于操作系统的标准接口，可分为基本部分和扩展部分，在硬件或者操作系统平台上安装 Java 平台后，Java 应用程序即可运行。本论文中的实验采用了 Sun 公司提供的 Java 开发工具包 jdk1. 6. 0_ 25 进行实验分析。

2. NetLogo

NetLogo 是由美国西北大学连接学习与计算机建模中心开发的基于 MAS 建模的集成仿真环境，前身是 Startlogo T，在其基础上增加了新的功能和用户接口，适合对随时间演化的复杂系统进行建模仿真。

NetLogo 中共有三类主体，分别是：海龟主体（Turtles）、瓦片主体（Patches）和观察者主体（Observer），Netlogo 主体模型如图 2－12 所示。海龟主体指能够在世界中移动的主体；世界由瓦片组成，是二维的，每个瓦片占据一个网格，海龟可以在瓦片上移动，而瓦片不能移动，海龟和瓦片都有自己的属性和行为；观察者是一个全局主体，可以观察由海龟和瓦片构成的世界，获知他们的状态，并可对海龟和瓦片执行指令从而实现对世界的控制。

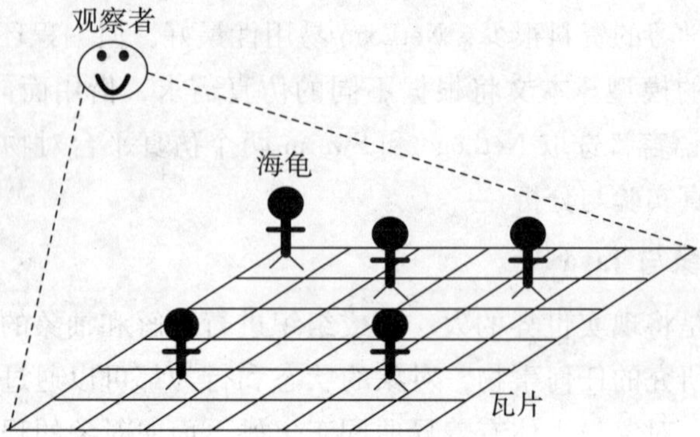

图 2－12 NetLogo 主体模型

3. Swarm

Swarm 是美国圣菲研究所最早开发的 Agent 建模工具，是一个开放、高效、可重用的软件实验平台，目前的版本全面支持 Java，提供了一个面向对象的开发框架用于研究多主体的相互作用与行为。丘世明、朱晔、张宝银分别利用 Swarm 平台对中国能源行业、金融体系和国际石油市场进行了仿真研究。

Swarm 建模的思想是一系列独立的个体通过独立的事件进行交互以研究系统的演化规律。Swarm 模拟的基本单位是主体，一个主体就像系统中的演员，是能够产生动作并影响自身以及其他主体的一个实体。Swarm 主体构成结构如图 2－13 所示。

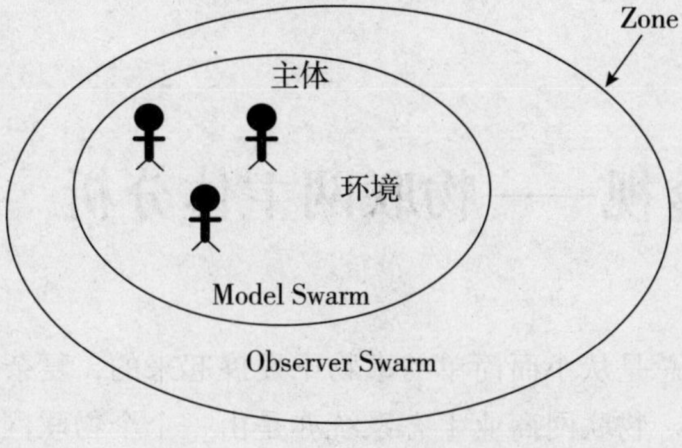

图 2－13　Swarm 主体构成结构

Swarm 除了指仿真平台本身，也可以指仿真程序的基本单元。Swarm 仿真程序可以分为三类：仿真主体（Agent）、模型 Swarm（Model Swarm）和观察员 Swarm（Observer Swarm）。仿真主体主要指真实系统中的微观个体或者环境，与复杂适应系统中的主体相对应；模型 Swarm 是真实系统的模拟，反映了仿真主体的运行情况；观察员 Swarm 是用户与模型交互的窗口，可以观测运行结果，模型 Swarm 一般建立在观察员 Swarm 创建的存储空间中。模型 Swarm 和观察员 Swarm 作为 Swarm 的子类构成了 Swarm 的仿真框架。

3 商业透视——物联网主体分析

复杂的事情总是从小而简单的事物中发展起来的，复杂系统总是由小生大，由简入繁的。物联网商业生态系统亦是由一个个物联网相关的企业、组织及单位逐渐聚合、演化而形成的复杂系统。剖析物联网基本构成单元，有助于更全面地了解物联网商业生态系统的结构。技术是物联网发展的基础。首先，本章将从物联网的三大关键技术结点——感知层节点、网络层节点、应用层节点出发，详细阐述物联网相关技术及产业的发展现状与未来走势。需要说明的是虽然将物联网技术架构分为感知层、网络层（传输层）和应用层三个层次，但它们并不是绝对隔离的。比如应用层主要指数据分析的软件，但在感知层的数据获取过程中，也存在智能分析，中间件软件以嵌入智能设备的方式起着决定性的作用。在硬件中存在芯片，芯片的核心是软件，甚至在感知的过程中，也存在无线或有线网络的局部作用，使得三层中的一些技术呈现出你中有我，我中有你的状态。其次，用户作为物联网的使用者，是物联网产业生存的主要环境主体，对于整个物联网商业生态系统的演化有重要的影响，本章将会针对政府、企业及个人用户的不同需求进行分析。最后，从系统科学的视角出发，根据复杂适用系统的通用特性本章将对物联网商业生态系统的主体群进行特性分析并构建其 MAS 的结构模型。

3.1 感知层主体分析

感知是物理世界向信息空间转换的第一步，是物体被赋予“智慧”的源头，是指“客观事物通过感觉器官在人脑中的直接反映”，是物联网得以运转的基础。感知层技术，即起到感觉器作用的技术，指可以通过“望、闻、问、切”感受客观事物，识别、采集相关数据用以传输的技术，也可以称为数据识别技术、数据采集技术或数据获取技术。在此，我们定义感知层主体为那些掌握感知层技术，在物联网的运转过程中承担信息识别、收集与传感角色的企业集合。

如图 3 - 1 所示，按照数据识别方法的产生顺序，数据获取可以分为手工采集和自动采集与识别，而物联网技术中的感知层技术主要指后者，其中二维码技术、RFID 及传感器技术是物联网发展的重点需求，包括磁卡、IC 卡技术在内的各类芯片驱动的感知器件的研发是大势所趋，其本质上都取决于集成电路即微电子技术的突破与发展。

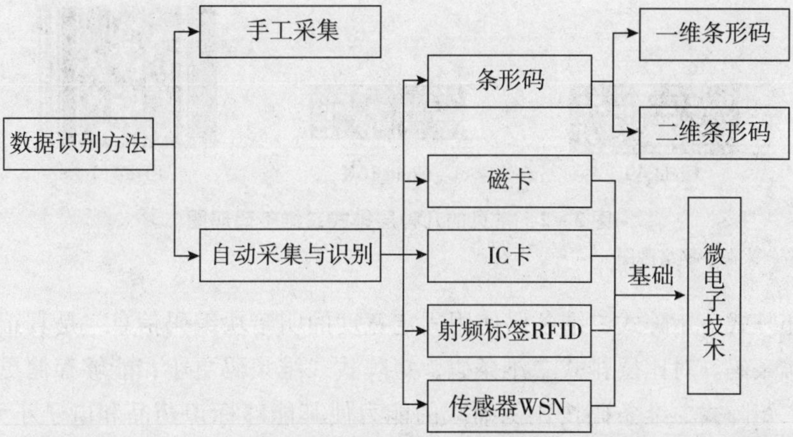

图 3 - 1 数据识别方法集合

3. 1. 1 条形码主体

20 世纪 20 年代，发明家约翰·科芒德（John Kermode）发明了条形码；1969 年第一个关于条形码的专利出现；1970 年第一个商业化的条形码技术开始进入市场，1988 年，INTERMEC 公司发布了世界上第一个二维条码 CODE 49；接着出现了改进型的 CODE 16K 和 PDF417；随后矩阵式 DATA MATRIX 等二维码一个个走入了人们的视野。

1. 条形码概述

条形码 barcode，也称条码，是按照一定的编码规则将宽度不等的多个黑条或黑块和空白排列起来的图形标识符，用以表达一组确定的信息。一维条码由一组黑条和白条排列的平行线表示，只在一个方向上表达信息，编码规则简单且造价低，但数据存储容量小，最大能表示 128 个 ASCII 符，且只能表示 10 个数字、26 个英文字母及一些特殊的字符，难以满足物联网发展的需要；二维码在水平和垂直两个方向上存储信息，存储容量大，可靠性高，具有较强的纠错能力、保密性和防伪性，较之其他感知技术成本较低，是物联网发展的重要技术基础之一。

二维条码按结构不同可分为层排式和矩阵式两种。

层排式：由多个水平的常规一维条码层叠而成，每行用各自层标志符加以区别，常见的几种层排式二维条码码图如图 3－2 所示。

Code 49　Code 16K　PDF417

图 3－2　常见的几种层排式二维条码码图

资料来源：网络截图

矩阵式：矩阵式二维条码使用固定宽度的明暗块编码信息，是真正意义的二维条码。对比层排式二维条码，矩阵式二维条码更小，能够存储更多的数据。矩阵式二维条码按比例缩减的能力使其能够标识药品和电子小元件，另外，矩阵式二维条码不需要一个大的静区，也就是可以很靠近周围的环绕文字或条码。常见的几种矩阵式二维条码码图如图 3－3 所示。

Maxi Code　Data Matrix　Aztec Code

QR Code　Code One

图 3－3　常见的几种矩阵式二维条码码图

资料来源：网络截图

作为一种先进的自动识别技术，二维条码具有以下特点：①成熟的标准；②存储容量大，相对于一维条码极低的存储量，二维条码存储大于 1KB 的信息，证卡专用的 CM 存储量甚至可到 32KB；③信息密度高、范围广，在一个不大的图形内，可存储数字、英文、汉字、指纹、声音和图片等信息；④采集速度快，识读速度在300MS以下；⑤制作成本低，从0.01到0.09元；⑥纠错能力强，条码污损的情况下，仍然能够识读；⑦识读误码率在千万分之一以下；⑧内容不可改写的最高安全性；⑨需专用设备识读的信息保密特性；⑩信息可加密。

截至现在，全世界已有20多种二维条码，其中12种流行二维条码被AIM采用作为其标准，这十二种二维条码如表3－1所示。

表3－1　　十二种二维条码

标准体系	二维条码标准
AIM	PDF417，QR，Maxi Code，Aztec，Data Matrix，CodeBlocks，Code One，Code 16K，Code 49，Super Code，Micro PDF417，Dot Code A

2. 国内外二维码技术发展

Datamatrix、PDF417、Maxi Code、Data Glyph、QR Code和Ultra Code等几种二维条码是国外二维条码技术的典型代表。

PDF417为美国Symbol Technologies公司研制，已被几大行业组织定为二维条码标准。PDF417的声誉来自于旧系统向PDF417体系转换时的简便和大量的用户。Datamatrix是最为广泛使用的矩阵式二维条码之一，主要用于生产企业中小部件产品的标识。Maxi Code也是矩阵式二维条码大家庭的成员，它具有快速定位、快速识读和数据转换等优点，被美国UPS公司所采用。DataGlyph为Xerox PARC研制，这种码制主要解决普通码制不能满足的包装美学问题，它主要用在标签与LOGO混合印刷或标签和文字图案重叠等场合。Quick Response Code（QRC）是日本DENSO的二维条码，具有高密度高容量和极高速全向识读的特点，适合日文编码。Ultra Code是一个非常独特的二维条码，它支持几乎所有的语言，并可被刻在木头、石头和钢铁上使用。

以上几种流行的码制都有相应的专利保护（PDF417专利号：5113445；Data matrix专利号：4939354，5053609，5124536；Maxi Code专利号：4874936，4896029，4998010）。日本DENSO WAVE公司在声明QR码制免费使用时，在其网站上用红字标明，QR的专利归DENSO公司所有。

值得一提的是，即使制定标准的公司让其他公司免费使用其二维条码标准，其他公司也根本不可能在技术上赶上发明者的水平。例如QR码是免费提供使用的，但不管是美国SYMBOL公司或者是国内的新大陆，其识读设备都无法达到 DENSO 识读设备的快速识读能力。DENSO QR 码识读软件的高效率离不开其特殊硬件配置的支持，而其他公司依靠公开标准开发的识读软件是不可能具有 DENSO 软硬一体的性能和效率的。用户可以通过一个有趣的实验清楚地看到什么是“公开免费的标准”，把 QR 码图中的任意一个定位标志毁损，然后拿顶尖厂家 SYMBOL 的 QR 码识读设备去识读，其结果是根本无法识读，但 DENSO 的识读设备在这种情况下仍能准确识读，再多毁损一个定位标志，DENSO 设备仍能在两个毁损点有特殊排列位置关系时识读。

1991 年，中国物品编码中心（ANCC，隶属于国家质量监督检验检疫总局）代表中国加入国际物品编码协会（EAN），标志着我国条码产业的正式诞生。

中国的条码产业起步较晚，没有任何技术积累，也没有成规模的二维条码研究机构和企业，因此在万般无奈之下，我国采取了先引进国外技术的策略。以国际自动识别制造商协会（AIMI）发布的《PDF417 规范》为基础，1997 年 12 月正式颁布了由中国物品编码中心负责编制的国家标准《四一七条码》（GB/T 17172—1997）。2000 年 12 月又颁布了基于日本 QR Code 的国标《快速响应矩阵码》（GB/T 18284—2000）。总体上来讲，我国条码标准体系单薄，且缺乏具有自主知识产权的二维条码。中国物品编码中心也认识到这些问题，在其“条码推进工程”中，重点提到了“研发适合我国国情的二维条码新码制，开发具有自主知识产权的条码识读设备，加速我国自动识别技术产业的发展”的发展方针。

经过多年的努力，我们开始摆脱美国和日本在二维条码技术上的垄断。中国人自行研制的二维条码已经通过鉴定进入了应用阶段。其中网格矩阵码（简称 GM 码）和紧密矩阵码（简称 CM 码）便是其中比较具有代表性的技术，并已成为中国第一个具有自主知识产权的行业标准。另外，有关政府主管部门也在制定包括二维条码在内的数字识别码管理办法，从源头上规范数字识别码的申请、注册和编码等管理问题。所有这些都将大力推进我国二维条码产业的发展。

（1）GM 码——网格矩阵码

该码制于 2006 年 5 月经信息产业部批准成为我国的第一个二维条码行业标准。GM 是“Grid Matrix”的缩写，中文意义为“网格矩阵”，意指像网格一样坚固、具有很好的抵抗破损与形变的能力。GM 二维条码是在深入透彻地分析了 PDF417，QR，Datamatrix 及 Aztec 等现有二维条码的优缺点，以及它们在物流行业应用中大量用户反馈意见的基础上，开发出来的适合物流应用的二维条码。GM 二维条码首创性的将码图的识别模式与定位模式合二为一并均匀地排列在码图中，同时通过优化数据压缩算法与数据纠错算法而省去了现有二维条码码图中必不可少的、只能抵抗有限污损的功能区域——格式信息区域。GM 二维条码的码图由子结构——宏模块按层排列组成，即使码图中出现大面积的污损，图像识别算法仍可通过利用这种宏模块按层排列的规律以统计分析的方法快速准确地检测出码图方向，因而 GM 二维条码的码图也省去了现有二维条码中没有抵抗污损能力的用于指示码图方向的功能区域。这些创新性的设计使得 GM 二维条码在保持数据存储容量和数据密度与现有二维条码相当的同时，更具有抗污损、抗畸变及 360° 大倾斜视角可解码性等优异性能，成为全球第一个码图中没有“死穴”的二维条码。上述创新点使得 GM 二维条码成为物流应用的优选二维条码码制。GM 可以存储高达 1143 Bytes 的数据，作为商品标识可应用于物流防窜、商品防伪，作为彩信/短信图形可用于电子票务。其技术指标见表 3－2。

表 3－2　　二维条码技术指标

<table>
<tr><th>参数</th><th colspan="3">指标</th></tr>
<tr><td rowspan="6">纠错信息与纠错性能</td><td>等级</td><td>纠错信息百分比</td><td>最大纠错能力（面积百分比）</td></tr>
<tr><td>1</td><td>10%</td><td>8%</td></tr>
<tr><td>2</td><td>20%</td><td>18%</td></tr>
<tr><td>3</td><td>30%</td><td>28%</td></tr>
<tr><td>4</td><td>40%</td><td>38%</td></tr>
<tr><td>5</td><td>50%</td><td>48%</td></tr>
<tr><td>误码率</td><td colspan="3">小于千万分之一</td></tr>
<tr><td rowspan="6">最大存储容量（5 级纠错）</td><td colspan="2">数据类型</td><td>容量</td></tr>
<tr><td colspan="2">数字</td><td>1524</td></tr>
<tr><td colspan="2">中文（13 比特压缩编码）</td><td>391</td></tr>
<tr><td colspan="2">大写英文</td><td>1080</td></tr>
<tr><td colspan="2">小写英文</td><td>1080</td></tr>
<tr><td colspan="2">8 比特字节</td><td>634</td></tr>
<tr><td>码图规格/识读方向/静区要求</td><td colspan="3">由最小尺寸到最大尺寸共 13 个规格/360 度全向识读/≥ 3 毫米</td></tr>
</table>

GM、PDF417 和 QR 同属通用类二维条码，它们的技术指标比较见表 3－3。

表 3－3　GM、PDF417 和 QR 技术指标比较

码制	最大容量（字节）	纠错信息	抗畸变和抗污损能力
PDF17 码	1106 （0.2% 纠错信息）	9 级纠错信息，由 2 到 512 个纠错码词按等比例递增	开始/停止模式与层指示符不能同时被破坏，适用激光扫描识读
QR 码	2953 （7% 纠错信息）	四个可选纠错信息：7%，15%，25%，30%	定位模式不能被破坏，对表面平整度的要求高，污损被确定为擦除错误的比例低，定位模式在边角，容易丢失
GM 码	1143 （10% 纠错信息）	10% 至 50% 5 级纠错信息，由低到高等差递增	纠错等级容许的前提下任何区域都可以被污损（世界独创），每个码词独立定位，擦除错误容易被确认。容忍大角度的弯、折以及透视形变

由表 3－3 可以看出，GM 的抗污损、抗变形识读能力极强，在物品流通应用上具有极强的竞争优势。GM 码的成功案例包括：沈阳烟草专卖局的烟草稽查管理系统；AC 米兰与上海申花友谊赛门票管理系统；王菲“菲比寻常”2004 北京演唱会门票管理系统；2004 上海国际汽车街道赛门票管理系统；美特斯邦威 2004 十全十美演唱会门票管理系统；北京地税管理系统等。

（2）CM 码—— 紧密矩阵码

该码制于 2006 年 5 月经信息产业部批准成为我国第一个二维条码行业的标准。CM 是一种高容量接触式识读的二维条码，样图如图 3－4 所示，其技术参数如下：

形状：矩形（长宽比可任意调整）

超强纠错：有 8 个纠错等级可选，能容忍较大程度的拉伸、压缩、扭曲等形变，最大能容忍 50% 面积的污损

超大容量：32KB（约合15000个汉字的存储空间）

低误码率：小于百万分之一

编码信息：可表示中英文、符号、彩色图片、声音等

用户自定义信息：支持（可用于信息加密）

隐形防伪印刷：支持（可用于防复印场合）

图3-4 CM二维条码样图

资料来源：网络截图

对比QR码3KB、PDF417码1KB和CM码32KB，如表3-4所示，CM码32KB优势明显。在生物识别和数字化文档的应用中，图像、指纹和大量的文字往往需要被存储在二维条码中，二维条码的存储容量成为至关重要的因素。PDF417和QR往往需要压缩技术去处理常规的图像和指纹生物识别，这样做不仅让应用复杂化，而且压缩后的效果也存在失真。

表3-4 QR、PDF417和CM技术指标比较

二维条码	QR	PDF417	CM
最大容量	3 KB	1 KB	32 KB
纠错能力	1~4级	0~8级	1~8级
条码形状	只能正方形	任意矩形	任意矩形
汉字编码效率	一般	较差	高效
可存储信息	文字、符号、小幅图片	文字、符号、简单图形	文字、符号、彩色图片，甚至声音等
光电影像传感器 （识读设备核心器件）	日本制造	日本制造	中国制造
知识产权	日本	美国	中国

对存储同样信息的 PDF417 和 CM 码图面积进行一个直观的对比，如图 3 –5 所示。

20个数字的PDF417码和CM二维条码

200个数字的PDF417码和CM二维条码

2000个数字的PDF417码和CM二维条码

尺寸比例：5.2∶1

图 3 –5　PDF417 和 CM 码图面积比较

CM 码的成功案例包括：第十届国际自动识别展（北京）参展证管理系统；TOEFL 口语考试——TSE 考试（北京）管理系统；深圳市两会（人大、政协）管理系统；湖北省全国计算机软件专业技术资格和水平考试；武汉东湖开发区拆迁信息管理系统；身份证件管理应用在国外的成功实施等。

（3）GMU 码——GM 码的手机应用改进版

针对二维条码手机应用的迅猛发展，在 GM 码的基础上，改良开发了 GMU 码，克服了以前 GM 码需要带近距照相镜头手机识读的应用瓶颈，使普通手机也能通过抓拍 GMU 码实现快速和无字符录入的无线上网，样图如图3 –6 所示。GMU 码是手机上网的快捷按钮，它的出现，使装有 GMU 码解码软件的普通照相手机就能识读报纸、杂志和商品等上的 GMU 码，获得二维条码内隐含的有效信息，自动连接到相关 WAP 服务的地址。GMU 码可用于产品防伪、个人手机名片和条码网址（企业产品推广、促销）。

图 3 –6　GMU 码样图

资料来源：网络截图

GMU 码的成功案例包括：高尔夫地图；深圳都市报；深圳地铁时代等。

3. 二维码产业发展

在国际上，二维码已经广泛地应用在政府管理、医疗卫生、生产物流等各个领域，日韩等国移动运营商提出的“手机条码”更是为条形码的大众化应用打开了一扇新的大门，革命性地推动了条形码技术的应用，为物联网的发展提供了有力的支撑。就中国而言，一维码的在位者优势依然存在，但二维码已经在相对封闭的领域内独立应用于国民经济发展的各个方面，从长期看，二维码应用前景广阔，势头强劲。

从产业链的角度看，我国条码企业推出的二维条码应用不算少，但能推动条码大规模使用的几乎没有。大部分应用方案将重心放在识读设备数据快速准确采集的功能使用上，而非由此产生的数据增值和信息增值，仅为使用条码而使用条码。另外，条码的应用往往是跨行业的，而许多应用都未形成产业链的闭环，导致要么达不到使用目标，要么就是在一个低利润小规模的产业链上运行。因此二维条码产业链可以说是二维条码大规模应用和生产力的产生的核心环节。

如图 3－7 所示，二维码的产业链总体上由专利拥有者、硬件软件提供

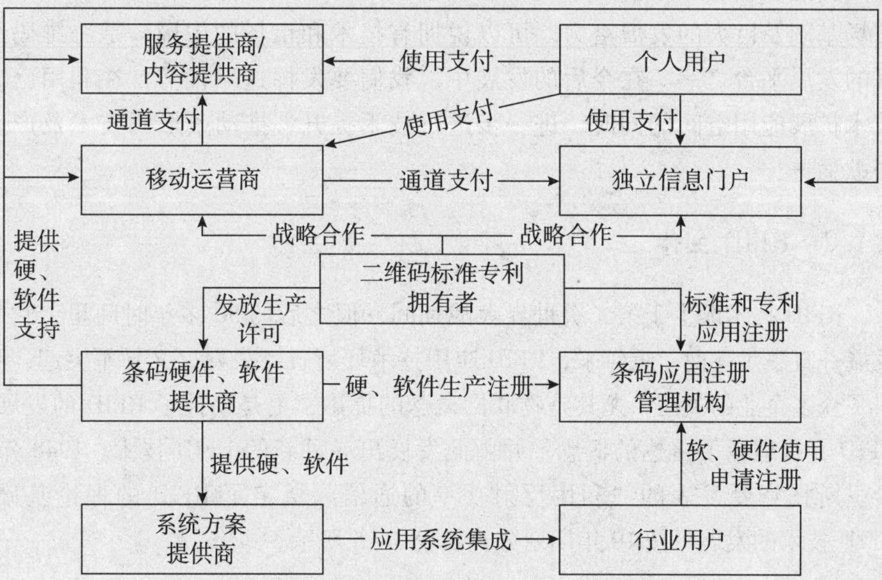

图 3－7　二维码产业链

商、条码应用注册管理机构、系统方案提供商、行业用户（包括政府、军队及其他行业）、移动运营商、信息门户、各 SP/CP 及个人终端客户等构成。这个链条既能保护知识产权，也可统一规划技术的使用，为二维码产业的持续发展打下了良好的基础。随着物联网的发展，二维码将进一步深化行业应用，也将出现更加细化的产业链条，最典型的就是手机应用产业链。目前，随着物联网的发展和移动商务的普及，我们已经可以看到二维码在手机和网络上的普遍应用，这也使得数据量急剧扩大。

4. 条形码主体总结与展望

条码技术的研究主要聚焦于编码技术和识读设备的研究，编码标准规定了条码图形和其所表示的信息之间的规则，识读设备则通过扫描、译码对条码所表示的信息进行解释。从而，对条码标准的知识产权及制造具有高性价比的识读设备成为条码技术发展的成功关键。PDF417、DataGlyph、Maxi Code、Ultra Code、QR Code、Datamatrix 等几种二维条码是国外标准的典型代表。可喜的是，在二维码技术领域，中国打破了日本 QR 和美国 PDF417 的标准壁垒，研发出了 CM/GM/GUM 码，从而规避了外国专利和标准构成的威胁，为中国物联网技术体系的构建勾画出漂亮的一笔。与此同时，作为第二大贸易国和拥有巨大消费市场的发展中国家，我国本身就有很好的二维码市场基础及巨大的发展潜力。可以说拥有技术和市场的中国，是二维码最好的发展平台之一。在今后的发展中，我们要发挥这一优势，在利用已有技术扩展应用空间的同时，进一步进行技术提升，推动条形码技术及产业高歌猛进！

3.1.2 RFID 主体

RFID 技术诞生于第二次世界大战期间，但之后的 50 多年时间里，它的发展一直裹足不前。近年来，RFID 应用技术环境日臻成熟，又异军突起，吸引了众多企业的关注，尤其是物联网概念的提出，更是助推了 RFID 的发展。RFID 直接继承了雷达的概念，并由此发展出一种新的 RFID 技术。1948 年，哈里斯托克曼发表的“利用反射功率的通信”奠定了 RFID 的理论基础。RFID 技术的发展可按 10 年期划分，如表 3－5 所示。

1. RFID 概述

RFID 即射频识别技术，全称 Radio Frequency Identification，又称电子标

表 3－5 RFID 的发展历史

年代	内容
1941—1950 年	雷达的改进和应用催生了 RFID 技术，1948 年奠定了 RFID 技术的理论基础
1951—1960 年	早期 RFID 技术的探索阶段，主要是实验室研究阶段
1961—1970 年	RFID 技术的理论得到了发展，开始了一些应用尝试
1971—1980 年	RFID 技术与产品研发处于一个大发展时期，各种 RFID 技术测试得到加速。出现了一些最早的 RFID 应用
1981—1990 年	RFID 技术及产品进入商业应用阶段，各种规模应用开始出现
1991—2000 年	RFID 技术标准化问题渐渐得到重视，RFID 产品被广泛采用，RFID 产品逐渐成为人们生活的一部分
2001 年至今	RFID 产品种类更加丰富，发展各式电子卷标，电子卷标成本不断降低，规模应用行业扩大

签，源于雷达的概念，是一项通过空间电磁耦合，利用射频信号，实现无接触的信息传递并通过被传递的信息达到物体识别的技术。根据不同的分类标准，RFID 可有不同的种类，如图 3－8 所示：按照供电方式可分为有源和无源 RFID；按照工作模式可分为主动式、被动式和半主动式 RFID；按照工作频率可分为低频、中高频和超高频 RFID；按照封装形状可分为卡式、薄膜粘贴式、扣式、植入式等 RFID。较之条形码技术，其最大的优势是可不借助人力，仅通过无线网络，即可化被动为主动，一次读取多个电子标签且电子数据可以反复覆写，在读写能力、数据容量、读取方便性、坚固性和正确性等方面都有明显的优势，在物联网时代具有广阔的发展空间。图 3－9 所示为各种 RFID 标签。

2. RFID 技术国际、国内编码标准

RFID 的国际编码体系或国际协议总共可分为三层，最外层就是 ISO 18000－1～7，定义所使用的无线通讯频道，此部分由国际标准组织 ISO 负责制订。第三层则是界定数据与后端服务器沟通接口的整合，主要界定如何使 RFID 适用于不同的产业，如：制造业、零售业等，也无太多分歧。而第二层

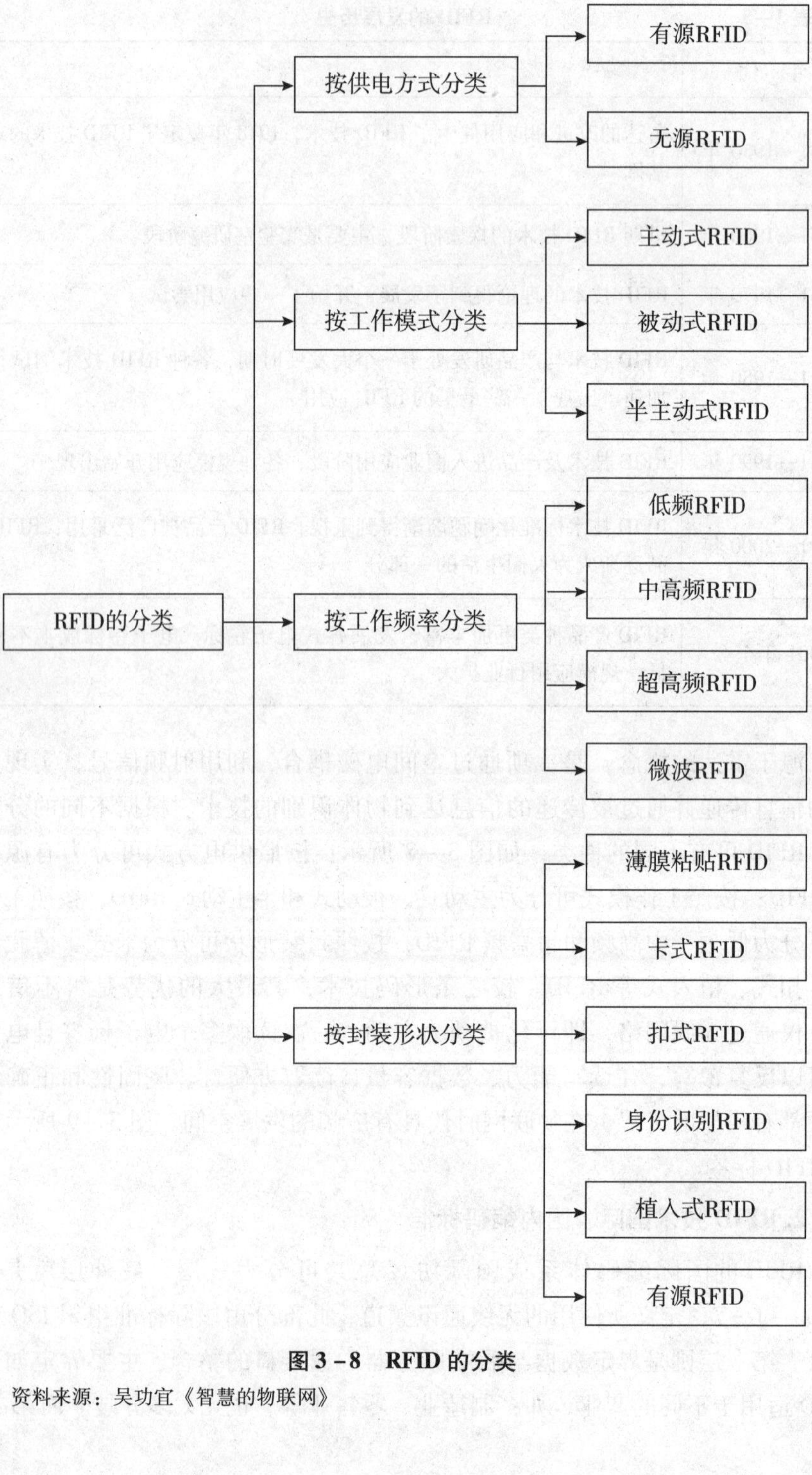

图 3－8　RFID 的分类

资料来源：吴功宜《智慧的物联网》

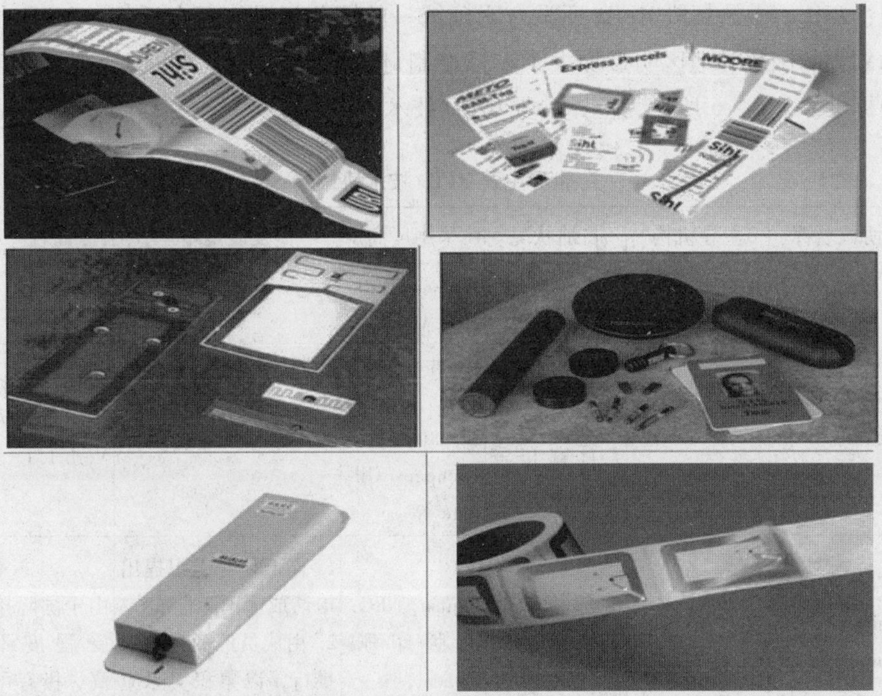

图 3-9 各种 RFID 标签

资料来源：网络截图

则是与储存在 Tag 内的数据结构相关以及无线通信接口协议（规定卷标与读取机之间如何通信）的定义，这也是目前规格最为分歧的协议。目前世界上有二大主要团体在抢夺此协议的规格主导权，首先就是属于美系的 EPC global，主要是由美国麻省理工学院（MIT）所主导的 Auto-ID Center（现为Auto-ID Labs）以及掌握条形码流通系统与标准的两大团体——美国的 Uniform Code Council 和比利时的 EAN International 在 2003 年所共同成立的非营利组织；另一组织则是由日本产业界在 2002 年 3 月所成立的 Ubiquitous ID Center，该组织在 2003 年相继公布所使用的技术规格，包含凸版印刷、Hitachi 和 Renesas 等的厂商亦推出符合该项标准的产品；而中国大陆挟其身为世界制造工厂的优势，已于 2004 年 1 月宣称推出属于自身的 RFID 规格。

由于 13.56MHz RFID 技术发展较早，相关标准也较为成熟，主要的国际标准有 ISO/IEC 14443 和 ISO/IEC 15693 两种，国内 13.56MHz RFID 的标准也主要源自于这两个国际标准。相对 13.56MHz RFID 国际标准的成熟与广泛应用，UHF、微波频段 RFID 还没有明确统一的国际标准。但在近年，RFID 技术领先的国家和地区明显加大了在标准制订上的投入，都在积极地制订各自的标准。表 3－6 所示为世界主要 RFID 技术协议。

表 3－6　　世界主要 RFID 技术协议

协议名称	主导机构	目前状况	采用厂商	发展策略	备注
Electronic Product Code（EPC）	EPCglobal Inc	继 Wal－Mart 后，美国国防部（DoD）亦于 2004 年 7 月宣布采用此标准	Wal－Mart，HP，Matro Group，Tesco，DoD，Benetton Group，Gillette 等	在世界各地建立据点，积极向当地政府与产业界推销其标准	最有可能成为国际标准，目前为 Verb 1.1
unique ubiquitous identific ation code（uCode）	Ubiquitous ID Center	大部分均为日系厂商，封闭色彩过重难以获得其他国际厂商的认同	Fujitsu，NEC，凸版印刷，Hitachi，MTTSUBISHI 等，绝大多数为日系厂商	1. 向 ISO 等组织提出申请成为国际标准 2. 由成员厂商在国内推行，以累积实际应用经验与降低 RFID 成本 3. 积极与中国及韩国结盟，拓展影响力	由于国际接受程度不高，极有可能成为仅在日本国内使用之规格
电子卷标国家标准	中国国家标准化管理局——中国电子卷标国家标准工作组	仍在标准发展阶段，2004 年年底公布	无	虽然中国方面一再宣称将发展自己的标准，但以目前发展进度以及该组织仍不断与上述两大组织进行对话来看，中国极有可能以此为筹码，企图在国际标准成形的过程中扮演关键角色	最终有可能成为上述标准的一部分

目前，国外主要有三个标准正在制订中：ISO/IEC 18000 标准、美国 EPC Global 的标准和日本泛在中心（Ubiquitous ID）的标准。这些标准（组织）都在积极进入中国，在国内设立代理机构，网罗各自的企业利益群体，都希望能够影响到国内 UHF 频段的 RFID 标准的制订，为日后在广大的中国市场竞

争中，赢得标准上的先机。

我国曾于2004年年初成立了“电子标签标准工作组”，后因相关机构之间的工作重复而暂停，现在由信息产业部牵头，15个部委参与并恢复了工作。其原则是：RFID数据内容标准、RFID技术标准和RFID性能标准三类标准采取与国际标准兼容，以保证标签和识读器的通用性。而在RFID应用标准制订方面，则要充分考虑我国国情和利用中国市场的优势，适当参考其他全球组织目前已经制订的标准，制订出符合中国市场的新标准。

综上，标准的制订对于技术的发展尤其重要，对于RFID来讲，13.56MHz的RFID发展较早，相关标准比较成熟，主要有ISO/IEC14443和ISO/IEC 15693两种国标；UHF及微波频段的RFID还没有统一的国标，国外有三种主要标准正在制订中：包括美国的EPC Global、日本Ubiquitous ID的标准以及ISO/IEC 18000标准，他们都在积极设立中国的代理机构，以期靠标准在中国的广阔市场上赢得先机。而我国也建立了具有自主知识产权的电子标签编码体系——NPC系统，并力图以此为契机谋求建立与国际兼容的新标准。

3. RFID与条形码的对比

RFID与条形码和磁卡都有着同样的微电子基础，但它们又有很多不同的特性，在此做以对比，如表3-7所示。

表3-7　RFID与条形码比较表

功能	RFID	条形码
读取数量	可同时读取多个RFID卷标数据	条形码读取时只能一次一个
远距读取	RFID不需光线就可以读取或更新	读条形码时需要光线
数据容量	储存数据的容量大	储存数据的容量小
读写能力	电子数据可以反复被覆写(R/W)	条形码数据不可更新
读取方便性	智能标签可很薄、可隐藏在包装内仍可读取数据	条形码读取时需要可看见与清楚
数据正确性	可传递数据作为货品追踪与保全	条形码需要人工读取，有人为疏失可能性
最大通信距离	5~6公尺	50公分左右

续 表

功能	RFID	条形码
不正当之复制行为	非常困难	容易
坚固性	在严酷、恶劣与脏乱的环境下仍可读取数据	条形码污秽或损坏将无法读取，无耐久性
高速读取	可以进行高速移动读取	移动中读取有所限制
成本	高	非常低

注：1. 二维条形码为数千字节。
2. 受到电波法的规定，距离依国家和地区各有不同。

RFID 与传统条形码最大的差异，在于它能够通过无线通信，一次将多个 RFID 自动读取完成，化被动为主动，此时几乎不需借助人力。表 3－8 中，对人工登入、条形码与 RFID 的处理速度进行了比较。

表 3－8　人工登入、条形码与 RFID 处理速度比较表

数据量 登入方式	1 笔	10 笔	100 笔	1000 笔
人工登入	10 秒	100 秒	1000 秒	2 小时 47 分
扫描条形码	2 秒	20 秒	200 秒	33 分
RFID 辨识	0.1 秒	1 秒	10 秒	1 分 40 秒

资料来源：工研院经资中心

和传统条形码识别技术相比较，RFID 有以下七大优势：第一，快速扫描，条形码一次只能扫描一个条形码；RFID 可同时辨识读取数个 RFID 标签，还可以远距离读取数据。第二，体积小型化、形状多样化，RFID 在读取上并不受尺寸大小与形状限制，不需为了读取精确度而配纸张的固定尺寸和印刷质量。此外，RFID 标签更可往小型化与多样形态发展，以应用于不同产品。能够轻易嵌入或附着在不同形状、类型的产品上。第三，抗污染能力和耐久性强，传统条形码的载体是纸张，因此容易受到污染，但 RFID 对水、油和化学药品等物质具有很强抵抗性。此外，由于条形码是附于塑料袋或外包装纸箱上，所以容易折损；RFID 是将数据存在芯片中，因此可以免受污损，而且使用寿命长，能在恶劣环境下工作。第四，可重复使用，现今的条形码印刷上去之后就无法更改，RFID 标签则可以重复地新增、修改、删除 RFID 卷标内储存的数据，方便信息的更新。第五，可穿透性和无障碍阅读，不需光源，东西在被覆盖的情况下，RFID 能够穿透纸张、木材和塑料等非金属或非透明的材质，就能够进行穿透性通信。而条形码扫描设备必须在近距离而且没有物体阻挡的情况下，才可以辨读条形码。第六，数据的记忆容量大，一维条形码的容量是 50bytes，二维条形码最大的容量可储存 2～3000 字，RFID 最大的容量则有数 Mega Bytes。随着内存的发展，数据容量也有不断扩大的趋势，未来物品所需携带的资料量会越来越大，对卷标所能扩充容量的需求也相对增加。第七，安全性强，由于 RFID 承载的是电子式信息，其数据内容可经由密码保护，使用内容不易被伪造及变造。可以对 RFID 卷标所附着的物体进行追踪定位。

由于成本较高，RFID 目前还无法得到像条码技术一样的普遍应用。但是，世界范围内已经开始了对 RFID 的支持计划。随着 RFID 技术的广泛应用，特别是非接触公交卡、校园卡等项目在各地的推广，我国也培养了一批芯片、封装、读写终端和系统集成厂商。这些国内厂商已经掌握了成熟的技术，初步形成了国内的 RFID 产业链。RFID 产业链主要由以下几个部分组成：标准制定、芯片设计、标签封装（含天线设计）、识别系统设计与生产、系统集成与管理软件开发。

4. RFID 主体总结与展望

近年来，RFID 技术已经在很多领域得以应用，对企业和社会信息化水平的提高产生了重要影响，促进了企业经济效益的提高。随着物联网的发展，RFID 的关键技术和标准化都将得到进一步发展：其中标签封装技术的成本控制将成为未来产业发展速度的关键因素；读写器将向小型化、模块化、嵌入式、多接口、多功能方向发展；传输安全及海量信息处理对射频识别系统的构建和应用提出了新的挑战；可重组、智能化和嵌入式将成为未来 RFID 系统集成的方向。总之，RFID 产品的种类将越来越丰富，将更加广泛地应用于生产生活的各个方面并产生衍生的增值服务。

3.1.3　卡主体

磁卡和 IC 卡是目前普遍使用的数据获取技术，相关技术和应用都比较成熟，是物联网感知层技术的重要组成成分，但从基础研究方面进行突破的空间不大。他们的技术突破更多的来自于微电子技术领域的技术突破，从而形成磁卡集成电路产业。

1. 磁卡技术概述

磁卡是一种卡片状的磁性记录介质，利用磁性载体记录字符与数字信息，与各种读卡、读写器配合，用来标识身份或其他用途。使用基材的不同，磁卡可分为PET卡、PVC卡和纸卡三种；视磁层构造的不同，又可分为磁条卡和全涂磁卡两种。图3－10为典型磁卡应用现场。

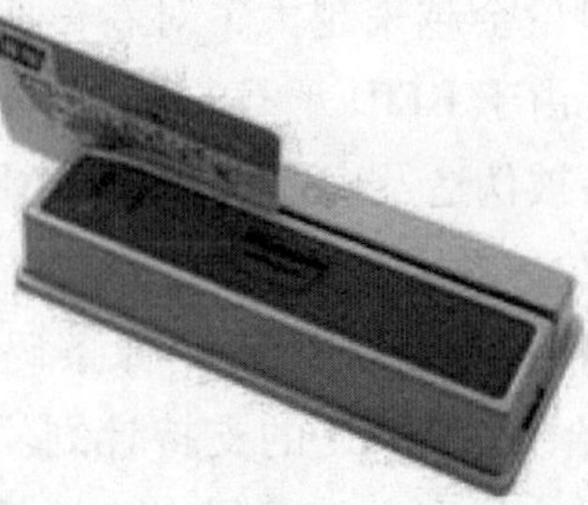

图3－10　典型磁卡应用现场

资料来源：网络截图

磁条从本质意义上讲和计算机用的磁带或磁盘是一样的，它可以用来记载字母、字符及数字信息。通过黏合或热合与塑料或纸牢固地整合在一起形成磁卡。磁条中所包含的信息一般比长条码大。磁条内可分为三个独立的磁道，称为TK1，TK2，TK3。TK1最多可写79个字母或字符；TK2最多可写40个字符；TK3最多可写107个字符。由于磁卡成本低廉、易于使用、便于管理，且具有一定的安全特性，因此它的发展得到了很多世界知名公司，特别是各国政府部门几十年的鼎力支持，这使得磁卡的应用非常普及，遍布了国民生活的方方面面。值得一提的是，银行系统几十年的普遍推广使用使得磁卡的普及率得到了很大的发展。

2. 磁卡的工作原理与国际标准

记录磁头由内有空隙的环形铁芯和绕在铁芯上的线图构成。磁卡是由一定材料的片基和均匀的涂布在片基上面的微粒磁性材料制成的。在记录时，磁卡的磁性面以一定的速度移动，或记录磁头以一定的速度移动，并分别和记录磁头的空隙或磁性面相接触。磁头的线圈一旦通上电流，空隙处就产生与电流成比例的磁场，于是磁卡与空隙接触部分的磁性体就被磁化。如果记录信号电流随时间而变化，那么当磁卡上的磁性体通过空隙时（因为磁卡或磁头是移动的），便随着电流的变化而不同程度的被磁化。磁卡被磁化之后，离开空隙的磁卡磁性层就留下相应于电流变化的剩磁。

如果电流信号（或者说磁场强度）按正弦规律变化，那么磁卡上的剩余磁通也同样按正弦规律变化。当电流为正时，就引起一个从左到右（从 N 到 S）的磁极性；当电流反向时，磁极性也跟着反向。其最后结果可以看作是磁卡上从 N 到 S 再返回到 N 的一个波长，也可以看作同极性相接的两块磁棒。这是在某种程度上简化的结果，然而，必须记住的是，剩磁 Br 是按正弦变化的。当信号电流最大时，纵向磁通密度也达到最大。记录信号就以正弦变化的剩磁形式记录，贮存在磁卡上。

磁卡的国际标准包括：①ISO 7810: 1985 识别卡物理特性：规定了卡的物理特性，包括卡的材料、构造、尺寸。卡的尺寸为：宽度 85.72 ~ 85.47mm；高度 54.03 ~ 53.92mm；厚度 0.76 ± 0.08mm；卡片四角圆角半径 3.18mm；一般讲卡的尺寸为：85.5 × 54 × 0.76。②ISO 7811—1: 1985 识别卡记录技术第 1 部分：凸印：规定了卡上凸印字符的要求（字符集、字体、字符间距和字符高度）。③ISO 7811—2: 1985 识别卡记录技术第 2 部分：磁条：规定了卡上磁条的特性、编码技术和编码字符集。④ISO 7811—3: 1985 识别卡记录技术第 3 部分：ID - 1 型卡上凸印字符的位置。⑤ISO 7811—4 : 1985 识别卡记录技术第 4 部分：只读磁道的第 1、2 磁道位置。⑥ISO 7811—5: 1985 识别卡记录技术第 5 部分：读写磁道的第 3 磁道位置。

3. IC 卡技术概述

IC 卡（Integrated Circuit Card，集成电路卡），有些国家和地区也称智能卡（Smart Card）、智慧卡（Intelligent Card）、微电路卡（Microcircuit Card）或微芯片卡等。IC 卡是继磁卡之后出现的又一种新型信息工具，它是将一个微电子芯片嵌入符合 ISO 7816 标准的卡基中，做成卡片形式。IC 卡读写器是 IC 卡与应用系统间的桥梁，在 ISO 国际标准中称之为接口设备 IFD（Interface Device）。IFD 内 CPU 通过一个接口电路与 IC 卡相连并进行通信。IC 卡接口电路是 IC 卡读写器中至关重要的部分，根据实际应用系统的不同，可选择并行通信、半双工串行通信和 I2C 通信等不同的 IC 卡读写芯片。非接触式 IC 卡又称射频卡。

IC 卡的核心是集成电路芯片，是利用现代先进的微电子技术，将大规模集成电路芯片嵌在一块小小的塑料卡片之中。其开发与制造技术比磁卡复杂得多。IC 卡主要技术包括硬件技术、软件技术及相关业务技术等。硬件技术一般包含半导体技术、基板技术、封装技术、终端技术及其他零部件技术等；而软件技术一般包括应用软件技术、通信技术、安全技术及系统控制技术等。

4. IC 卡的工作原理与国际标准

IC 卡工作的基本原理是：射频读写器向 IC 卡发一组固定频率的电磁波，卡片内有一个 IC 串联协振电路，其频率与读写器发射的频率相同，这样在电磁波激励下，LC 协振电路产生共振，从而使电容内有了电荷；在这个电荷的另一端，接有一个单向导通的电子泵，将电容内的电荷送到另一个电容内存储，当所积累的电荷达到 2V 时，此电容可作为电源为其他电路提供工作电压，将卡内数据发射出去或接受读写器的数据。

IC 卡的外形与磁卡相似，它与磁卡的区别在于数据存储的媒体不同。磁卡是通过卡上磁条的磁场变化来存储信息的，而 IC 卡是通过嵌入卡中的电擦除式可编程只读存储器集成电路芯片（EEPROM）来存储数据信息的。因此，与磁卡相比较，IC 卡具有以下优点：①存储容量大。磁卡的存储容量大约在 200 个数字字符；IC 卡的存储容量根据型号不同，小的几百个字符，大的上百万个字符。②安全保密性好。IC 卡上的信息能够随意读取、修改、擦除，但都需要密码。③CPU 卡具有数据处理能力。在与读卡器进行数据交换时，可对数据进行加密、解密，以确保交换数据的准确可靠；而磁卡则无此功能。④使用寿命长。

IC 卡技术主要涉及 EEPROM 技术、RFID 技术、加密技术、Java 卡技术、IC 卡 ISO 标准化技术、IC 卡生物认证技术及数据压缩技术等软、硬件新技术。IC 卡的国际标准包括：①物理特性符合 ISO 7816: 1987 中规定的各类识别卡的物理特性和 ISO 7813 中规定的金融交易卡的全部尺寸要求，此外还应符合国际标准 ISO 7816— 1—1987 规定的附加特性、机械强度和静电测试方法。②触点尺寸与位置应符合国际标准 ISO 7816—2—1988 中的规定。③电信号与传输协议：IC 卡与接口设备之间电源及信息交换应符合 ISO/IEC7816—3—1989 的规定。④行业间交换用命令：有相应的国际标准 ISO/IEC7816—4—1994，但该版本尚未正式通过。⑤应用标识符的编号系统和注册过程应符合国际标准 ISO/IEC7816— 5—1994 中的规定。感应式智能卡的国际标准有：ISO/IEC10536—1—1992、 ISO/IEC10536—2—1995、 ISO/IECDIS10536—3—1995、ISO 14443—2 等。

5. 卡主体总结与展望

卡技术是物联网技术体系不可或缺的感知部件。由于卡技术具有成本低而存储容量较大的特点，它在未来的发展中将会有很广泛的应用空间。我国发展金卡的方针是“两卡并用，磁卡过渡，发展IC卡为主”。未来的发展趋势必将是IC卡逐步取代磁卡。而IC卡的发展是以集成电路的发展为基础的，所以未来磁卡和IC卡技术的基础研究还是集中于集成电路基础的研究和发展。而随着物联网应用的普及，射频识别IC卡将是IC卡领域发展的重点(关于射频识别技术在下一节中将重点介绍)。对于卡技术的发展，一方面我们要继续大力聚焦集成电路基础研究的发展；另一方面我们要继续扩大应用市场，开创更加美好的明天。

3.1.4 传感器主体

传感器是物联网最重要的基础之一，从宏观讲，可以认为条码、卡技术和RFID也是传感器的一种，但传感器更加强调可以被回馈的感知，更加强调互动（不仅仅是感知，还有回馈）没有传感器就谈不上物联网。传感器是感知层技术的关键，但在应用中传感器多以多传感器共同构成的无线传感器网络的形式存在。

1. 传感器概述

在新韦式大词典中，传感器的定义为：“从一个系统接受功率，通常以另一种形式将功率送到第二个系统中的器件”。根据这个定义，传感器的作用是将一种能量转换成另一种能量形式，所以不少学者也用“换能器”（Transducer）来称谓“传感器”（Sensor）。在此，我们主要指前者。

国家标准GB/T 7665—1987对传感器下的定义是：“能感受规定的被测量并按照一定的规律转换成可用信号的器件或装置，通常由敏感元件和转换元件组成”。传感器类似人体的五官，可以感受、识别、辨认被检测的信息，并将其转变为相应的形式输出，以满足信息的传输、控制与存储等功能。如果将传感器与人类的五官相对应，则光敏传感器对应于视觉；声敏传感器对应于听觉；气敏传感器对应于嗅觉；化学传感器对应于味觉；压敏、温敏、流体传感器对应于触觉。

2. 传感器的产业发展

现在大约有40个国家从事传感器的研制、生产工作，最新传感器技术大多首先在国外发展起来，但是真正的应用却往往首先在中国实现，这正是源于中国庞大而多样的传感器市场特点。传感器是一个颇具潜力的行业，各国传感器生产和研发的规模在不断扩大。全球传感器市场正以年均增长率5.3%的速度持续稳定发展。调查显示，东欧、亚太区和加拿大成为传感器市场增长最快的地区，而美国、德国、日本依旧是传感器市场分布最大的地区。就世界范围而言，传感器市场上增长最快的依旧是汽车市场，占第二位的是过程控制市场，看好通信市场前景。

我国从20世纪60年代开始涉足传感器制造业，在信息产业市场的推动下，传感器产业亦形成了一定的产业基础，但与美国、德国、日本、俄罗斯等老牌工业强国比，我国的传感器应用范围还比较狭窄，最主要的是技术基础还有待提高，自主知识产权缺乏，在技术上存在“外强中干”的现象；另外，由于目前传感器往往需要根据应用需求量身定制，市场规模不是很大，技术含量却很高，出现了“小企业做不了，大企业不愿做”的尴尬局面。面临新的形式，我国国内传感器总需求将稳定增长，在环保、农业、医疗、交通等行业都有广阔的新市场需求，在物联网东风的吹拂下，传感器产业将迎来新一轮的跃升。

3. 传感器主体总结与展望

近年来，传感器正处于从传统型向新型传感器转型的发展阶段。新型传感器的特点是微型化、数字化、智能化、多功能化、系统化、网络化和综合化，它不仅促进了传统产业的改造，而且有利于建立新型工业和军事变革以及整个社会的升级。未来传感器技术的突破，基础研究方面需要微电子技术、激光技术、纳米技术及被传感方专业技术的突破，应用上聚焦于微机电系统的创新和突破。

目前，压力传感器、流量传感器、温度传感器、水平传感器市场特征已经比较成熟，物联网时代对于无线传感器、微机电传感器（MEMS）、生物传感器以及一些新兴传感器会有更多的需求。总体来讲，传感器是个很具潜力的行业，全世界约有四十个国家从事传感器的研发和生产，美国、德国和日本是传感器市场分布最大的地区，随着物联网的发展，全世界对于传感器的研发和生产规模都会不断扩大，同时传感器的应用也会从汽车市场、过程控制市场逐渐向通信市场延展，并最终覆盖人类生活的方方面面。

3.1.5 微电子主体

无论是 RFID、IC 卡还是传感器，其技术核心都是芯片的设计和集成，而这一核心的现实体现正是微电子技术的发展，从而微电子技术和产业发展成为物联网商业生态系统不可或缺的主体。微电子技术的发展需求和方向，代表了感知层技术的发展需求和方向，也代表了物联网技术发展的需求和方向。

1. 微电子技术概述

微电子技术是指使电子设备微小型化、电子元器件功能化的技术，其核心是集成电路，本质是外延平面晶体制造工艺的延续。

从表 3－9 可以看出，微电子技术的发展 50 年来尺寸不断缩小，目前 32～22nm 工艺已基本定型，20～10nm 工艺已处于研究阶段，集成度从 10^1 增加到 10^9，价格则下降到原来的 1/108，基本遵循了英特尔的创始人之一 Gordon E. Moore 1965 年预言的摩尔定律，工艺技术的进展对芯片集成度的提高起到乘积的效果。

表 3－9　　微电子技术十年一代的进步

	第一代	第二代	第三代	第四代	第五代
时间（每代 10 年）	1975—1985 年	1985—1995 年	1995—2005 年	2005—2015 年	2015—2025 年
主流光刻技术光源	g 线	i 线	准分子激光	浸渍＋叠图	EUV，EPL
光源波长（nm）	436	365	248	193	13.5
特征尺寸（μm）（每代缩小约 1/3）	≥1	1～0.35	0.35～0.065	0.065～0.022	0.022～0.007
DRAM 主流产品 Bit 数	＜4M	4～64M	64M～1G	1～16G	＞16G
CPU 代表产品	8086～386	Pentium Pro	P4	多核架构突破功耗	
CPU 晶体管数	104～105	106～107	108～109		
CPU 时钟频率(MHz)（每代增 10 倍）	（2～33）100～101	（33～200）101～102	（200～3800）102～103	非主频衡量标准	
Wafer 直径（in）	4～6	6～8	8～12	12～18	

续 表

	第一代	第二代	第三代	第四代	第五代
主流设计工具	LE ~ P&R	P&R ~ Synthesis	Synthesis ~ DFM	SoC	
主要封装形式	DIP	QFP	BGA	SiP	

资料来源：王阳元院士研究报告

2. 微电子技术未来的发展趋势

纵观未来的发展，微电子技术将延续、扩展和跨越摩尔定律：首先，对摩尔定律的延续意味着继续缩小 CMOS 器件的工艺特征尺寸，提高芯片集成度，发展 SOC（系统集成芯片），会遇到表 3 – 10 所示的一系列技术挑战；其次，对摩尔定律的扩展指通过 SIP（系统封装）等方法实现功能的多样化而非一味追求特征尺寸的缩小；最后，对摩尔定律的跨越意味着探索新材料、新结构和新原理，如单电子、自旋电子、分子、量子器件等，向纳米器件方向发展。

表 3 – 10　　特征尺寸缩小的挑战与技术突破需求

特征尺寸缩小的挑战	相应的技术突破需求
Source 中 SCE 和串联电阻，接触电阻问题	超浅结技术，提升源漏，肖特基源漏等
栅的问题：Gate 的栅多晶硅耗尽效应，栅寄生电阻，如何有效控制 Vth；栅介质结构与厚度问题，漏电电流增加，可靠性降低等	金属栅，高 k 栅介质，增强栅的控制能力，双栅/多栅器件
Substrate 的 Band – to – Band 隧穿，SD 直接隧穿，迁移率退化问题	应变沟道技术，高迁移率材料
铜互连与低介电常数绝缘材料共同使用的可靠性问题	Cu 互连技术中的铜/扩散阻挡层/低介电常数体系，互连结构模拟与设计，电路级三维铜互连架构，光互连、射频互连等全新信息传输方式
16nm 后	新光刻技术

3. 微电子技术未来的突破口

（1）新材料的应用：随着器件特征尺寸的继续缩小，主流的芯片制造材料硅将受到物理极限的挑战，微电子技术未来的发展必然要寻找新的器件材料，如图3－11所示，高－k栅介质将取代二氧化硅从而克服晶体管漏电维他奶，而石墨烯、碳纳米管等都可能成为芯片制造新材料。

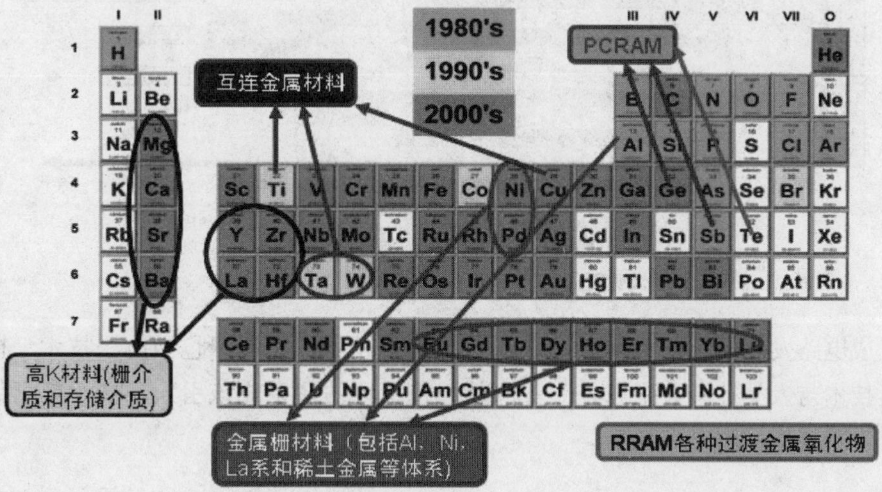

图3－11　新器件材料

资料来源：Kristin De Meyer，J. P. Colinge 2008 IEDM and Kang JinFeng IMEPKU

2012年年底，中科院微电子所在国内首次采用后高K工艺成功研制出包含先进的高K/金属栅模块的22纳米栅长MOSFETs，达到世界一流水平。

（2）新器件的突破：从制造方法上讲，各类采用Bottom－up研究的量子器件，1D结构的碳纳米管、纳米线等器件以及基于自组装的分子和原子器件目前都存在着不同程度的问题。但随着物理、数学、生物、化学等新技术的突破，新器件在结构、互联、设计方法上都有可能获得突破，从而建立新形态的信息科学技术和产业，目前来看，最有可能突破的是新型传感器和存储器，比如DDFG、VDNROM、PCRAM和RRAM等。各工艺节点特征工艺模块如图3－12所示。

（3）绿色微电子技术的发展：随着微电子应用的不断扩张、产量的不断提高，功耗问题越来越凸显，Pentium的功率密度已经超过电炉，再不控制，则会向核发应堆的功率密度发展，它已经对人类生存环境造成威胁。功耗对

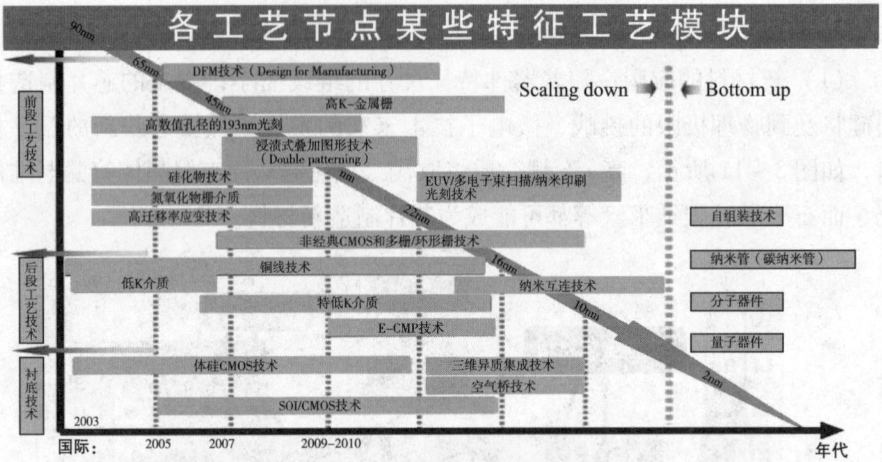

图 3－12　各工艺节点特征工艺模块

资料来源：王阳元、吴汉明研究报告

集成电路发展的制约如图 3－13 所示。降低功耗，发展绿色微电子技术，构建技术与人类社会共生态是大势所趋，技术评估体系应该引入环境污染指数作为重要指标。

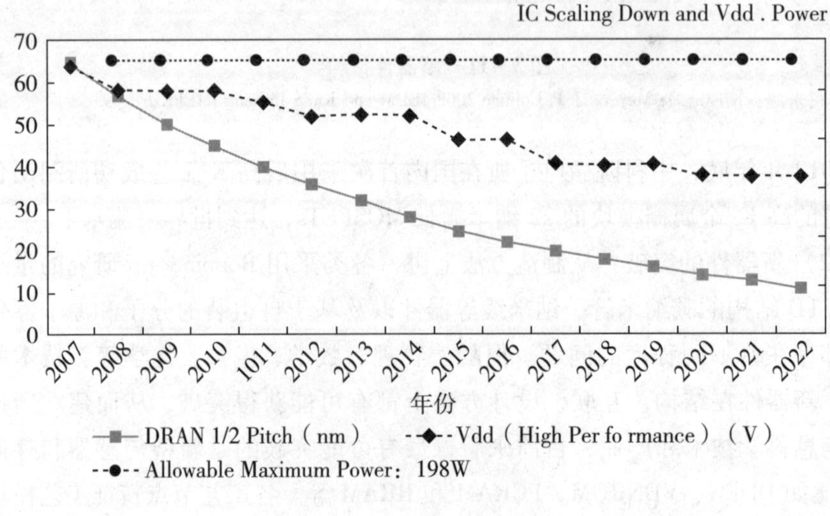

图 3－13　功耗对集成电路发展的制约

资料来源：ITRS 2008

（4）SOC，即系统集成芯片的发展：实际上，目前 SOC 已经开始逐渐替代 Non－SOC，而 21 世纪也是 SOC 的大发展时期。SOC 的突破将从两个方面进行：一是软、硬件的系统发展；二是IP核技术的突破，包括固核、软核和硬核。同时，IP模块综合分析与实现以及IP模块间的胶联逻辑技术也亟待新的突破。

4. 微电子产业发展与预测

从产业角度讲，自微电子产业产生以来，共经历了三次产业变革，造就了目前设计业、制造业、封装业、测试业“四业分离”的产业现状。2012年年底汤姆森路透社以专利总数、专利授予成功率、专利覆盖区域以及引用度为标准，评选了2012年度“全球百大创新”企业，其中半导体会员总部有10家位于日本，9家位于美国，4家位于欧洲，微电子企业比2011年增长逾29%。在整体名单中，美国以47家企业入榜，继续保持领先地位；亚洲以32家紧跟其后，其中有25家来自日本，7家来自韩国。相比2011年，来自韩国的企业数量增加了75%；欧洲则有21家企业及组织获得此荣誉，其中法国有13家。

就我国而言，1965—1995年我国内地微电子产业处于起步和缓慢发展阶段，直到“九五”期间，才拉开了我国内地微电子产业加速发展的序幕，其后很长时间，我国IC市场的增速都数倍于全球市场增速，近来正在向全球市场靠拢。

目前，我国微电子市场已经基本形成了由IC设计、制造、封装测试组成的微电子产业链，但大部分微电子企业为外资所主导，低端产品可出口，高端产品靠进口，进口大于出口的现象仍然比较明显。核心技术受制于人，在人才、体制及管理方面存在发展瓶颈，这些都是对我国微电子产业发展的挑战。但从全球微电子市场的发展趋势分析，目前微电子产业正在出现难得的市场机遇。如图3－14所示，全球微电子市场由开发到量产的周期在十年左右，而此时正处于低谷时期，如果在这个时候能够实现微电子技术的新突破，将会迎来市场发展的又一个高峰。

具体来说，我国半导体市场中85%被集成电路市场占据，集成电路市场中90%是MOS电路，MOS电路市场中90%是数字电路，数字电路市场中，逻辑电路、存储器、处理器三分天下：其中模拟电路和逻辑电路是与IC设计最紧密的产品，新的市场领域很可能被新型逻辑电路和模拟电路开辟，而我国逻辑集成电路开辟新市场的重要突破口之一则是新型结构器件；存储器市场中，由于设备、专利等壁垒，DRAM和SRAM进入市场的可能性不大，Flash是新型存储器的关键驱动，NVM中，NOR Flash和新型存储器可能取得

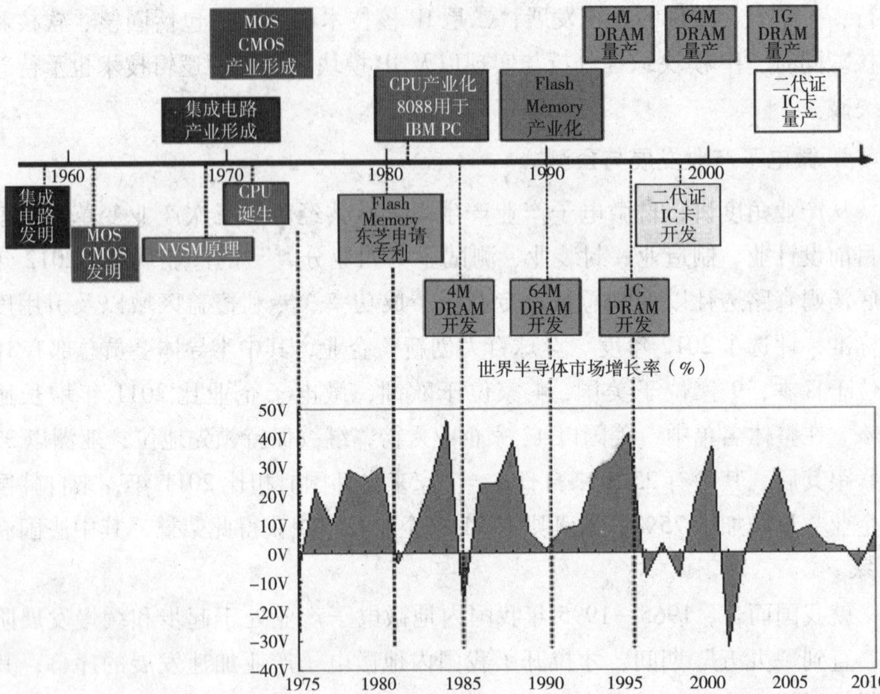

图 3-14　微电子产业及市场走向

资料来源：王阳元院士研究报告

市场突破；处理器市场中，专用处理器和嵌入式处理器可以作为重点的突破对象。

3.2 网络层主体分析

所谓网络是指信息接收、传播和共享的虚拟平台，物联网的网络层，就像它的传输神经，担任着信息通信和路径控制的功能。通过网络层技术，可以将各个感知点串成线、连成片、构成感知子系统；通过网络层技术，可以将感知到的信息传递给具有分析功能的"大脑"，并可将反馈信息传递到相应感知点；通过网络层技术，可以实现各种异地、异类感知系统的实时共享。

从网络技术的发展进程看，网络技术大致是沿着三条主线在演变与发展：一是互联网技术；二是无线网络技术；三是网络安全技术。物联网是互联网的延伸，互联网技术的发展，特别是硬件技术的发展是物联网网络层技术的基础；无线网络技术的发展直接关系物联网各层之间的传递与连接，是物联网网络层技术的核心；而网络安全技术的发展，是所有网络技术得以生存和发展的前提，也是物联网网络层技术得以实现的保障。对于网络层主体的分析也将遵循这三条主线。

3.2.1 互联网主体

计算机网络技术是计算机技术与通信技术交叉融合、高度发展的产物。阿帕网（ARPANET）的成功标志着广域网技术成熟并进入应用阶段，拉开了互联网技术的序幕。如图 3－15 所示，至今为止，互联网的发展大致经历了三个阶段：1969—1994 年，阿帕网组建成功，开始采用 TCP/IP 协议，正式成为了“互联网”，此阶段开始应用于电子邮件的传送和文件传输，速率低、规模小、操作复杂，属于实验阶段；1994—2001 年，万维网（WWW）技术得以应用，用户增加、网络扩张，商业资本注入但缺乏赢利模式，末期出现了互联网泡沫，此阶段主要应用于页面浏览和电子邮件收发，是社会化应用的初始阶段；2001 年至今，经历了宽带、无线通信技术的迅猛发展，网络和用户规模持续快速增加，电子商务、电子政务逐渐普及，互联网渗入到社会管理、企业管理等各个领域，进入到社会化应用大发展阶段。

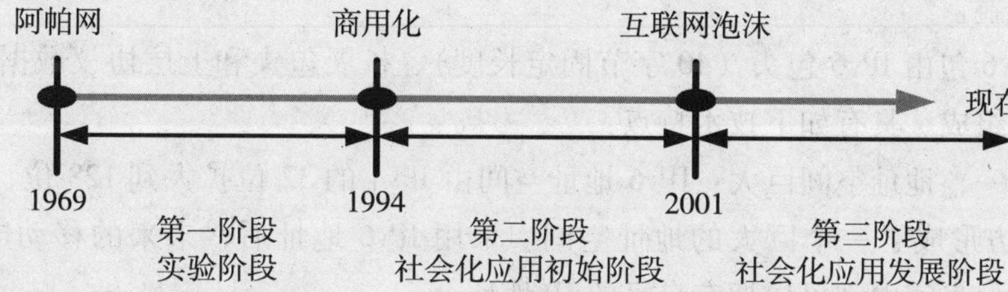

图 3－15　互联网发展的三个阶段

1. 互联网技术的新挑战

2009 年，物联网的提出将互联网中人与人之间的联系推及人与物、物与物之间，本质上物联网是互联网的延伸，互联网中的网络连接技术将被物联网继承，互联网中的商业运作模式也将被物联网所借鉴，但物联网本身的特点，也注定了在互联网向物联网发展的过渡中会遇到技术上的新挑战。一是 IP 地址资源的匮乏与短缺：要将任何物体都接入互联网就意味着每一个物体都需要一个 IP 地址，这将使本已不堪重负的 IP 地址资源捉襟见肘。将现行的寻址和路由技术由IPV4向IPv6转变是物联网发展的必然需求和挑战；二是带宽的短缺：物联网将导致接入结点井喷式的发展，现有带宽将严重不足，对接入技术提出挑战，研究光纤通信与光传输网络技术是应对此挑战的有效途径；三是电信网络、计算机网络和有线电视网络的融合将形成跨行业的技术博弈与合作，要求原本异构的三种网络技术趋向一致，对MPLS等技术提出发展需求。

2. 新时期互联网关键需求

在物联网时期，要完成互联网向物联网技术的过渡，必须要逐步解决以上提到的互联网技术的挑战，具体来讲，要关注以下技术的发展：

（1）IPv6技术

IPv6是“Internet Protocol Version 6”的缩写，它是IETF设计的用于替代现行版本IP协议——IPv4——的下一代IP协议，指能够无限制地增加IP网址数量、拥有巨大网址空间和卓越网络安全性能等特点的新一代互联网协议。如果说IPv4实现的只是人机对话，那么IPv6则扩展到任意事物之间的对话，正好迎合物联网的发展需要。它不仅可以为人类服务，还将服务于众多硬件设备，如家用电器、传感器、远程照相机、汽车等，它将是无时不在、无处不在的深入社会每个角落的真正的宽带网，带来非常巨大的经济效益。

IPv6包由IPv6包头（40字节固定长度）、扩展包头和上层协议数据单元三部分组成。具有如下技术特点：

第一，地址空间巨大：IPv6地址空间由IPv4的32位扩大到128位，2的128次方形成了一个巨大的地址空间。采用IPv6地址后，未来的移动电话、冰箱等信息家电都可以拥有自己的IP地址。

第二，地址层次丰富、分配合理：IPv6的管理机构将某一确定的TLA分配给某些骨干网的ISP，然后骨干网ISP再灵活地为各个中小ISP分配NLA，而用户从中小ISP获得IP地址。

第三，实现IP层网络安全：IPv6要求强制实施因特网安全协议IPSec，并已将其标准化。IPSec支持验证头协议、封装安全性载荷协议和密钥交换IKE协议，这3种协议将是未来Internet的安全标准。

第四，无状态自动配置：IPv6通过邻居发现机制能为主机自动配置接口地址和缺省路由器信息，使得从互联网到最终用户之间的连接不经过用户干预就能够快速建立起来。

IPv6的出现可以从技术上一劳永逸地解决实名制问题，也就使物联网的实现成为可能。当然，IPv6也不可能解决所有问题，只能在发展中不断完善。目前，国际互联网组织已经决定成立两个专门工作组，制订相应的国际标准。

IETF关于IPv6的工作开始于1990年，目前我国主要还是在使用IPv4技术，其核心技术属于美国。2011年6月8日，互联网产业界迎来了全球首个“世界IPv6日”。日本、韩国、美国和欧洲是发展IPv6比较典型的国家和地区，6Bone是世界上成立最早也是迄今规模最大的全球范围的IPv6示范网，我国是IPv6研究工作启动较早的国家之一，我国政府对IPv6在我国的发展也高度重视。虽然我国电信运营业改革起步较晚，但运营商们对IPv6业务的研究工作也都开展得有条不紊。目前，各大运营商已经全面启动IPv6核心网络的建设。

（2）光纤通信与光传输网技术

如果把网络传输介质的发展作为传输网络的划分标准的话，可以将以铜缆与无线射频作为主要传输介质的传输网络作为第一代，以使用光纤作为传输介质的传输网络作为第二代，在传输网络中引入光交换机、光路由器等直接在光层配置光通道的传输网络称为第三代，也就是光传输网络。

①光纤通信

光纤是光导纤维的简称，光纤通信技术是世界新技术革命的重要标志，也是信息社会中各种信息传输的主要工具。光纤通信是以光波作为信息载体，以光纤作为传输媒介的一种通信方式。

虽然光纤通信的发展历史不长，但已经经历了三代，分别为：短波长多模光纤、长波长多模光纤和长波长单模光纤。目前，美、日、英、法等20多个国家已宣布不再建设电缆通信线路，而致力于发展光纤通信。我国的光纤通信也已进入实用阶段。

随着互联网进入物联网时代，光纤到家庭（FTTH）的发展是社会发展的必然。FTTH的解决方案：通常有P2P点对点和PON无源光网络两大类。前者的优点是各用户独立传输，互不影响，体制变动灵活，可以采用廉价的低速光电子模块，传输距离长，缺点是为了减少用户直接到局的光纤和管道，需要在用户区安置1个汇总用户的有源节点；后者的优点是无源网络维护简单，原则上可以节省光电子器件和光纤，缺点是需要采用昂贵的高速光电子模块，需要采用区分用户距离不同的电子模块，以避免各用户上行信号互相冲突，传输距离受PON分比而缩短，各用户的下行带宽互相占用，如果用户带宽得不到保证，不单是要网络扩容，还需要更换PON和更换用户模块来解决。

专栏3–1

“光纤之父”高锟

提高光纤通信不得不提到一位科学家——高锟，著名物理学家，华裔诺贝尔奖获得者。高锟教授于1933年出生在上海，1949年移居中国香港，1965年在伦敦大学获得电机工程博士学位，曾任香港中文大学校长，拥有英国、美国国籍并持中国香港居民身份，目前在香港和美国加州山景城两地居住。

高锟于1957年开始从事光导纤维在通信领域应用的研究，他在1966年发表了一篇题为《光频率介质纤维表面波导》的论文，开创性地提出了光导纤维在通信上应用的基本原理，描述了远距离、大信息量光通信所需光导纤维的结构和材料特性。1981年，随着第一个光纤通信系统成功问世，用石英玻璃制成的光线应用在全世界掀起了一场光纤通信革命。人们尊称高锟为“光纤之父”。高锟由于在光纤通信方面取得的突破性成就而获得2009年的诺贝尔物理学奖。

②光传输网络

互联网业务正在呈指数规律逐年增长，与人们视觉有关的图像信息服务，如电视点播（VOD）、可视电话、数字图像（DVD）、高清晰度电视（HDTV）等宽带业务迅速扩大，远程教育、远程医疗、家庭购物、家庭办公等也在蓬勃发展，这些都必须依靠高性能的网络环境的支持。但是，如果完全依靠现有的网络结构，必然会造成业务拥挤和带宽“枯竭”，从而促进了新一代网络——全光网络的诞生。

1998年，ITUT提出了用“光传输网络”概念取代“全光网络”的概念，因为要在整个计算机网络环境中实现全光处理是困难的。经过了40多年的发展，光通信继准同步数字体系（PDH）、同步数字体系（SDH）等数字传输体系后，近年来陆续出现了多业务传输平台（MSTP）和自动交换光网络（ASON）等新技术。从总体来看，光网络技术的发展趋势，体现在3个方面：在形态上，走向传输与交换的融合；在硬技术上，走向全光网；在软技术上，走向智能网。

专栏 3-2

光传输网在3G网中的解决方案

3G标准有WCDMA，TD-SCDMA，CDMA2000这3种。其中WCDMA和TD-SCDMA的标准由3GPP制定，两者的区别主要在空中接口，网络的逻辑架构基本相同。

3GPP R4网络结构如图3-16所示。移动交换服务器（MSCServer）主要完成对信令和呼叫控制的处理，媒体网关（MGW）提供语音流的处理及与外部网络的互联，通用分组无线业务服务支持节点（SGSN）主要完成终端和网关通用分组无线业务支持节点（GGSN）之间分组数据的发送、接收及相关控制，GGSN是和外部分组交换网相连的网关，无线网络控制器（RNC）控制Node B为用户提供从空中到核心网的传输通道。

3G传输网可以分为接入传输网络和核心传输网络。其中，接入传输网络承担RNC和Node B之间业务的接入和传送功能，核心传输网络承担RNC、MSCServer/MGW、GMSCServer/MGW、SGSN、GGSN间的传输。由于RNC一般与核心网节点设备共址，也统一规划到核心传输网络。

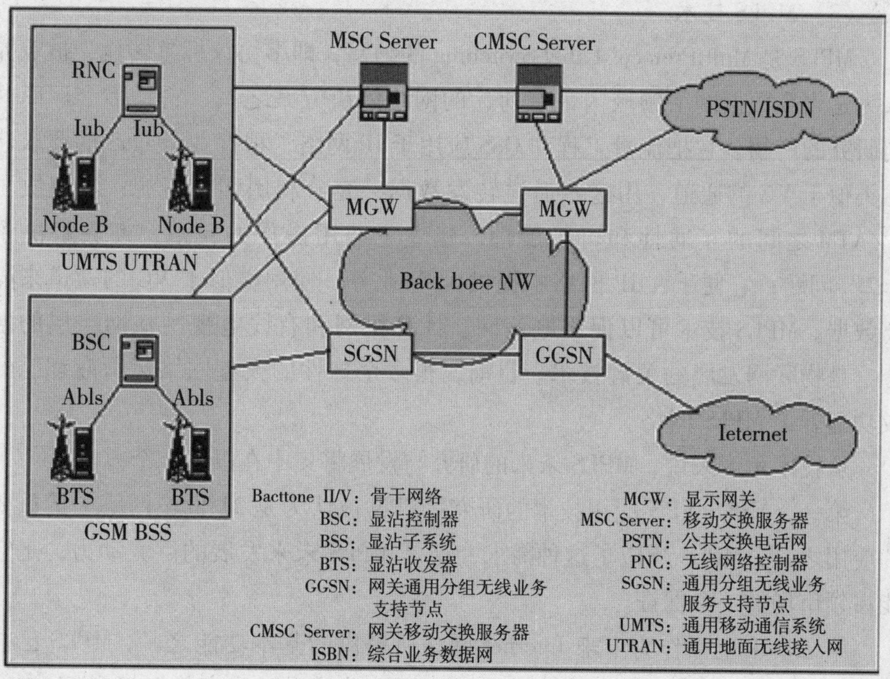

图3-16 GPP R4网络结构

光传输网络的相关技术主要包括全光交换、光交叉连接、全光中继等。目前，光网络设备从光缆中接收光脉冲，将它转换为电信号进行处理，然后将电信号还原为光进行传输。即使处理时间为零，这种转换也会增加时延。光传输网络的美好前景很简单：数据将以更快的速度传输，因为数据仅以光的形式进行编码。

全光网络有两个基本要求：路由和缓冲。找到一种缓冲光的方式是目前全光网络的一个主要障碍，没有一种光设备可以像电子设备缓冲数据包那样减缓光的传播速度或存储光。无法缓冲光使得全光网络设备在任何存在拥塞的环境中不具有实用性。PTN（Packet Transport Network，分组数据传送网）技术是继 PDH、SDH、DWDM、ASON 之后，光传输网络发展的趋势。它目前遇到的最大问题是标准化的制定，技术没有标准化，厂家按各自的标准去定义和生产设备，这在厂家间会存在互联互通和兼容性的问题，用户顾忌这些问题也不敢大规模的商用，PTN 设备只有在标准化制定完毕后才会有快速的发展和商用。

（3）MPLS 技术

MPLS 是 MultiProtocol Label Switching 的缩写，即多协议标签转换，被业界认为是当今数据网络领域内最有前途的网络解决方案之一，它是多个厂商共同研究的产物。它把流量工程和 QoS 应用于 IP 网络，根据业务 QoS 的要求建立类似于 VC 的通道，用这些通道转发数据，充分利用网络资源；它解决了 IP/ATM 之间的互通性和可扩展性，建立了通用操作的典范，彻底解决了“n2”问题；它便于在 IP 网络中提供 VPN 业务，使用类似于 VC 的通道来隔离数据。MPLS 技术可以促成电信网、计算机网和有线电视网在网络层的融合，是物联网发展的关键技术。目前，很多全球性的大型网络运营商都已经成功部署了 MPLS 网络。

从技术角度来说，MPLS 未来的研究与发展将集中在以下几个方面：

第一，MPLS VPN 应用技术的研究：VPN 被认为是 21 世纪网络中最重要的应用之一，MPLS 顺应了这种需求，这是 MPLS 未来发展的巨大动力，是它能占领市场的一个保证。

第二，IP 电话作为未来 Internet 网络所提供的基本功能之一，MPLS 已被实验证明能达到电信级的语音服务水平，下一步应进一步完善它与 PSTN 之间信令的转换和交互式通信的平滑性问题，如何使用 SS7 将语音服务和数据服务在 MPLS 上统一起来，这集中在三个方面：低速链路上的 Qos、带宽的挑战、实时协议的实现。

第三，路由、传输交换技术与光纤传输网（OTN）的融合发展是一种趋势，随着 DWDM 技术的进步，如何将 MPLS 与 OTN、DWDM 技术结合起来，实现交叉连接与标签交换的统一是一个重要的研究方向，这方面的研究工作也已经展开。

第四，进一步完善 MPLS 与 ATM 的无缝融合、MPLS 的组播技术和 MPLS 的网络管理。随着无线 ATM 技术的成熟应用，将 MPLS 技术引入到无线网络中是可能的；而且由于无线通信在现代通信网中所占的份额越来越大，研究 MPLS 技术在无线通信网络中的应用也是一种必然。

3. 互联网主体总结与展望

物联网时代，互联网的技术需求主要是为了解决互联网地址资源匮乏、带宽不足与三网融合的技术挑战，具体来讲包括 IPv6 技术、光网络技术和 MPLS 技术及其内部的分支技术。

总体来说，IPv6 技术作为下一代互联网（NGI）、下一代网络（NGN）和第三代移动通信（3G）的基础之一，在电信和电子领域有着极其重要的地位，是物联网技术发展的基础，是抢占物联网发展制高点的关键所在。2011 年年初，ICANN 宣布最后一批 IPv4 地址资源分配完毕，这使得 IPv6 的发展尤为重要。今后，无状态地址分配中的安全问题、移动 IPv6 中的绑定缓冲安全更新问题、流标签的安全问题、全球传播技术研究等问题还需要攻关解决。IP 地址分配原则是“先到先得，按需分配”，IPv4 地址问题一直困扰着我们，我们也一直说 IPv6 是我们一次难得的发展机遇，然而目前在地址分配问题上，机会就在面前，我国却面临着严重的挑战和再次落后的危险。因此，我国的地址申请工作已经刻不容缓，运营商和 ISP 们应该立即行动，各自申请所需地址，或者由国家宏观指导，CNNIC 出面，统一申请，以免再次出现被动局面，影响我国物联网及其相关产业的发展。当然，产业链上的各方也应积极参与，争取抓住从 IPv4 到 IPv6 过渡的良好时机，以求发展壮大。

随着信息技术的发展，特别是物联网时代的到来，全光网络吸引了全球的眼光，一些发达国家都对全光网络的关键技术（例如设备、部件、器件和材料）开展研究，加速推进产业化和应用的进程，比如美国和欧洲。全光网络已经被认为是未来通信网向宽带、大容量发展的首选方案。目前来看，我国对全光网络的应用，还需要先普及光纤通信作为过渡，并在完善产业链的基础上，加强光传输的基础研究。光纤通信和光传输网技术无疑将是物联网数据传输的“高速公路”。

MPLS 的发展前景很乐观，但目前 QoS 问题还有待进一步提高，安全问题需加强，另外需要进一步提高标准化程度，解决多厂家设备的互通性问题。

总之，加强平台合作、争取具有自主知识产权的技术突破，在维持现有用户的基础上寻求更广泛的接入结点吸引更多的用户源是互联网企业主体的发展方向。

3.2.2 无线网络主体

无线网络是网络技术研发的另一条主线，也是物联网发展不可或缺的重要一环。从基础设施的角度，无线网络可以分为包含无线局域网和无线城域网的基于基础设施的无线网络以及以无线自组网为主体发展起来的无基础设施的无线网络，如图 3－17 所示，物联网时代更加强调后者。

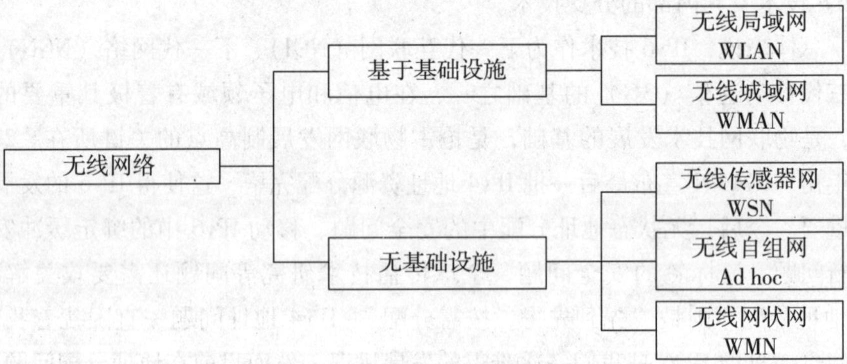

图 3－17　无线网络分类

资料来源：吴功宜《智慧的物联网》

1. 无线自组网

无线自组网（Ad hoc）脱胎于无线分组网，是一种特殊的无线移动网络，可以在任何时间和地点迅速构建网络且无须设置中心控制节点，所有节点地位平等，具有无中心、自组织、多跳路由、动态拓扑的特点。它既可以作为现存固有设施网络的补充方式，也可以作为一种独立的网络而运行。无线自组网的关键技术包括对信道介入技术的研究，路由协议的研究、服务质量的研究、多播技术的研究以及安全技术的研究等。总之，无线自组网的独特性，使得其在网络组织、协议设计和体系结构等方面与传统网络有很大区别，而目前的趋势也在朝着两个方面发展：一是面向军事和特定行业的无线传感网络（WSN）；二是面向民用接入的无线网状网（WMN），如图 3 – 18 所示。

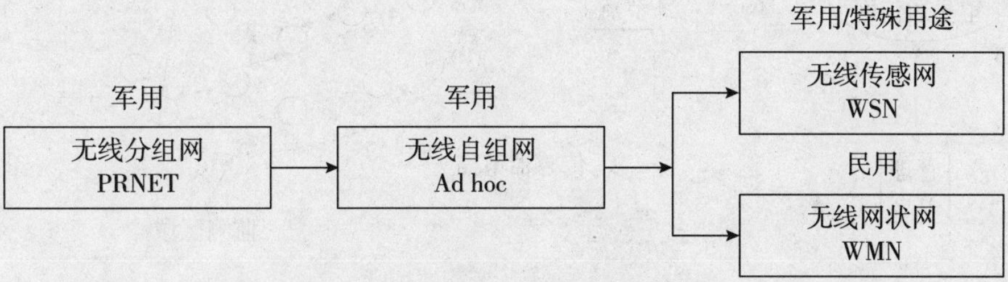

图 3 – 18　无线自组网的发展关系

资料来源：吴功宜《智慧的物联网》

具体技术上，无线自组网是一种新颖的移动计算机网络的类型，它既可以作为一种独立的网络运行，也可以作为当前具有固定设施网络的一种补充形式。其自身的独特性，赋予其巨大的发展前景。在无线自组网的研究中还存在许多亟待解决的问题：设计具有节能策略、安全保障、组播功能和 QoS 支持等扩展特性的路由协议及无线自组网的网络管理等。今后将重点致力于无线自组网中网络监视、节点移动性管理、抗毁性管理和安全管理等方面的研究。

2. 无线传感器网

无线传感器网络是由部署在检测区域内的低成本、大量的微型传感器结点组成，通过无线通信的方式形成的一个多跳、自组织的无线自组织网络。如图 3 – 19 所示，无线传感网主要由传感器节点、汇集节点和管理节点组成，其目的是将网络覆盖区内感知对象的信息发给观察者。

传感器结点通常是一个微型的嵌入式系统，它的处理能力、存储能力和通信能力相对较弱，通过自身携带的能量有限的电池来供电。从网络功能上来看，每一个传感器节点兼顾传统网络节点的终点和路由器双重功能，除了进行本地信息收集和数据处理之外，还要对其他节点转发来的数据进行存储、管理和融合等处理，同时与其他节点写作完成一些特定任务。传感器节点的软硬件技术是物联网感知层的研究焦点之一。

汇集节点的处理能力、存储能力和通信能力相对较强，它连接传感器网络与互联网等外部网络，实现两种协议栈的通信协议之间的转换，同时发布管理节点的监测任务，并将收集到的数据转发到外部网络上。汇集节点既可

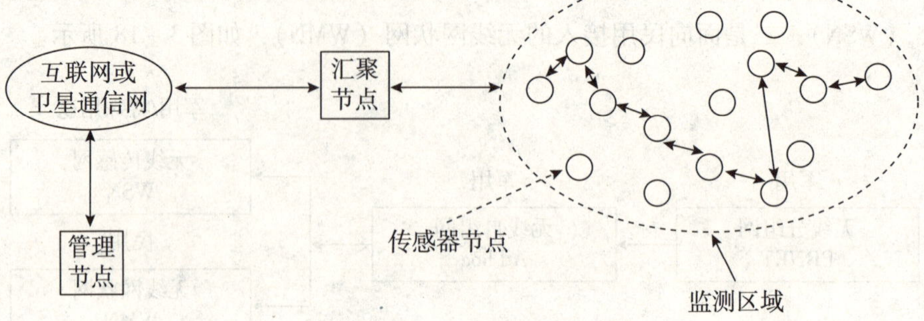

图 3－19　无线传感器网络结构

以是一个具有增强功能的传感器节点，有足够的能量提供给更多的内存与计算资源，也可以是没有监测功能仅带有无线通信接口的特殊网关设备。

ZigBee 技术在 ZigBee 联盟和 IEEE 802.15.4 的推动下，结合其他无线技术，可以实现无所不在的网络，因其具有低功耗、低成本、短时延、高容量、可靠、安全的特点成为无线传感器的热门研究领域，而网络协议、定位技术、数据融合与管理、时间同步、嵌入式操作系统等问题是未来主要的攻克方向。

3. 无线网状网

无线网状网（Wirless Mesh Network，WMN）从 MANET 中分离出来，是为实现无处不在的通信目标而建立的无线多跳网络技术，能有效地解决最后一公里瓶颈问题的分布式宽带无线网络。它具有可移动、高宽带、广覆盖、组网简单、自我平衡、设备轻巧、鲁棒性高、功耗小、支持多网络介入等特点，可以与其他网络如 Wi－Fi、WiMAX 相结合，如图 3－20 所示。目前，无线网状网的关键课题包括智能天线、动态带宽分配、网络安全、路由算法、商业化等问题。

3.2.3　网络安全主体

网络安全技术与互联网技术、无线网络技术相互结合，相伴而生。没有网络安全的支撑，一切信息技术都无法彻底的执行。从技术角度看，物联网建立在互联网的基础之上，互联网遇到的所有网络安全问题，物联网同样会遇到，而且物联网更多地依赖于无线通信，无线信道相对有线更加容易被攻击，从而对物联网安全提出了更高的要求；从应用角度看，物联网较之互联

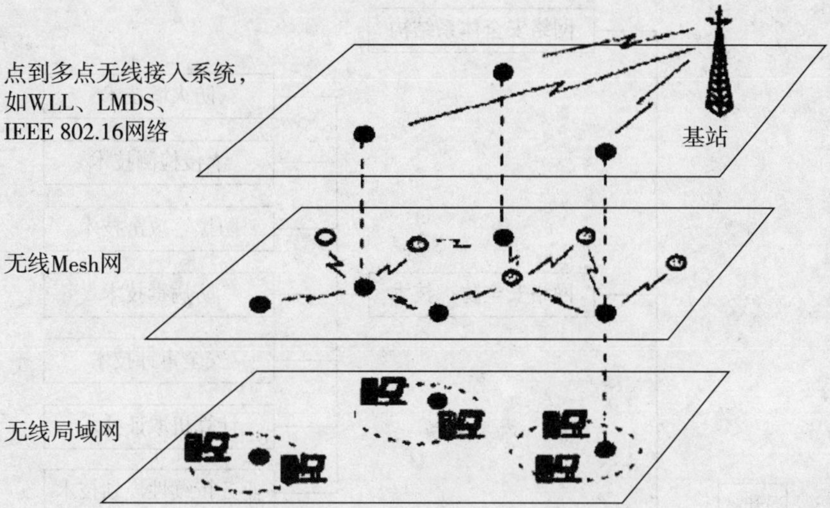

图 3－20　WMN 对其他网络的接入

资料来源：苏杰《无线宽带的未来——无线网状网》

网涉及更多的企业应用和社会运行甚至个人隐私方面的数据，具有更加迫切的安全需求，而且随着物联网的大规模应用和普及，更多传感器节点的安全问题也将涌现，使网络安全问题更加复杂和重要；从产业发展看，网络安全技术像一根线贯穿感知层和应用层，渗透在物联网产业链的各个环节。

总体来讲，物联网的网络安全主要分为以互联网安全为代表的共性化网络问题以及以无线传感网、RFID 等传感终端为代表的个性化网络安全问题。

1. 共性化网络安全技术

网络安全研究的目的是保证网络环境中传输、存储与处理信息的安全性。近年来共性化网络安全研究的内容、方法与技术的发展，如图 3－21 所示。

网络安全体系结构的研究主要涉及网络安全威胁分析、网络安全模型与确定网络安全体系，以及对系统安全评估的标准和方法研究。根据对网络安全威胁的分析，确定需要保护的网络资源，对资源攻击者、攻击目的和手段、造成的后果进行分析；提出网络安全模型，并根据层次型的网络安全模型，提出网络安全解决方案。网络安全体系结构研究的另一个重要内容是系统安全评估的标准和方法，这是评价一个实际网络应用系统安全状况的标准，是提出网络安全措施的依据。

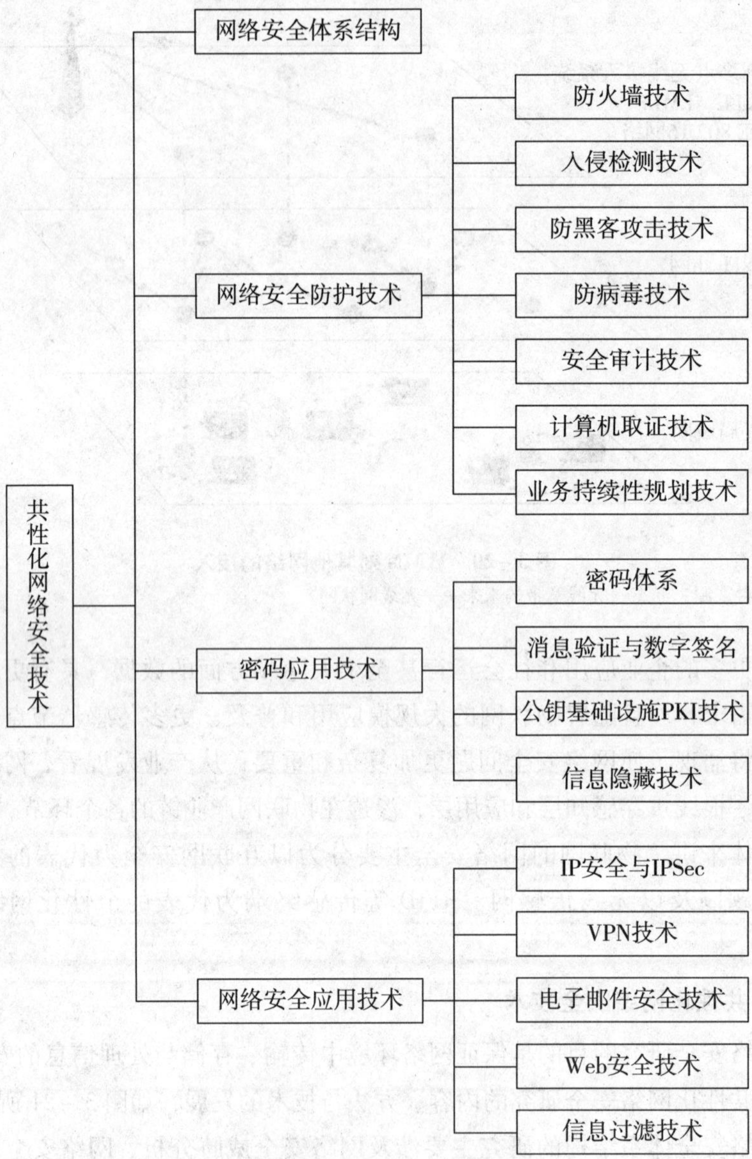

图 3－21　共性化网络安全技术

资料来源：改编自吴功宜《智慧的物联网》244 页

目前，网络攻击大致可以分为系统入侵类攻击、缓冲区溢出攻击、欺骗类攻击与拒绝服务 DoS 攻击等；网络安全威胁可以分为主干网络的威胁、TCP/IP 协议安全的威胁与网络应用的威胁；互联网中的网络防攻击可以归纳为服务攻击与非服务攻击两种基本类型；网络攻击的手段大致可以分为欺骗类攻击、DoS/DDoS 攻击、信息收集类攻击、漏洞类攻击 4 种基本类型；典型的网络攻击包括拒绝服务攻击与分布式拒绝服务攻击。

网络安全防护技术的研究涉及防火墙技术、入侵检测技术与防攻击技术、防病毒技术、安全审计与计算机取证技术及业务持续性技术。

密码应用技术的研究涉及对称密码体制与公钥密码体制的密码体系，以及在此基础上主要研究的消息认证与数字签名技术、信息隐藏技术、公钥基础设施 PKI 技术。

网路安全应用技术主要研究 IP 安全、VPN 技术、电子邮件安全、Web 安全与网络信息过滤技术。

2. 个性化网络安全技术

物联网信息安全的个性化问题主要包括：无线自组网、无线传感网络安全以及 RFID 及手机等感知终端的安全问题。

（1）无线自组网的安全

从网络安全的角度讲，无线自组网与传统网络相比有很大的区别。无线自组网有许多系统本身的脆弱性，比如无线链路易被窃听、网络拓扑的动态变化、节点的漫游特性等，这些导致它面临的安全威胁有其自身的特殊性，也就决定了传统的网络安全机制无法应用于无线自组网。但无线自组网的安全性需求和传统网络的安全性要求应该一致，包括机密性、完整性、有效性、身份认证与不可抵赖性等。目前，关于无线自组网的安全技术研究主要集中在如图 3－22 所示的五个方面。

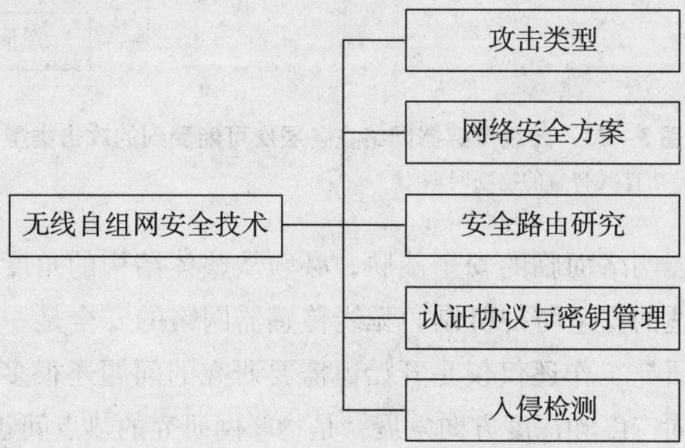

图 3－22　无线自组网安全技术研究

资料来源：吴功宜《智慧的物联网》

（2）无线传感器网络的安全

无线传感器网络的安全技术是当前的热点和难点。如何保证任务执行的机密性、数据产生的可靠性、数据融合的高效性与数据传输的安全性，是传感器网络安全问题需要全面考虑的内容。

无线传感器网络的安全隐患可以分为两类：信息泄露与空间攻击。如果从网络层次的角度来看，无线传感网络在各个层次上可能受到的攻击如图 3－23 所示。

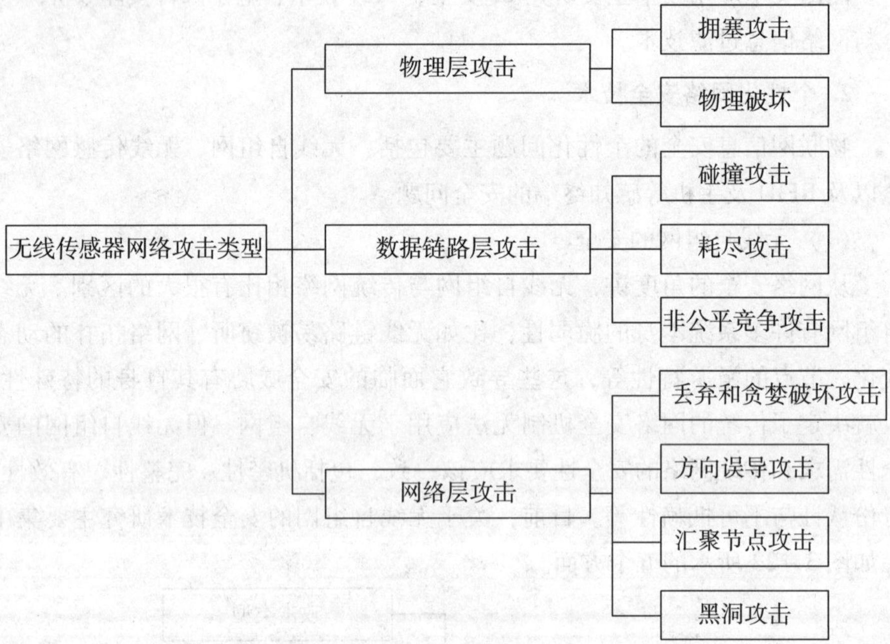

图 3－23　无线传感器网络在各层次可能受到的攻击类型

资料来源：吴功宜《智慧的物联网》

针对传感器网络面临的安全威胁，必须从整体结构的角度出发，为传感器网络涉及合适的安全防护机制。无线传感器网络的安全是一个有挑战性的课题，目前的研究工作还仅仅是开始，需要研究的问题还很多。无线传感器网络应用已经向广度和深度方向发展，是物联网研究的热点问题。

（3）RFID 安全

低成本电子标签有限的资源很大程度地制约着 RFID 安全机制的实现。安全问题，特别是用户隐私问题变得日益严重。

目前，对于 RFID 常见的攻击形式有：物理攻击、伪造攻击、假冒攻击、复制攻击、重放攻击、信息篡改等。标签的特殊性和局限性表现在：没有微处理器、有限的存储空间、有限的电源供给、由数千个逻辑门电路组成等，所有这些特点和局限性都对 RFID 系统安全的设计带来了特殊的要求，传统的加密或者签名算法很难集成到这类设备中，这使得设计者对机制的选择受到很多限制。设计安全、高效、低成本的 RFID 安全协议成为了一个新的具有挑战性的问题，也吸引了许多国际一流密码学家的关注和投入

RFID 安全的主要研究方向包括：安全协议的研究、加密算法的设计、RFID 安全协议的安全模型及安全性的研究等。现在已经提出的针对 RFID 系统的可证明安全模型主要有：①Gildas Avoine 提出的攻击者模型；②Ari Juels 等人提出的安全模型；③Serge Vaudenay 提出的安全模型。其中，Vaudenay 在 2007 年提出的安全模型是现在已知的最完整的模型。

基于可证明安全性理论来设计和分析 RFID 安全协议，提出适用于 RFID 系统环境的协议模型，对于设计和分析安全的 RFID 协议具有重要的现实和理论意义，这是一个值得探索和研究的领域。

（4）手机终端的安全

手机作为最普及的终端，在物联网时代具有不可替代的重大作用。对于手机终端的安全问题，也可作为物联网时代的个性化网络安全问题加以探讨。

手机的安全问题，关键在于手机病毒的传播，现在，清除手机病毒最好的方法就是删除带有病毒的短信。如果发现手机已经感染病毒，应立即关机，死机了，则可取下电池，然后将 SIM 卡取出并插入另一型号的手机中（手机品牌最好不一样），将存于 SIM 卡中的可疑短信删除后，重新将卡插回原手机。如果仍然无法使用，则可以与手机服务商联系，通过无线网站对手机进行杀毒，或通过手机的 IC 接入口或红外传输接口进行杀毒。

由于在我们国家手机的使用还在起步阶段，以手机目前的数字处理能力（容量和运算），还不至于强大到可以独立处理、传播病毒。所以病毒只能通过电脑、WAP 服务器、WAP 网关来骚扰手机。随着物联网的普及，手机承载的信息价值将增加，很可能成为攻击的对象，必须多加警惕，提早预防。

3. 网络安全主体总结与展望

网络安全是一切网络活动得以顺利运行的关键，目前来看我国互联网网

络安全相对平稳，无线网络安全呈现起步状态，对我国物联网发展形成一定挑战。

目前，共性化网络安全问题已研究多年，虽然尚有问题存在但相对比较平稳，而个性化网络安全问题则刚刚开始涌现，处于起步状态，对物联网的全面发展构成威胁，随着云计算的发展，"云安全"也成为物联网网络安全研究的热门领域。同时，随着物联网的发展，手机作为最广泛的传感终端将承载更多的信息量，很可能成为攻击的对象，其安全性必须引起足够的重视。

纵观网络安全的未来发展，技术将向关联性、主动性方向发展；产品将向集成化、高速化、系统化方向发展；产业形态将面向服务化方向发展，并催生专业化网络信息安全服务公司。

3.3 应用层主体分析

应用是一切技术的目的和归宿，通过感知层的数据获取和网络层的数据传输，在应用层，将面临数据大集成后的数据分析、挖掘、存储和应用问题。一方面，要基于"上行"的数据采集，实现"物"的监测；另一方面，要进行"下行"的指令下发，实现"物"的控制。正如人的智慧来源于大脑，物联网的智慧主要来自应用层技术对于数据的分析和应用。

从技术的角度看，应用层技术主要包括人工智能、海量数据存储、数据挖掘和分析、高性能计算等基于数据分析与应用技术构成的公共技术体系和与具体应用相关的行业技术体系，这对中间件技术提出了很大的需求；另外，从应用和整个产业发展的角度看，以云计算为代表的使用模式是应用得以实现的保证。也就是说，物联网应用的实现，需要由软件构成的"硬"技术和硬模式形成的"软"环境协同发展。

3.3.1 公共技术主体

物联网的应用版图正在不断地扩张，但无论应用在任何领域任何行业，都离不开数据库技术、数据挖掘与分析技术以及人工智能、高性能并行计算等技术的发展，它们是一切应用的基础和前提。

1. 数据库

数据库技术即研究数据库的结构、存储、设计、管理以及应用的技术，它是计算机科学的重要分支，是信息系统构建的核心技术之一，本质上是研究如何组织、存储和处理数据。根据数据模型的不同，数据库系统经历了以网状和层次模型为主的非关系数据库阶段、关系数据库阶段以及面向对象的数据库阶段。目前，关系数据库仍然占领着应用的主流地位，面向对象数据库虽有长足发展但还不能全面应用。随着物联网的发展，海量的数据将自动上传，数据结构也将更加复杂，这将促进非结构化数据库的兴起。遗憾的是，虽然我国拥有自主知识产权的达梦数据库且在技术上已经达到国际水平，但目前普遍使用的主流数据库如 Oracle，SQL Server 等，其核心技术与标准早已被国外抢先占据，只能将话语权的争夺寄希望于下一代数据库的研发。

2. 数据挖掘

数据挖掘是对大量已存储的数据进行分析并发现它们之间的未知关系，以能被数据拥有者理解的特有方式返回分析结果以帮助其进行决策，以算法为核心，是商务智能的关键所在，是物联网智慧的源泉。将数据挖掘与数据库相结合，力争研发具有自主知识产权的数据挖掘产品并完善数据挖掘产业的法律体系，在使用数据的同时不侵犯隐私权是数据挖掘发展的方向。

3. 人工智能

人工智能是研发用于模拟、延伸及扩展人类智能的理论、技术、方法及应用的技术科学，其研究领域包括机器人、图像识别、语言识别、专家系统以及自然语言处理等，是涉及包含计算机科学在内的信息科学、生物学、心理学、语言学、哲学等多门学科的综合学科。人工智能技术不仅包括软件技术，还包括硬件技术，比如机器人的构造等，其硬件构造方面技术与感知层技术亦有很大相关性，但算法还是其智能的核心。未来，人工智能研究方法不会有重大变革，仍将朝着“拟人”的方向发展。在物联网时代，人工智能可在防灾救灾、安全防卫、农业、工业、医疗卫生、环境保护等领域得以应用，彰显更大的商业价值。

专栏 3–3

“深蓝”——人工智能的里程碑

人工智能技术的里程碑不只是一个，数字计算机的胜利——1997 年“深蓝”战胜了世界国际象棋冠军盖瑞·卡斯帕罗夫是一个关键性转折点。

1996 年，国际象棋大师卡斯帕罗夫与电脑“深蓝”展开交锋，结果卡斯帕罗夫以4 比 2 宣告胜利；经过研制方 IBM 一年多的改进，到了 1997 年，“深蓝”有了更深的功力，因此又被称为“更深的蓝”（以下简称“深蓝Ⅱ”），这一次卡斯帕罗夫以 1 胜 2 负3 平的结果败下阵来；2003 年人机再次交锋，卡斯帕罗夫与小深（Deep Junior）以 1 胜1 负 4 平战成平局。

“深蓝”重达 1.4 吨，是一台 RS/6000SP 型超级计算机，共装有 32 个并行处理器，每秒能分析 2 亿步棋。“深蓝”对每步棋作出决定前，有四个主要考虑，包括：①棋子：每只棋子各有价值，但在不同位置和棋局的不同阶段，价值会相对调整；②位置：电脑就棋子周围能够作安全攻击的四方格数目估值。控制越多四方格，越处于优势；③步调：力求每一步皆有助于操作棋局；④保王：电脑替王所处的位置的安全性估值，以作出防卫棋步。同时，“深蓝”内存储了几乎世界上所有的棋谱，对于棋王过去下过的每一局棋都了如指掌，而且心无旁骛。它能根据卡氏过去的棋局进行程序优化。包装后的“深蓝”也可以在下棋过程中由人改变程序，根据棋面及时调整战略战术，表现出人性化的某些智能性。

4. 高性能计算

高性能计算致力于研究并行算法，研发超级计算机，开发相关系统软件及大型并行应用软件。高性能并行计算面临的挑战主要来自三个方面：一是复杂性方面的挑战；二是制造工艺方面的挑战；三是功耗和可靠性方面的挑战。未来，高性能计算将向高效能计算演化，具体可体现为并行算法、硬软件功耗、硬件重构及容错的优化以及降低系统运营成本、提高系统性能、可移植性和稳定性等，同时将深化对光计算和量子计算的探索。

总之，在应用中，以数据存储、计算、分析为核心的公共技术是物联网得以实现的基础，这些公共技术大都由来已久，有了属于自己的应用领域和产业体系，在物联网时代它们将拥有更加广阔的市场，但对技术也提出了更深层次的需求，对知识产权的渴求也更加强烈，以应用为目的的公共技术成为物联网商业生态系统不可或缺的主体。

3.3.2 行业中间件主体

物联网的版图正在不断扩大，如图 3－24 所示，它未来的应用能力几乎可以覆盖农业、工业和服务业，成为我们生活和工作不可或缺的一部分，甚至可以撬动整个生活和生产模式的改变。但是除了技术方面的原因，不同的行业也都有专属的个性发展需求，这就要求物联网应用技术在关注共性技术的同时，也要强调个性化行业应用软件的开发，中间件的研发尤其不可漠视。

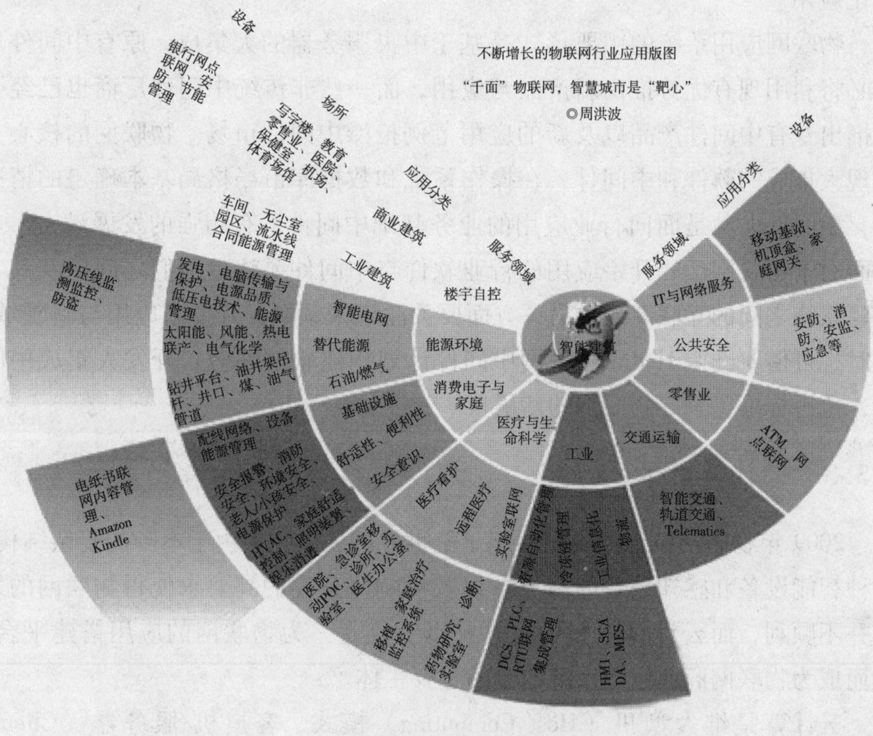

图 3－24 物联网的应用版图

资料来源：周洪波《物联网技术、应用、标准和商业模式》

中间件与操作系统和数据库并列作为三足鼎立的"基础软件"的理念经过多年的探讨已经被国内业界和政府主管部门所认可，如果说支持应用的各类软件是物联网的关键和灵魂，那么中间件就是这个灵魂的核心。中间件程序的接口可以定义相对稳定的高层应用环境，即无论底层的计算机软件及硬件如何更新，只要更新升级中间件，同时保持中间件对外接口的定义不变，则应用软件基本不用做任何的修改，从而可以保护用户应用软件开发和维护的重大投资。从应用的角度看，中间件已经成为很多标准化工作的主要组成部分，比操作系统和网络服务更加重要。

物联网中间件可以存在于感知层、网络层的嵌入式设备中，也可以位于应用层的集成服务器端。一般来讲，嵌入式中间件支持不同通信协议下的模块及运行环境；服务器端中间件又称为业务基础中间件，是将图形化组件以及设备链接等加入到应用服务器构件中。中间件固化了很多通用的功能，在具体的应用中可以通过快速开发工具进行“二次开发”来实现个性化应用。

物联网应用系统的主要形式是基于中央服务器的大集成，原有中间件厂商必将利用现有优势推出新产品与应用，而一些非传统中间件厂商也已经开始推出专有中间件产品以及新的应用范例抢滩中间件市场。物联网的核心是实现大集成的软件和中间件，在操作系统和数据库市场格局基本确定的情况下，中间件尤其是面向行业应用的业务基础中间件，有超强的发展潜力。一方面对于物联网已经开始应用的行业软件与中间件要注重他们之间以及其与新建系统之间的互联互通；另一方面要关注未来领域，开发新应用与新领域；同时，可借鉴欧盟 Hydra 物联网中间件计划构建软件联盟，开发大集成中间件，抢占标准，争夺物联网的话语权。

3.3.3 云计算主体

2009 年物联网概念的提出引起了全世界的关注，但由于本身的复杂结构、各种智能设备和感知设备的高成本以及对响应速度的高要求使得物联网的发展并不顺利，而云计算正好可以弥补以上不足，为物联网的应用搭建平台，从而成为物联网商业生态系统构建的重要主体。

云计算是继大型机（Host Computing）模式、客户机/服务器（Client/Server）模式和浏览器/服务器（Browser/Server）模式之后的新型计算模式，由“云”与“端”构成，其中“云”代表了服务器，对硬件效能比要求很高，而“端”则更强调移动、便携的功能。云计算是移动互联网与物联网的典型计算模式。图 3－25 为架构转变。

世界各国都在把云计算作为未来重点发展领域：美国是云计算技术和市场的领先者，IBM、谷歌、微软等企业掌控了云计算发展的主导权，美国政府和军方也积极推动云计算的应用，国防部、能源部、国家宇航局等部门都开展了云计算项目，并对云计算法律、安全等问题进行探讨，同时积极推动云计算标准制定工作；英国将云计算在政府信息化建设中的应用作为发展重点；日本在《i－Japan 战略 2015》和《数字日本创新计划》等战略中强调了发展云计算，并提出了“霞关云”和“自治体云”的中央与地方云计算构建方案；韩国在 2009 年 12 月发布了《“云计算活性化”综合规划》，提出了云计

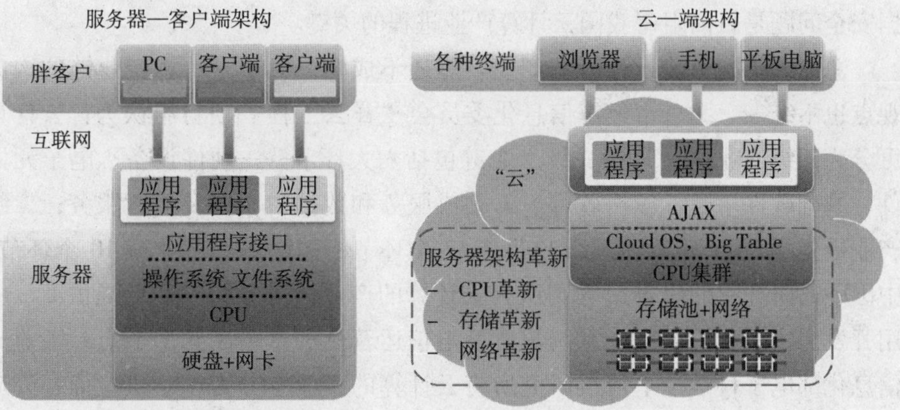

图 3－25 服务器—客户端架构向云端架构转变

资料来源：《北京市软件和信息服务业"十二五"发展规划》

算发展目标。

我国亦积极为云计算发展布局，总体来讲我国的云计算发展规划可分为三个阶段：准备阶段（2007—2010 年）、起飞阶段（2010—2015 年）和成熟阶段（2015 年起），如图 3－26 所示。目前，我国已处于起飞阶段，进入云计算产业发展的"黄金机遇期"，越来越多的厂商介入到物联网和云计算领域，用户的认可程度也在不断地提高，呈现出公有云、私有云、混合云齐头并进的局面。云计算模式成为 IT 产业变革与发展的重要趋势，标准问题和数

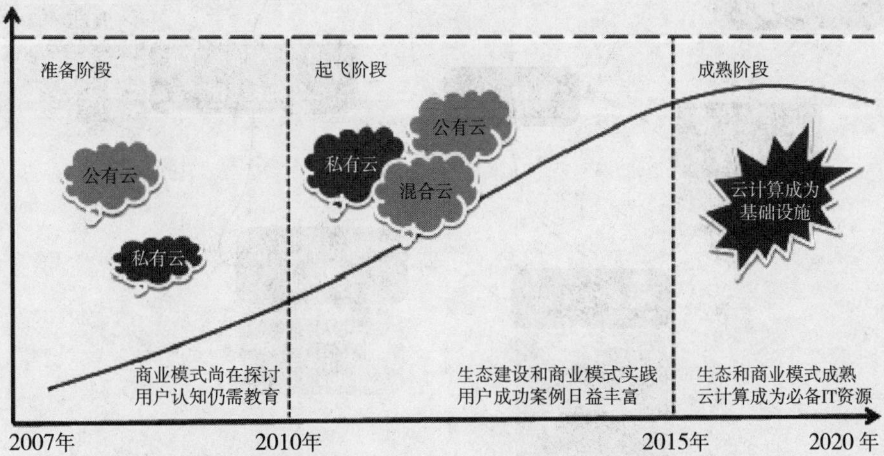

图 3－26 中国云计算产业发展阶段

资料来源：赛地顾问《中国云计算产业发展白皮书》

据安全问题是目前阻碍我国云计算产业进程的关键。

总体来讲，目前云计算的产业发展还不成熟，对于云计算产业链的构成观点也不统一。北京市经济信息化委员会“祥云工程”项目组认为：云计算可分为四级产业链，其中一级产业链包括六大环节——硬件设备、电子元器件、基础软件平台、应用软件、云集成服务和数据中心以及运营服务；二级产业链包括 28 个环节；三级产业链 57 个环节；关键四级产业链 10 个环节。中国联通研究院的房秉毅等则认为云计算的产业链可分为：平台提供商、应用开发商、服务提供商、系统集成商电信运营商和试验床几个节点；工业与信息化部电子科学技术情报研究所将云计算的产业链分为设备供应商、管道提供商、软件提供商、服务提供商、平台提供商、咨询及解决方案提供商以及基础设施服务提供商七大环节，如图 3－27 所示；还有人根据云计算的三种服务模式将云计算产业链分为 IT 基础设施、云基础架构（IaaS）、云平台（PaaS）、云软件（SaaS）四个层次。

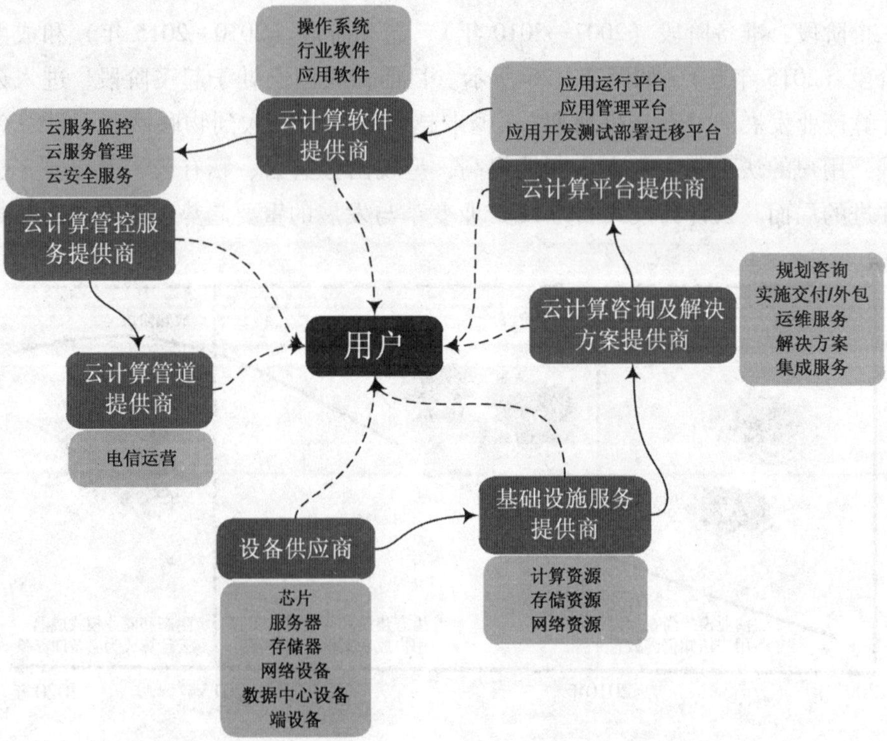

图 3－27　云计算产业链

目前，虽然云计算在核心技术、应用实践、资源整合能力以及法律制度完善等方面还存在一定的发展瓶颈，但作为新一代产业浪潮的重要驱动力，其对经济社会发展，对物联网产业的推动都会产生深远的影响。IDC 预测十二五末中国云计算将产生 1.1 万亿的市场。从 ASP 开始，很多企业就已经开始使用云模式，随着物联网的发展，对云计算的需求更加强烈。未来云计算产业的发展除了在互联网领域和企业应用领域的加强以外，重点领域还是要和物联网相结合，携手走向信息技术及产业的第三次革命高潮。

3.4 物联网用户主体需求分析

用户需求是任何一个商业系统能够正常运转的源头，没有用户、没有需求则所有产品的开发都变得没有意义。物联网将人与人之间的联系扩展到物与物之间，可以说是覆盖了世间万物。但要进行全覆盖式的产品开发显然是不符合实际的。在物联网发展的初期，选取最被大众所需要的应用进行开发，由点入面逐步展开，才能更深入地融入社会发展之中。根据技术和产业发展的现状，物联网的用户总体上可以分为政府用户、企业用户和个人用户三大主体。

3.4.1 政府用户需求

随着全球信息化的飞速发展，信息技术已经对政府管理进行了全方位的渗透与改造。电子政务已经成为政府管理的有效工具与手段，不断地丰富着服务型政府的内涵。物联网时代，电子政务建设将向智慧政府方面发展，政府在城市管理、公共服务与机关事务运行管理方面都会对物联网建设与应用产生需求。

在城市管理方面，通过深入开发和应用空间信息资源，可建设服务于城市规划、建设与管理的智能交通系统、智能电网、智能安防系统等。同时，通过将分散、独立的数据与图像采集点联网可以实现对城市安全的统一监控、存储与管理：智能交通系统是通过将信息技术、通信技术广泛应用于基础设施和交通工具之中来提高交通系统的效能和安全性，同时降低能源消耗，具体包括车辆运行管理系统、动态路径指引系统、安全驾驶辅助系统、高速公路电子收费、环境保护系统等；智能电网可以实现电网运行的可靠性和安全性，对于保障能源安全、应对气候变化、提高能源效率、改善能源结构、提高服务水平都具有重要作用；智能安防是对城市安全统一监控的形式之一，比如在上海世博会得到应用的“电子围栏”等。总之，物联网将GIS、GPS、RS等相结合，在城市管理方面有着很广泛的应用需求。

在公共服务方面，物联网可以实现对环境的监测，能够在农业、医疗卫生、公共安全和文物保护等方面产生积极的影响：比如在农业发展中物联网可以实现对农作物生长环境的监测与控制，能够对食品、药品、农副产品进行追溯管理，可以监控土壤成分、肥料和水分变化情况从而实现对食品加工全部环节的跟踪与管理；在医疗卫生方面，可以自动实现医疗电子档案的实时监控，可以实现药品、血浆等的采集与控制，也可以对公共卫生突发事件进行管理；在公共安全方面，物联网可以实现对矿山开采、建筑工地、火警水灾等现场的信息采集、分析与处理，可以通过检测环境的不稳定性及时发出必要的预警，可以对可燃物排放、疾病预防控制等的全过程进行检测与控制；同时，可以对文物古迹实现监管与保护。

机关事务运行系统包含信息流、资金流、物流、人力资本管理等各个方面，涉及部门广、人员多，由于信息的严重不对称而造成了运行系统的不顺畅，物联网可以通过实行智慧的岗位匹配系统、办公资源管理系统、公务用车管理系统和智能办公系统将财务信息、物流信息、用人信息等整合归一从而实现智慧的机关事务运行系统：比如，基层用人单位存在“为人设岗”、一岗多人、岗位虚设的人员冗余现象，造成人浮于事，效率低下，严重阻碍了节约型政府的构建。利用物联网技术，可以给每位办公人员以唯一的标识，而其个人信息库中会对其岗位职责进行明确的说明，信息分析平台会显示出其每天的工作场所及工作时间内的行踪，一方面有利于业绩的统计；另一方面可以明确用人数量和用人信息，促进“人”、岗匹配，杜绝随意设岗现象发生；同时，随着数字办公系统的完善，每位员工的工作业绩和效率也可以通过BI系统进行统计和分析，以辅助决策岗位设置和用人数量。同理，应用物联网技术可以实时监控每个办公人员随时的办公状态及职务花费，可以随时统计办公用品的采购及报废状况、公务用车的调度状态，并清晰地显示出执行人，使机关事务运行的“黑箱”运行完全透明化，有助于行政问责制的实施。

3.4.2 企业用户需求

物联网“感知、传输、智能、控制”的特性使得企业用户与政府用户在物品管理、人员监控等方面产生类似的需求，但企业不同于政府的公共属性，也使得物联网在企业应用方面有着独特的用户需求。一方面，由于企业所属的行业不同可能会对物联网应用产生个性化的需求，比如第一产业、第二产业与第三产业的企业会由于产业特性而出现对物联网与工业、农业及服务业相结合的不同需求；另一方面，物联网是互联网的延伸与发展，在互联网时代主流的企业应用软件比如 ERP、CRM 等在物联网时代将向物品管理延伸，从而可能出现具有物联网特色的行业应用软件，比如设备关系管理软件 DRM 等。具体来讲，企业已经或可能在产品智能追溯、物流可视化管理、智慧供应链的打造及模式创新等方面产生物联网应用需求。

在产品追溯方面，利用物联网技术可以建立完整、准确的产品供应链信息。物体的唯一标识和数据记录可以贯穿产品的生产阶段、加工阶段、运输和仓储阶段以及销售阶段，当产品出现问题时，可利用电子标签进行全过程追溯，从而帮助企业确定出现问题的环节和问题，同时可以有效识别假冒产品。无论在医药领域、农业领域还是制造领域，产品的追溯体系都可以发挥货物的追踪、识别、查询等功能，在企业产品质量管理方面有很大的应用需求。

物联网是基于 GPS 的卫星导航定位技术、RFID 技术及多种信息技术的集合，在物流的过程中可以实现产品定位、车辆定位，实现在线调度及配送的可视化管理。目前，虽然有些物流公司已经建立了初级的 GPS 智能物流管理系统，有些企业也通过建立食品冷链的车辆定位与温度实时监控系统初步实现了物流作业的初步化，但全网络化、智能化的可视管理系统还没有，随着物联网应用的深入，对于物流过程可视化可控化的需求将更加明确，也将进一步促进公共信息平台与物联网的结合。

随着市场竞争的日益激烈，出现了大量个性化的需求订单，如何使供应链更加智慧以及做出准确的客户需求预测成为企业管理的现实问题。IBM“智慧地球”方案的重要组成部分就是智慧供应链的打造。除了产品的可追溯和可视化管理，智慧的供应链还应该能够通过对物流作业的智能控制来实现自动化的操作，比如机器人码垛与装卸、自动化分拣、出入库自动完成等，实现了物流中心与 ERP 的无缝对接，使得物流、商流、信息流、资金流等得以全面协同。同时，随着物联网的不断发展，物联网将与电子商务、互联网进一步的结合，相信会涌现更多的创新应用模式，成为企业创新的重要工具。

总之，物与物的互通互联，将使企业物流系统、生产系统、采购系统及销售系统的互联互通成为可能，物联网将全面融入企业的经营管理之中，企业对于物联网的应用需求将不断扩大，智慧企业成为企业发展的大势所趋。同时，物联网应用需求的增加也会驱使更多企业投入到物联网建设中来，从而推动物联网的进一步发展。

3.4.3　个人用户需求

除了在城市治理与企业管理中具有广泛的应用需求，物联网还可以从衣、食、住、行各个方面全面提升人们的生活质量，再加上移动终端的快速增长，个人用户将成为物联网应用的重要群体。个人用户的需求主要体现在智能家居、智能医疗以及移动化生活等方面。

智能家居是将各种家庭设备（比如照明设备、音频视频设备、安防系统、窗帘控制系统、空调控制系统、数字影院系统等）作为感知控件与网络系统及计算机应用系统相连接以实现对家庭设备的远程操控的物联网典型应用之一。相对于普通家居，智能家居可以将被动静止的家居结构转变为动态的智慧工具，不仅能更有效地实现家居的安全防卫，更能提供舒适宜人、高品位的生活空间，是物联网发展的重要需求领域。

除了物体，“人体”本身也成为物联网感知与连接的对象。智能医疗就是通过在人身上安装不同的传感器，对人的健康进行自测与监控，从而能够更有效地保障人类的身体健康，如图 3－28 所示。

图 3－28　智能医疗图示

2006—2010 年，全球终端出货量持续增长，2010 年仅中国的移动智能终端就达到3000多万，且增长势头强劲。可以预见，移动化生活将成为物联网时代的人类新型生活模式，以手机为代表的移动通信工具将成为人们工作、学习及娱乐的信息中心。比如手机中的智能卡可进行身份识别与电子交付，那么购物、旅游、看病以及各种消费行为都将瞬间完成，可以省却烦琐的中间环节，而定位功能更是可以传递移动终端持有者的精确位置。移动终端的不断增长及中国本身的人口优势将使得个人用户对物联网的应用需求持续增长。

总之，物联网就像一张无疆之网，可以涉及政府、企业以及个人应用的各个方面，产生广泛的应用需求，如何进一步挖掘需求并开发出迎合用户需求的产品是物联网企业当前主要关注的问题。

3.5 物联网商业主体特性分析

物联网商业生态系统包括很多的相关主体，这些主体相互作用、相互协调、相互影响，共同实现了物联网商业生态系统的演化进化过程。对这些主体的特性进行分析，有助于对物联网进行系统化、整体化的把握与认识。

3.5.1 聚集分析

在复杂适应系统中，聚集有两个含义：第一个含义中，聚集是简化复杂系统的一种标准方法，较小的、较低层次的主体在一定条件下可以通过聚集形成较大的、较高层次的主体，主体不是简单的合并，而是可以通过重新组合表现出新的特性；第二个含义中，聚集指主体能够通过“黏合”形成更高一级的介主体，介主体还可以进一步“黏合”形成介介主体，以此类推，构成典型的层次结构。

如图3－29所示，如果将企业作为商业主体的最基本单元，则基本的企业主体通过聚集形成条形码介主体、RFID介主体、传感器介主体和微电子介主体，介主体继续聚集形成感知层介介主体。同理，企业主体可以分别聚集成为网络层介介主体和应用层介介主体，然后进一步聚集直至形成物联网商业主体的层次结构模型。各个主体的生存都要受到环境的限制，环境包括政策、制度等客观存在的生存环境，同时，每个主体的存在也共同构成了其他主体的生存环境。各个主体相互影响、相互作用，在聚集的过程中产

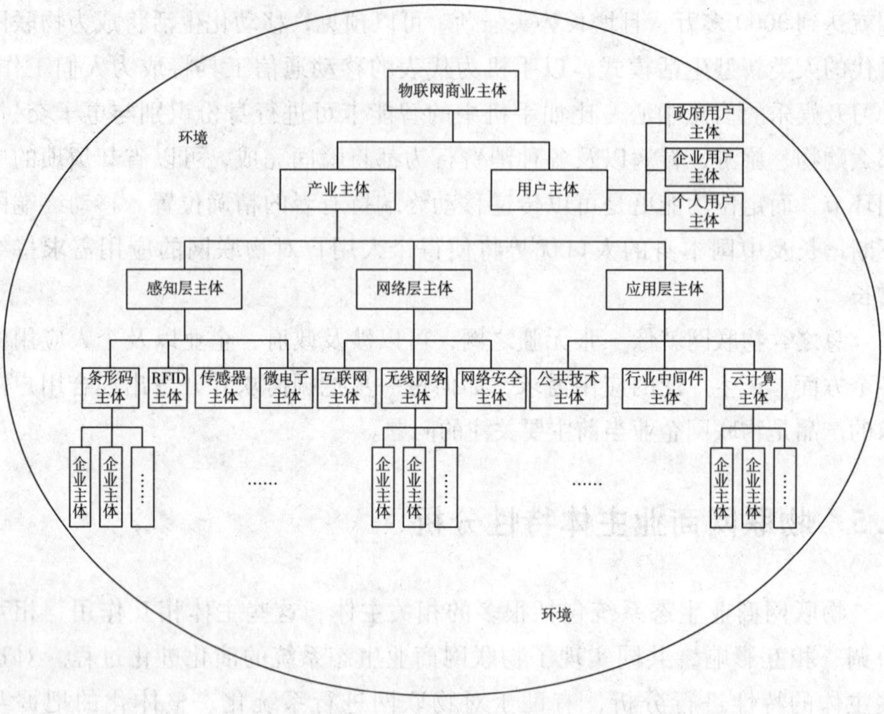

图 3－29 物联网商业主体的聚集

生系统整体功能的涌现，形成自组织，构成了物联网商业生态系统的演化过程。

3.5.2 非线性分析

在物联网商业系统的运转过程中，感知层、应用层与用户之间的信息传递和价值转移都通过网络层得以实现，网络层覆盖全部主体，同时在现实中无所不在的网络也是大势所趋，网络的存在并不会因为感知层或应用层的多少而改变，也不会因为单一用户数的增减而增减，网络层是其他主体信息和价值交换的平台与中介，任何其他主体对网络层主体的吸引度都是百分百的。简单起见，不考虑网络层主体，假设模型中有感知层主体、应用层主体和用户主体，感知层主体和应用层主体通过满足用户的需求来维持企业的运营，同时感知层主体与应用层主体聚集成产业主体与用户主体相互作用构成物联网商业系统的演化主体。

设 P 是感知层主体的比例，A 是应用层主体的比例 ，C 是用户主体的比例，S 是 P 与 A 之和，r 表示反应率，反映了不同主体吸引用户并使得自身得以扩张或缩减的各种因素集合；$Z(t)$ 和 $Y(t)$ 分别反映了 t 时刻感知层主体和应用层主体和用户的相互作用比例；$X(t)$ 表示产业主体与用户的相互作用之和。按照线性分析的思路，感知层与应用层的聚集应该可以找到一个统一的、适用的聚集反应率，但事实并非如此。

在产业层主体占 0.5 前提下考虑两种组合：第一种组合感知层主体占 0.4，应用层主体占 0.1；第二种组合感知层主体占 0.1 而应用层主体占 0.4。其中感知层主体与用户的反应率为 $r'=0.5$，应用层主体与用户的反应率为 0.1，设 $Z(t)$，$P(t)$，$X(t)$ 都为零，产业主体对用户主体的共同反应率为 r''。

根据 Lotka - Volterra 方程可得：

$Z(t+1) = Z(t) + rP(t)C(t)$

$Y(t+1) = Y(t) + r'A(t)C(t)$

$X(t+1) = X(t) + r''S(t)C(t)$

$r'' = X(t+1) / S(t)C(t)$，在以上两个组合中由于两个主体之和 $S(t)$ 相同，所以 r'' 很容易求出。

第一种组和通过计算可得：

$Z(t+1) = 0.5 \times 0.4 \times 0.5 = 0.1$

$Y(t+1) = 0.1 \times 0.1 \times 0.5 = 0.005$

$X(t+1) = Z(t+1) + Y(t+1) = 0.105$

$r'' = 0.105/(0.5 \times 0.5) = 0.42$

用相同的方法计算第二种组合，得到 $r'' = 0.045/0.25 = 0.18$

可见，这两种组合没有共同的反应系数，因此聚集反映是非线性的，不是各个子系统的简单叠加，对于非线性的研究远比求和或求平均的线性方法复杂得多。物联网商业系统主体间的相互作用与影响不是被动的单向的因果关系，而是复杂的主动的适应关系，各个主体都会根据自己的内部机制与外部环境主动调整自己的行为以适应发展的需要，而所有主体的主动行为构成了系统演化的过程。

3.5.3　流特性分析

从复杂适应系统的共性上看，在物联网商业系统中也存在着｛节点，连接者，资源｝的三元组合，节点就是各个主体，连接者是它们之间的相互作用，而每个主体也都拥有自己的资源，比如现金资源、人力资源、固定资产等。在整个物联网商业系统中存在着数据流、信息流、价值流和物流的各种流动，比如数据流从感知层到网络层再到应用层，信息流从应用层通过网络层到达用户，价值流从用户分别传达到其他主体等，如图 3－30 所示。

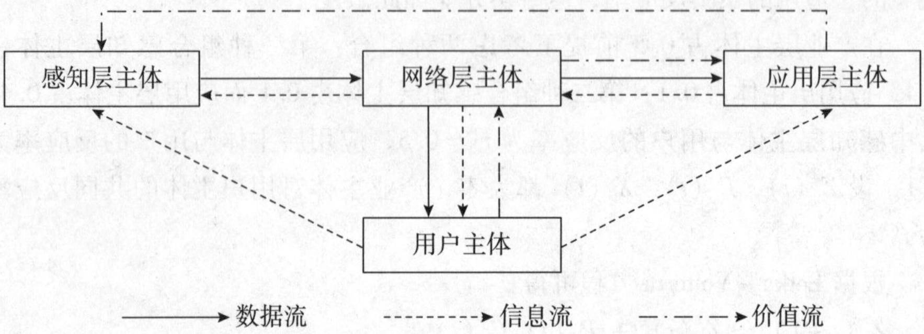

图 3－30　物联网商业系统中典型的流

在经济学上，流有两个非常著名的特性：一是乘数效应，二是再循环效应，在物联网中的流同样适用。比如从价值上看，若用户为使用产品支付 1 万元给网络主体，网络主体支付 0.8 万元给应用主体，应用主体支付 0.64 万元给感知层主体，则单这四个主体价值就是最初的 2.44 倍，何况每一个主体还会有进一步的价值传递，如果每传递一步均为原来的 0.8 倍，则乘数效应就将是原来的 5 倍。无论是感知层主体还是应用层主体，都是由众多的子主体组成的，价值流的传递无疑会对物流网的经济价值产生乘数效应；再从循环效应看，资金的循环价值毋庸置疑，从数据流看，用户本身也是数据来源的一部分，感知层主体将数据传给应用层主体，数据经过分析变为信息被用户所应用，同时这些信息的应用也会促使用户行为的改变从而改变输入数据，而由于应用领域的不同，相同的感知数据也会产生不同的信息价值。总之，在物联网中存在着乘数效应与再循环效应，这也使得各个主体演化的整体效果更加复杂。

3.5.4　多样性分析

无论是感知层主体、网络层主体还是应用层主体中的个体，任何单个的主体的存在都依赖于其他主体提供的环境，适者生存，如果不能适应环境就会被淘汰，同时随着系统的演化，缺失的生态位也会被新的个体所取代，同时，随着系统的进化，也可能促使新的生态位的产生，比如物联网比之互联网的进化就促进了感知层主体的深化。主体的适应过程是一种动态模式，这也就造成了多样性的产生。在物联网整个的商业系统中，由于形形色色的企业、个人的聚集行为引发的资源循环等现象比个体行为的总和要多得多。

总之，物联网产业主体主要包括由相关企业逐渐聚集而成的感知层主体、网络层主体和应用层主体，产业主体和用户主体共同构成了物联网商业系统。各个主体间的相互作用构成了物联网商业生态系统的演化过程。物联网商业系统具有复杂适应系统的四大特性，可以用复杂系统的研究方法进行实验与分析。

3.6 物联网商业主体的 MAS 模型构建

根据以上对于物联网商业主体的分析，借用复杂系统的研究方法，可建立如图 3－31 所示的物联网商业主体的 MAS 模型。其中，虚线圈中 Agent 表示他们的隶属关系，其他主体包括用户主体以及政府、学校、金融机构等辅助性主体；Agent 之间的箭头表示了他们之间的交互，两个 Agent 之间可能存在单向依赖、相互依赖（两个 Agent 为了共同的目标彼此依赖）或交互依赖（两个 Agent 不一定为了共同的目标而彼此依赖）的关系；阴影部分表示环

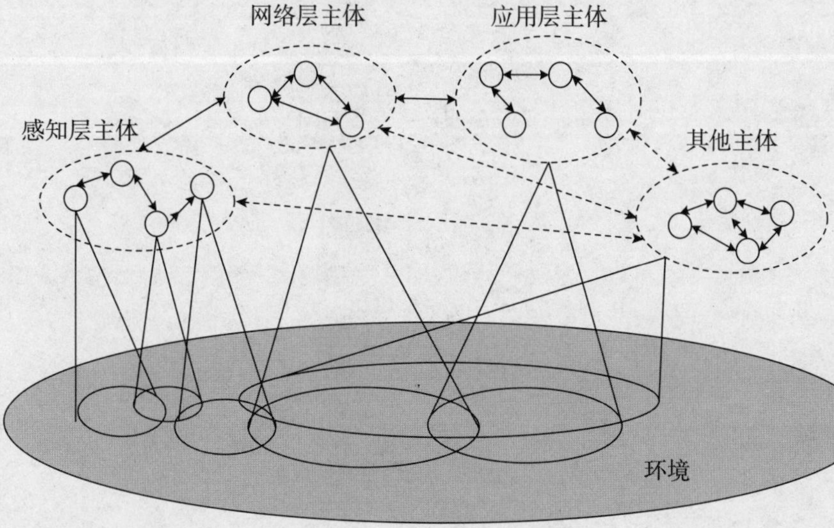

图 3－31 物联网 MAS 结构模型

境，不同的 Agent 在环境中有不同的作用范围，也成为其他 Agent 的环境组成部分，重叠的部分是依赖关系的体现。

在 MAS 中，Agent 代表某个企业或组织，组织关系和结构随着 Agent 之间的交互而不断演化，Agent 之间的合作、竞争、协调、协商和适应构成了系统演化的过程。

4 产业联动——物联网中微观商业模式分析

在微观层面，物联网的商业模式主要涉及企业战略；从中观层面，物联网的商业模式主要涉及产业链，在这两个层面，实际上都涉及 IT 资源的使用模式，而这正是云计算可以解决的。

正如在计算机流程图中用云状图来表示互联网一样，云计算是对复杂计算基础设施的抽象比喻，它并不单指某种具体的标准或技术，而是代表了一种计算模式，一种对 IT 资源的使用模式，是解决物联网商业应用模式的有效手段。美国国家标准技术研究所将云计算定义为是对可配置的共享的计算资源（如服务器、网络、存储、应用和服务）提供的方便的、随需的、无处不在的网络访问。对资源的释放和使用都可以快速进行从而不需要太多的管理代价。

本章将从微观和中观的层面，企业战略与产业链的视角，基于云计算对物联网商业模式进行分析，并通过 MAS 实验对物联网商业合作战略和生态产业链的构成与互动进行仿真分析。

4.1 物联网与云计算

物联网商业应用的障碍，主要源于以下三个方面的问题：第一，是成本问题。其实很多物联网的应用早已实现，比如比尔·盖茨的智能豪宅，但至今却难以大范围的推广，其根本原因就在于各种感知设备、网络连接和智能处理的价格不是大多数用户可以承担得起的，而只有大规模应用才能降低三大技术模块的应用成本，使得物联网应用真正普及。第二，是物联网系统本身的复杂性。虽然本质上物联网是互联网的延伸，但较之互联网，物联网的连接与应用却复杂的多，最简单的互联网应用只需一台服务器就能解决，但物联网至少涉及感知、传输和应用三个环节，而且对各类电子元器件（比如传感器）、无线传输和智能应用提出了更高的要求，这种复杂性也造成了物联网商业应用中的困难。第三，是“智慧”的实现。物联网之所以引起全世界的关注，关键在于其能够实现高智能的承诺，而作为“智慧”的应用，响应速度是非常重要的，但这不是单靠商家的技术就可以实现的，对用户对网络等都有较高的要求，这也是物联网商业应用的桎梏之一。

作为一种新兴的计算模式和应用模式，云计算正好可以解决以上物联网的商业应用模式问题。首先，云计算以“资源共享”为核心，可以通过规模效应降低物联网应用的成本，尤其是其利用“胖”服务器可以有效地降低数据智能分析的成本，使得物联网海量的数据处理成为可能；其次，云计算的中间件平台，可以促进数据共享、信息转换与智能分析，有效地串起物联网的三个组成部分，实现物联网应用的互联互通；最后，云计算不要求用户对“云”中的细节有所了解，也无须用户有任何专业知识，只要用户按照自己的需求按需访问即可，资源的准备与释放只需要极小的管理代价，是物联网商业模式的有力依托。

总体来讲，云计算对物联网有如下的促进作用：

第一，云计算利用其弹性伸缩和动态资源部署的特点，可以为用户动态地创建并提供高度虚拟化的资源，使得物联网的应用人群更加广泛。云计算可以从服务管理、资产管理、虚拟化、信息系统架构等方面提供突破性的服务交付方式，有效地应对不断提高的客户需求，这正是云计算区别于其他计算模式的特点。

第二，云计算实现了动态的基础架构，这给 IT 系统本身以及企业和社会都带来了更多的益处：对 IT 系统而言，动态架构可以降低运行成本，提高资源利用率，提升系统性能和服务质量；对企业和社会而言，动态架构可以对新变化作出更快速的响应，打破物理设备障碍，使得物联网产业更加容易推广。

第三，云计算从按需访问和集中管理两个层面促进了绿色节能，可以打造绿色物联网：云计算是个极为绿色的计算服务模式，将数据至于“云”端，用户可以按需访问，各取所需，节省硬件投资和管理费用，使得资源得到合理的利用，贯彻了绿色节能的理念；同时，云计算数据处理中心采用资源抽象和弹性快捷的服务，通过业务模式分析和基础设施的集中管理，可以使许多低使用率的设备得到优化和使用，不仅节省了开支，而且减少了电力损耗。

综上，云计算“资源共享”的核心理念，降低了物联网实现的成本，也为物联网提供了一种很好的商业模式，使物联网的技术有了发挥的舞台，也使整个物联网产业有了更好的发展前景。

4.2 云计算应用模式的启示

云计算作为物联网商业模式的典型代表，其自身的应用模式实际上就是物联网商业应用的基本类型和运作过程，可以为物联网商业模式构建带来启示，是物联网产业化的参考和基础。

按照云计算服务对象和部署方式划分，云计算可以分为公共云、私有云和混合云：公共云是为大众提供服务的“云”模式，云供应商为用户提供应用程序、软件运行环境以及物理基础设施等各种各样的 IT 资源，并负责资源的安装、管理、部署和维护，用户只需按照各自的需求选择所需要的 IT 资源并仅为使用的资源付费；私有云是指为不对公众开放，只为特定的商业企业或社团组织服务的“云”模式。私有云不仅可以提供 IT 基础设施，还可以支持应用程序和中间件服务，相较于传统的数据中心，云数据中心可以支持更加动态灵活的基础设施，使得各种 IT 资源得以整合和标准化，降低了 IT 框架的复杂度，同时可以提供策略驱动的服务管理，使得 IT 资源能够更容易满足变化的业务需求；混合云是公共云和私有云的结合，大众用户可以通过可控的方式部分私自拥有，部分与他人分享，而企业用户可以利用公共云的成本优势，将一些非关键的业务应用在公共云上。

总体来讲，云计算的服务类型分为 IAAS、PAAS、SAAS 三类，是物联网商业模式的雏形，如图 4－1 所示。IAAS 指 Infrastructure as a Service，即基础架构即服务，位于云计算三层服务的最底端，以服务的形式提供基于存储和服务器等硬件资源的按需变化和可高度扩展的 IT 能力，将 IT 基础设施像电和水一样以服务的形式提供给用户。IAAS 提供的是基本的计算和存储能力，需要借助服务器模板技术，将一定的服务器配置与操作系统和软件绑定，为用户提供定制功能；PAAS 指 Platform as a Service，即平台即服务，处在云计算三层服务的中间位置，也被称为“云计算操作系统”，它提供给终端用户从创建到运行的整个系统生命周期的各种工具和软硬件资源，比如数据库、应用运行环境、文件系统等，并按照用户或登录计费。同时，PAAS 又可细分为开发组件即服务以及软件平台即服务，前者为开发人员提供了一个开发的平台和 API 组件，后者提供了一个基于云计算的软件平台运行环境并提供中间件支持，可以让应用软件开发商或独立的开发人员按照负载情况动态运行资源；SAAS 指 Software as a Service，即软件即服务，位于云计算三层服务的顶端，是最常见的云计算服务，服务提供商直接面向最终消费者和各类企业用户提供软件应用并负责软硬件设施的管理和维护，并以免费（可从网络广告等项目中得到收入而对用户免费）或按需租用的方式获取收益。

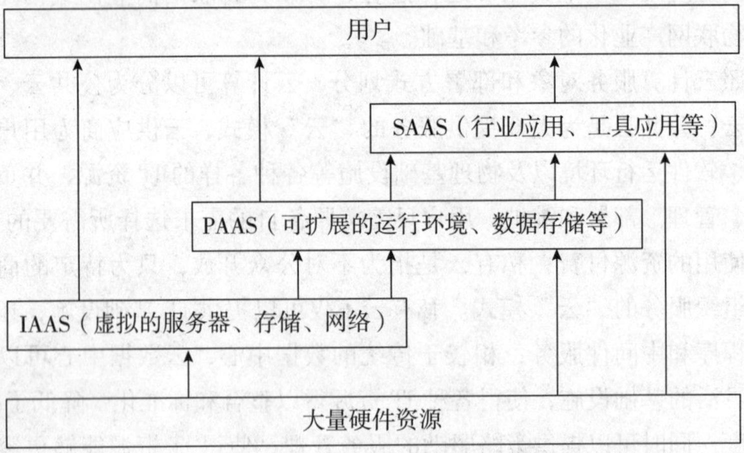

图 4－1　云计算服务模式

以上三种云计算的应用模式，都是物联网商业模式可以借鉴的，可以从基础设施、平台和软件的层面为个人、企业和社会提供服务，同时物联网还可以朝着 TAAS，即 Thing as a Service 的方向扩充和发展。总体而言，物联网商业模式构建从云计算的应用模式中可得到如下启示。

第一，建立以“租用”为核心的商业应用模式。从信息系统的发展和企业对信息服务的供需情况看，用户尤其是企业用户对物联网系统的应用可能存在以下几种方式：①购买固定的物联网系统：比如成型的智能家居系统，类似于企业购买现成的 MIS 系统，这种情况下需要的一次性投入较大，而后期系统的维护和升级对客户而言更存在一定风险；②利用外包或自主开发的形式购建自有的物联网系统：这种方式对软硬件资源都有一定的要求，需要用户有一定专业知识，且投入大、起点高；③租用：采用租用的模式，可以避免以上两种方式的缺点，同时可以减少成本，且更有效率地实现应用。三种应用方式的比较如表 4－1 所示，在物联网的发展中，可以以“租用”为核心，从而扩大物联网的应用范围，降低成本。

表 4-1　　物联网系统应用方式比较

方　式	优　点	缺　点	适合用户
购买固有系统	投入使用快，整个系统属于客户所有	一次性投入较大；不能满足用户的个性化需求；系统维护升级存在困难；有重复投资的风险	只有普通需求没有个性化需求的中型企业或个人用户，以及具有大型通用需求的政府用户（如智能环境测试系统等）
自建	完全实现用户所需功能；可以有个性化的应用；有独特的竞争力	投入大、起点高；用户需要有较高的经验；预算大、实现周期长、后期维护成本较高	适合于有极强保密需求的政府用户以及有实力的大型企业用户
租用	具有以上两种方式的所有优点且成本低，只需使用，无须任何专业背景	对服务提供商有高要求，需要成熟的平台和运营管理	中小企业、普通消费者以及地方政府部门，是大众可以接受的方式

第二，从用户对云计算的核心关注点看物联网商业模式的构建焦点。云计算是物联网商业模式构建的基础，云计算的使用者也是物联网的潜在用户群体。从用户的角度看，在我国，云计算的使用者和物联网一样，主要可分为政府、企业和个人三大主体，他们的主要关注点如图 4-2 所示。政府是物联网和云计算的重要应用主体，更是产业运营的监督者和推动者，对整个市场规则的形成有着重要的作用，政府的推动可以促进物联网和云计算的跨越式发展。政府目前最关注数据安全、标准制定和产业生态系统的打造等方面；企业作为物联网和云计算的核心主体之一，目前更加看重安全性、服务提供商的运营经验和成功案例，但随着物联网与云计算的不断发展、可选服务的增加，移植性、数据集成和迁移成本也会成为用户关注的核心；实际上，很多消费者在不知不觉当中已经开始使用物联网和云计算，比如 MSN、QQ、智能比价系统等，都与物联网和云计算相关。消费者在选购产品时往往货比三家，注重口碑并有从众心理，从而关注点也与前两者不同，更加注重口碑、用户数量和一致性体验，之后才会考虑可用性、隐私性和价格。这些潜在用户对云计算的关注点也是物联网商业模式

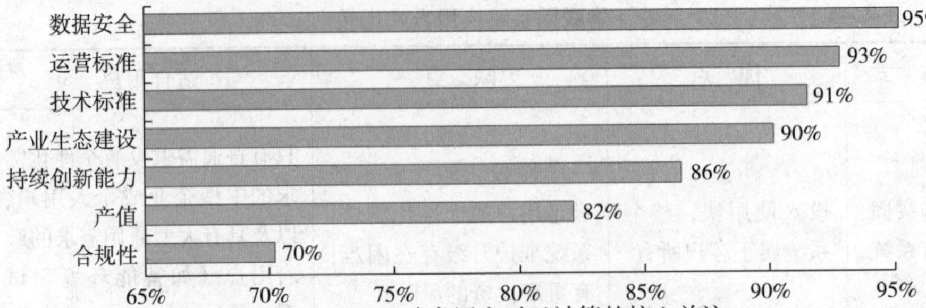

（a）政府用户对云计算的核心关注

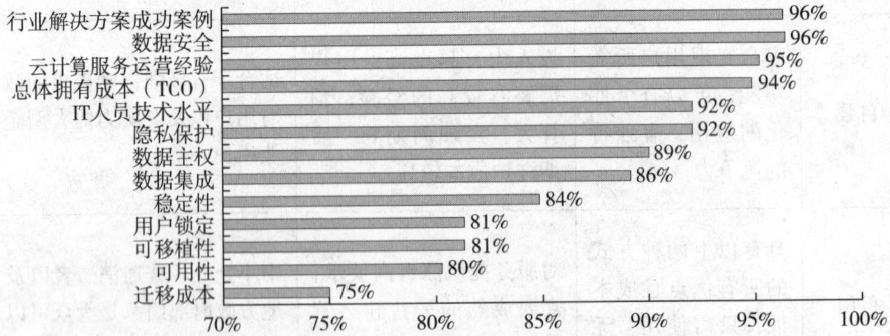

（b）企业用户对云计算的核心关注

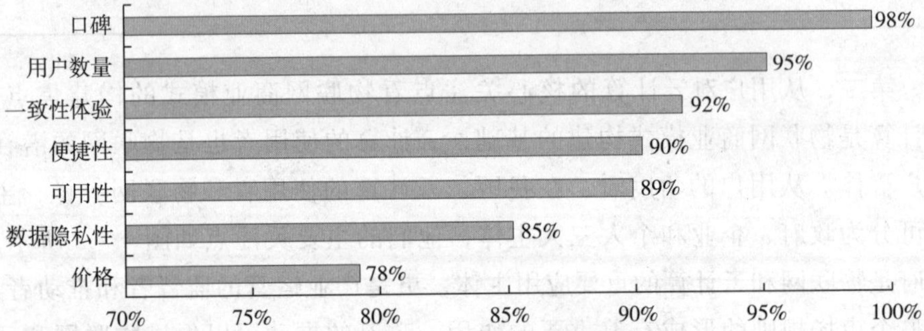

（c）消费者对云计算的核心关注

图 4－2　用户对云计算的核心关注点

资料来源：赛迪顾问《中国云计算产业发展白皮书》

构建应该关注的核心问题。

第三，物联网商业模式应该强调合作与开放。合作与开放是一切网络商业模式的主导思想，云计算包含其中，作为网络的一员，物联网更不会例外：一方面，物联网云的实施是多技术、多企业、多主体之间的合作，既然是多主体那肯定是合作与竞争并存，如何确定合作伙伴，如何引导多企业的合作都是物联网商业模式的构成因素之一；另一方面，租用也就意味着开放，数据的开放和应用的开放，还有思想的开放，没有开放型带来的创新激励机制，也不会有数字经济的今天。

第四，在商业模式构建中不仅要考虑产业链还应该考虑企业的角色和相互关系。在物联网的产业链划分中，大多以物联网技术为基础，而在商业模式的构建中除了技术还应该考虑不同企业的服务角色，按照物联网可执行的服务链来构建物联网商业生态链及商业生态系统，比如除了专注于技术的各个结点，还应该出现虽然以技术为背景但更加专注于服务的服务提供商或运营商等，更多地从商业的角度而不是从技术的角度来考虑物联网商业模式的构建。

4.3　物联网商业模式分析

从云计算应用模式和商业模式本身的含义分析，构建物联网商业模式一方面要从微观上考虑企业层面的合作等策略；另一方面，要从行业、产业层面考察整个物联网生态链的演变过程，构建合理的物联网商业生态链条；此外，要考虑整个物联网商业应用模式的运营与收费模式等。

4.3.1　物联网商业链构建

物联网技术上划分的感知层、网络层和应用层三个层面，分别对应于产业链中的末端设备或子系统、通信连接系统以及各种管理和应用系统。商业模式虽然和技术相关，但更多是从服务的角度加以划分，由于很多公共技术的存在，使得从技术上划分的产业结点不一定能满足服务的需要。为了能更好地满足用户的需求，结合物联网的产业链和信息产业服务链的划分，本文将物联网的商业链划分为数据服务供应商、内容服务供应商、网络服务供应商、应用服务供应商和用户五个结点，如图 4－3 所示。相比产业链更强调了服务功能，同时为了更好地实现云模式，还增加了应用服务商这一具有整合功能的商业角色。

用户是消费的主体，挖掘和满足客户需求是产业发展的目标。物联网产业的用户可以分为个人用户、企业用户和政府用户，用户可以在生产和生活的各个方面享受到物联网产业带来的服务。用户主体的需求分析在第三章中已阐述，在此不再赘述。

数据服务供应商专注于原始数据的采集，是物联网异构于互联网的重

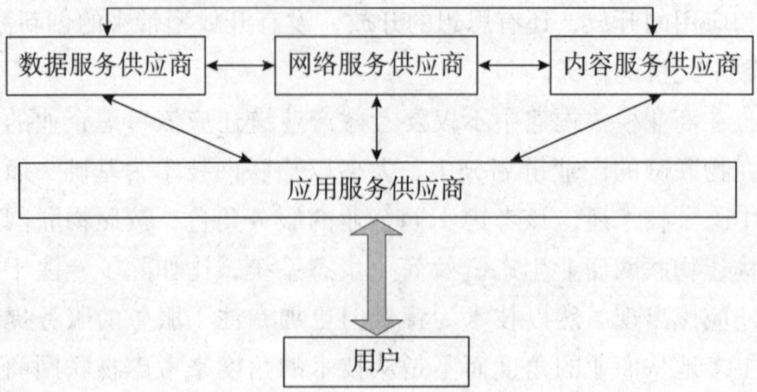

图 4－3　物联网商业链

要方面，主要对应于感知层主体，负责采集物理世界中发生的物理事件和数据，比如传感数据、RFID、二维码、多媒体信息采集等，关注数据的真实性、精确性和可靠性。物联网产业发展之前，数据供应大多来源于人类的输入，一方面由于人的局限性，输入数量和质量很难得到确切的保证；另一方面由于物的被动性，对于人类难以感知的各种资源数据（比如空气、水、各种动态信息等）很难直接得到。随着物联网技术的发展，任何物体在任何时间的信息都可被直接“装”入信息库，避免了人为输入的误差，也必将带来信息数量的井喷，同时大幅度拉动信息需求。“物”的“智慧”通过数据体现，数据是一切应用的基础，也是物联网的产业基础，数据供应商也将作为信息产业一个新成员加入到物联网的商业链条中来。

网络包括有线网络和无线网络，是整个网络经济的载体，同样也是物联网产业发展的载体。网络服务供应商就像一条线，串起了物联网商业链条的各个环节。虽然有很多种方法可以制作多功能的传感器和客户终端，但最经济、最具操作性和代表性的智能传感器和个人客户终端非手机莫属。在我国由于电信运营商掌控着手机这一重要的个人用户终端，使得在个人用户市场上，中国移动、中国联通和中国电信共同构成了网络服务供应商环节寡头垄断的商业格局。随着物联网产业的发展，各种专门网络、专业应用和新产品的出现也有可能诱发新的网络服务供应商的出现。

内容服务供应商是指对数据供应商提供的原始数据进行加工制造的企业集群，是物联网商业链的核心。内容供应商专注于客户需求的分析，根据各种客户需求设计、制造出不同的信息产品，是互联网产业中的 ICP 的延伸。

相对于偏重硬件设计的数据供应商而言，内容供应商更关注软件的开发。传统的ICP主要划分为咨讯类ICP（比如各类门户网站和虚拟社区）和电子商务类ICP（比如各类销售和交易平台），在物联网时代，内容供应的范围将极度扩大和扩散，逐步渗入到人类生活的各个方面，为内容供应商提供了很大的发展空间。一方面，内容供应商可以延伸传统的内容提供，更快更准确地为公众提供咨询和交易信息，比如精确的环境监测信息和现在Apple尝试提供的超市比价系统等；另一方面将会出现很多新兴的智能服务领域，比如各种控制系统和智能应用系统等。

应用服务供应商可以看成随着物联网的发展而逐渐形成的专业化分类应用服务平台。它将传统ASP提供的面向企业的平台租赁业务延伸到个人用户，为所有用户提供了一个个性化的信息服务平台。比如个人用户希望将现有的家改装成智能型的家，可以租用应用服务供应商整合的硬件和软件平台实现智能升级；比如企业用户希望定制工作人员上班时间足迹监察业务等。应用服务供应商直接面向用户，以用户需求为导向，不专注于技术开发，而专注于技术和供应商筛选，以应用平台为建设目标，是各种供应和需求信息的融汇平台，是技术和市场的交流平台。

4.3.2 物联网运营模式分析

商业模式是价值网络构建的过程，在整个物联网商业链的运行过程中，涉及各个相关企业的赢利模式、业务拓展模式和其他模式等。

1. 赢利模式

商业模式是技术和产业的桥梁，赢利是所有商业模式的目的，赢利模式也是物联网商业模式中最重要的环节。从总体上看，物联网商业模式可采用“租用”为主，自建为辅的赢利模式，即有特定需求的物联网系统可自建；而对大众和中小企业的推广以“租用”为主，即采用以云计算为基础的商业模式，构建物联网云。具体来讲，可以应用服务供应商为主体构建物联网运行平台，向客户提供智能服务的使用权。客户不需要购买物联网系统，只需根据自己的需要自由选择物联网业务即可，而且可以随时更新、关闭、开通相关的功能，这有助于物联网的大规模应用，迅速扩大市场。对产品内容的选择以及和产品配套的相关服务水平也会成为各个应用服务提供商竞争的焦点。本质上，应用服务供应商是在提供一种云服务，主要由云平台提供商组成。目前来看，系统化、规模化的云计算平台主要包括微软、IBM、惠普、google

等，这些大公司都有很强的云服务实力，也都有较成型的产品，拥有独自开发大规模物联网应用的实力，但是物联网的普及还需要更多的面向中小企业和个人消费者的应用服务供应商的出现。

2. 业务拓展模式

随着一个行业的发展，总会出现一些行业引领者，物联网应该也不会例外。随着物联网的发展，总会出现一些行业领先者或引领者，这与一个企业所提供的业务有很大的相关性。诚然，作为一个平台支撑者，应用服务供应商可以以技术和服务赢得市场，但物联网的普及除了平台还有一个关键因素，就是业务内容，这就为数据服务提供商、网络服务提供商和内容提供商提供了广阔的发展空间，而平台辐射战略是业务扩展不容忽视的有效手段。

利用平台对业务进行辐射，是有章可循的客观规律：比如以通信软件起家的腾讯公司，在 QQ 深入人心后，利用 QQ 成功地使腾讯网站进入十大门户网站之列，同时也衍生出许多新的产品；而阿里巴巴也是在电子商务领域成功之后，衍生出了阿里旺旺。成功的平台应用都有一个共同的特点，就是将一个已经存在的具体应用作为平台，利用其承载性与辐射性，以平台带应用，达到倍增效应。到目前为止，对于平台应用的案例很多，但是理论化的叙述很难找到。项有建在《冲出数字化》一书中定义了平台以及相关理论，他认为如果一个具体的应用具有承载性和辐射性，就可以定义为平台，平台的承载性指的是可以在其上建立其他应用，辐射性指能够使建立在其上的应用达到效用倍增的效果。同时他也强调了平台辐射是促进应用的外因，应用适应需求才是内因，在满足内因前提下应用平台辐射原理是迈向成功的捷径，反之则多以失败告终，比如微软的“购物返还计划”。

在明确市场需求的前提下，运用平台辐射原理开展物联网应用，是实现物联网大发展的有效商业模式。网络经济是数量经济，数量越大，成本越低，随处安装传感器显然不适合，在关键部位安装多功能传感器是有效手段，其中最值得关注的是手机平台。事实上，具有先天优势的、掌握着大量手机用户的网络运营商已经开始以手机为依托，构建应用平台，搭建物联网产业链。而中国电信、中国移动和中国联通三大运营商也已经在物联网局部应用中有了成熟的产品，为平台辐射打下基础。

3. 其他模式

除了赢利模式和业务拓展模式，物联网商业模式还包括企业之间的合作与竞争模式及商业链的互动模式等。物联网企业之间的合作与竞争和其他行业相比并没有本质上的区别，合作模式的基础还是价值网络的构建，合作的前提依然是利益的合理分配，合作模式还是以生态链的构建为目标，这些内容将在下文的实验中进行分析。

4.4　基于 MAS 的物联网合作策略实验

企业是构成物联网商业生态系统的基本主体，物联网企业之间的互动从微观、基础的方面影响着物联网行业以及整个产业的发展。合作与竞争是众多企业策略中最能反应企业间互动的策略，也是物联网商业链条顺利运行的关键所在。在此，将物联网的每一个企业都作为一个智能体来考虑，通过面向对象的思想，借用 Java 平台，以集智俱乐部的开源代码为基础，测试众多物联网企业之间的合作与竞争策略。

4.4.1　实验假设

在真实的世界中，影响企业合作与竞争的因素很多，但利益是最主要的影响因素，另外，企业寻求合作的路径也是多向的。为了实验的进行，在实验中做出如下假设：假设整个物联网产业空间都是由一个个物联网企业组成的，他们分布在一个二维的平面上，平面由一个个方格组成，每个方格代表一个企业（蓝色或红色），并可以在空间中朝着东、南、西、北四个方向随机地游走；每个方格只能被一个企业所占据，如果一个方格已经被一个企业所占据，则其他企业不可再介入；当两个企业相遇的时候，他们会进行囚徒困境博弈并获得相应的资源，同时每次循环中，每个企业都会观察四周的企业，四周哪个企业在当次循环中收益最多，则在下次循环中将它的策略拷贝过来。

具体来讲包括以下三个具体假设：

假设 1：每一个物联网企业都是一个智能体，拥有自己的属性与方法；

假设 2：物联网企业之间遵从“囚徒困境博弈”规则，每个企业只有两个策略可选，即合作与不合作，当两个企业相遇的时候会进行策略选择如表 4－2 所示。

表 4－2　　　　　　　　囚徒困境博弈

（企业1，企业2）	合　作	不合作
合作	（1，1）	（0，m）
不合作	（m，0）	（0，0）

假设3：物联网企业会根据周围企业的获利情况进行学习与策略模仿。

假设中涉及的具体规则如下：

（1）属性具有的属性与方法：①企业标识：用于区别不同的企业；②在当前二维空间中的位置：用横纵坐标表示；③企业资源：企业通过博弈获得的资源，可以理解为金钱或者其他资源，有助于企业的成长；④企业移动的方向与朝向：在二维空间中每个方格都有四个邻居，则可以向着上、下、左、右四个方向随机的游走；⑤企业拥有的策略属性：在此只有两个策略，即合作或者不合作，则企业角色按策略可分为合作者和背叛者。

（2）博弈规则：每个企业都跟它的邻居进行囚徒困境博弈，如表4－2中的矩阵所示：当两个企业都采取不合作策略时，都不收益；当一个企业合作而另一个企业不合作时，合作者收益为零而背叛者收益为 m（$m>1$）；当两者都采取合作策略时，各自得到1单位的收益。

（3）学习规则：在每次循环中，每个企业都以拷贝策略的方式来向四周收益最多的企业学习。比如四周企业中收益最多的企业采取了合作策略，则在下次循环中，这个企业也采取合作策略；反之，四周收益最多的企业是背叛者，则在下次循环中，这个企业也将采取不合作策略。

4.4.2　实验过程设计

如图4－4所示，首先创建智能体，然后每个智能体随机选择一个方向作为移动目标，如果所选择方向是空格，则再看看是否有其他企业指向这个空格，如果有则原地不动，没有则移动过去；如果选择的方向不是空格，则进行囚徒博弈，并获取资源，然后看看周围企业在本次循环中是否有比其获取资源更多的，如果有则进行策略学习更改自己的策略，如果没有则不更改。做完以上所有步骤，则进入下一步游走。

通过实验希望测试出不同的利益吸引对合作策略的影响以及合作比例对整个产业发展的影响。

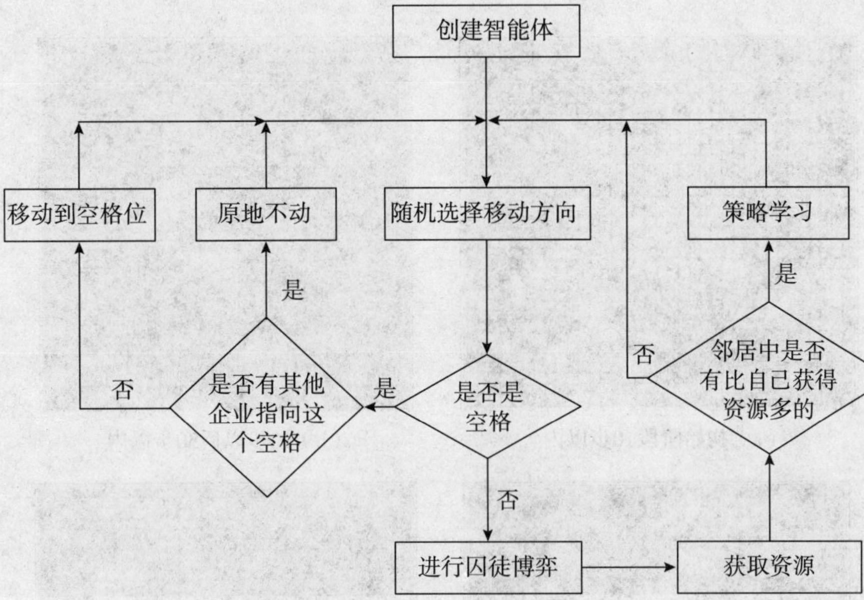

图 4-4 企业策略仿真实验流程设计

4.4.3 实验测试与结论分析

在以下实验中，蓝色代表选择合作策略的企业，红色代表选择不合作也就是背叛策略的企业。

1. *m* 值测试

即测试不同的利益驱使对企业策略的影响：实验中设现存企业已经占据了产业空间的 80%，初始合作者与不合作者比例相同，当 m 分别为 1.1、1.2、1.3、1.4、1.5 时的实验结果如下。

从图 4-5 和图 4-6 可以看出如下现象：①当 $m=1.1$ 时，随着循环次数的增多，选择合作策略的企业经过短暂的降低后逐渐增多，选择不合作策略的企业经过短暂的上升后逐渐减少，开始走势比较明显，到 10 次循环后，两者出现逆转，合作企业以平缓的趋势增多，而不合作企业以平缓的趋势减少；②随着 m 值的增大，不合作将会获得更高的报酬，当 $m=1.2$ 和 $m=1.3$ 时，策略走势的变化不大，选择合作策略的企业占据主流，但当 $m=1.4$ 时，合作与不合作的企业开始出现交换增减的趋势，不再有明显稳定的趋势存在，而当 $m=1.5$ 时，走势不再纠结，而是与 $m=1.3$ 以前相反，不合作企业出现稳定走势，随着 m 的增大，选择不合作的企业会更多，并最终单一成为不合作

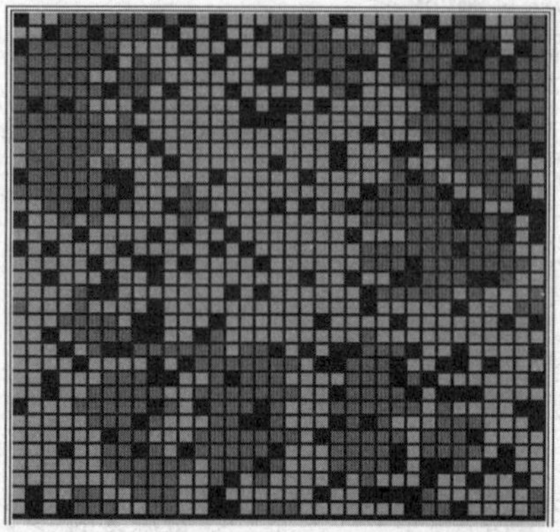

（a）初始阶段10步以内

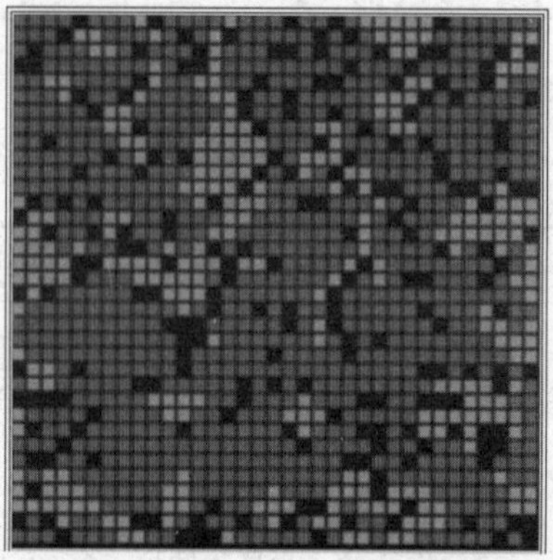

（b）20步以后30步以内

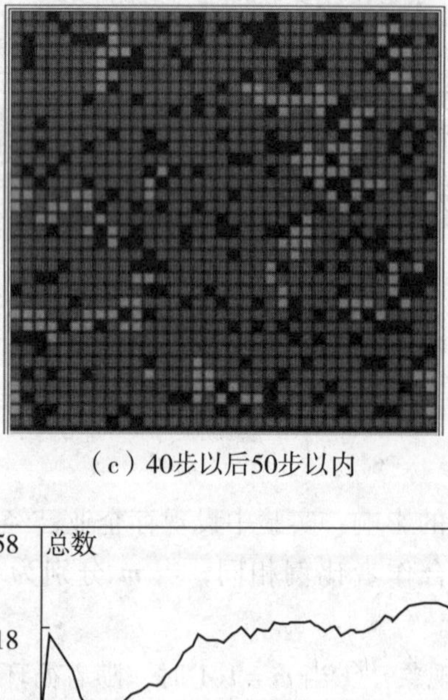

（c）40步以后50步以内

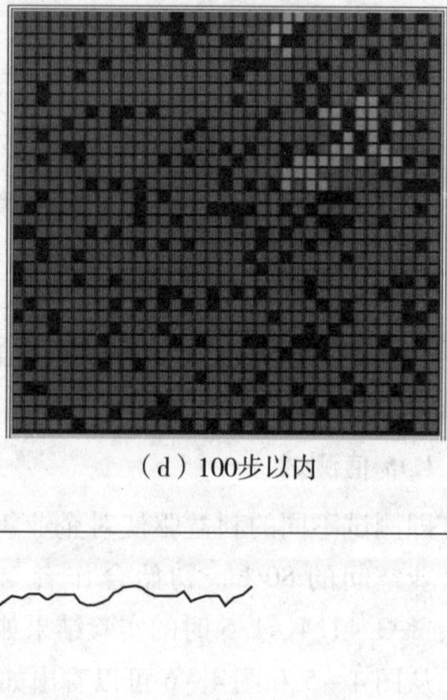

（d）100步以内

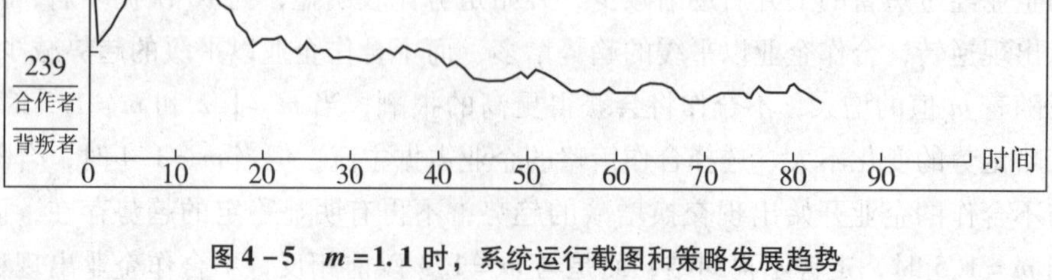

图 4-5　$m=1.1$ 时，系统运行截图和策略发展趋势

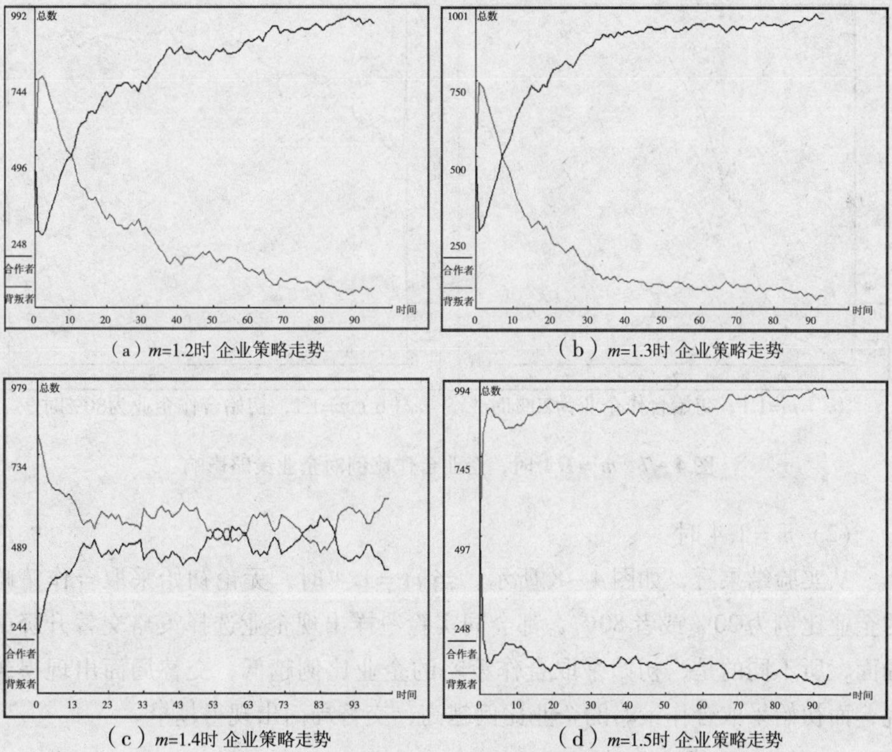

（a）m=1.2时 企业策略走势　（b）m=1.3时 企业策略走势

（c）m=1.4时 企业策略走势　（d）m=1.5时 企业策略走势

图 4－6　m 不同取值时，企业策略的演变结果

的走势，m = 1. 4 是发生这种转变的临界点；③从实验截图中可以看出颜色分明的聚集块，也就是选择相同策略的企业往往集中出现。

2. 比例测试

初始选择合作策略的企业比例对整体系统演化的影响实验：设其他条件不变，测试当 m = 1. 1、m = 1. 4、m = 1. 5 时，企业合作比例变动对系统演化的影响测试，其结果如下所示：

（1）m = 1. 1 时

初始合作企业为 50% 时候的结论在实验 1 中已经显示，如果初始时采取合作企业的比例变为 20% 或 80% 时，其企业走势如图 4－7 所示。

从实验结果看，m = 1. 1 时，当企业合作比例为 20% 的时候，与 50% 时总体走势一致，仍然出现合作策略企业上升，而背叛策略企业变小的趋势；而初始企业合作比例上升为 80% 的时候，仍然维持这种趋势，且合作企业始终多于不合作企业。

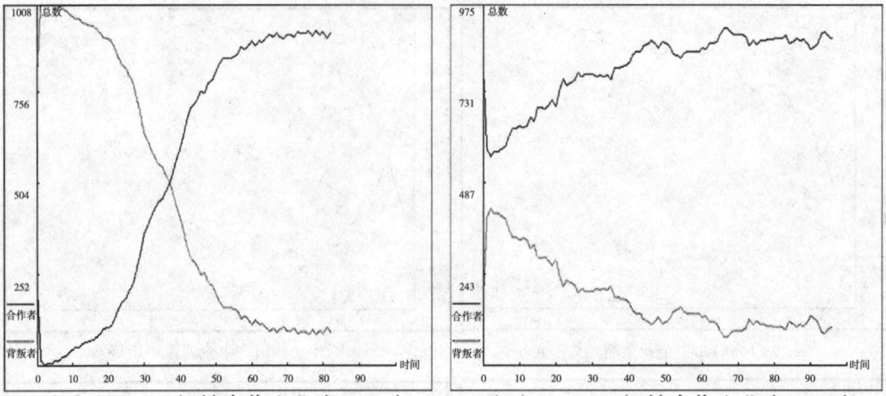

（a）m=1.1，初始合作企业为20%时　　（b）m=1.1，初始合作企业为80%时

图 4－7　m＝1.1 时，企业合作比例对企业策略影响

（2）m＝1.4 时

从实验结果看，如图 4－8 所示，当 m＝1.4 时，无论初始采取合作策略的企业比例为 20% 或者 80%，都会同实验一样出现企业选择策略交替升降的局面，所不同的是，初始采取合作策略的企业比例越低，交替局面出现得越晚，而初始采取合作策略的企业比例越高，交替局面出现得越早。

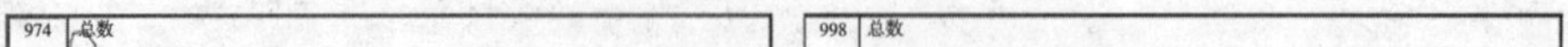

（a）m=1.4，初始合作企业为20%时　　（b）m=1.4，初始合作企业为80%时

图 4－8　m＝1.4 时，企业合作比例对企业策略影响

（3）m＝1.5 时

从图 4－9 所示，实验结果看，当 m＝1.5 时，即使初始选择合作策略的企业比例达到 40%，仍然是选择不合作策略的企业也明显增多，而且没有过大的波动，如果初始选择合作策略的企业比例更低，则选择不合作策略的企业比例增加的更快；当初始选择合作策略的企业为 90% 的时候，这种趋势仍

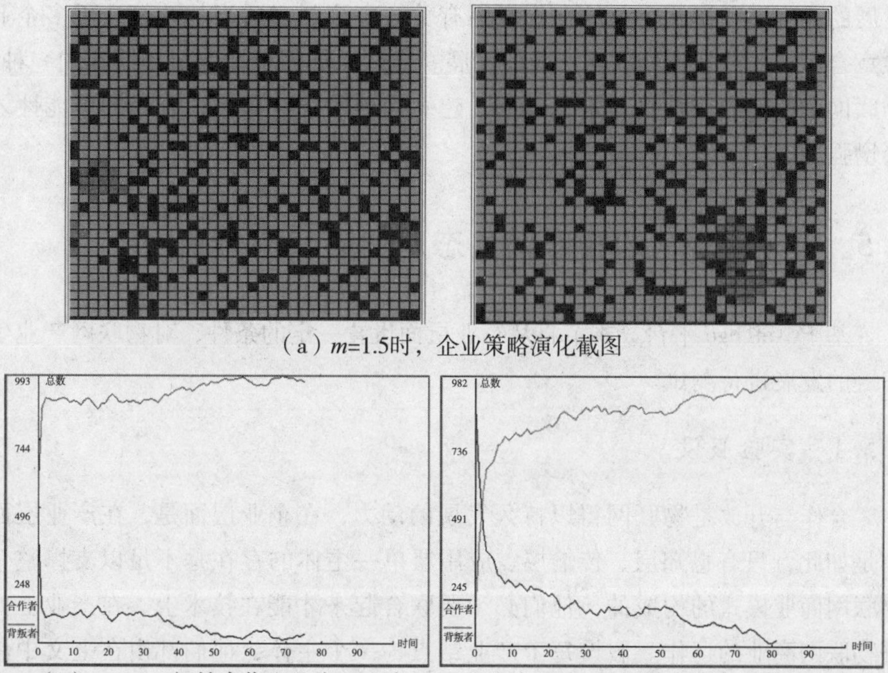

（a）m=1.5时，企业策略演化截图

（b）m=1.5，初始合作企业为40%时　　（c）m=1.5，初始合作企业为90%时

图4-9　m=1.5时，企业合作比例对企业策略影响及演化过程截图

然不会改变，可见利益驱动的作用非常明显；同时，相同策略企业聚集的现象同样存在。

从以上的实验可以看出，初始条件的设置对系统的演化会产生影响，系统演化的结果对博弈规则非常敏感，m 的值越大，越不容易使企业间进行合作，m=1.4 是演化趋势变化的临界点，当 m < 1.4 的时候，企业都会趋进于进行合作，而当 m > 1.4 的时候，由于利益的驱使，企业都会趋向于不合作。初始企业的合作意愿虽然会对结果产生一定的影响，比如初始企业合作的越多，则更促使企业向合作过渡，但是并不能影响最终的趋势。而且，实验也证实了相同策略企业相互吸引的现象。

物联网的概念虽然出现不久，但其相关产业及企业却发展已久，有很多独立的物联网企业存在于物联网的商业空间中。在物联网时代，这些企业最关键的是通过合作构筑物联网的商业链，但合作的同时必定有博弈的存在，如果要促使物联网长久的发展，促进产业间的合作，制定博弈规则是非常重要的，将 m 值控制在 1.4 以内才能促使合作的持久并最终实现合力发展。而发展的速度则和初始企业的合作意愿有关，应该制定适当的政策让更多企业愿意合作，才能加速物联网产业的发展。当然囚徒困境博弈只是博弈的一种，物联网企业间的交互是非常复杂的，建立完善的交互体系，合作的可能性才会增强。

4.5 基于 MAS 的物联网生态产业链实验分析

基于 NetLogo 平台，本节将从行业层面设置一定的条件，对物联网产业生态链的发展进行测试。

4.5.1 实验假设

合作与开放是物联网得以持久发展的动力，在企业层面是，在产业层面亦是如此，只有感知层、传输层、应用层单一主体的存在是不足以支撑整个物联网商业模式的构成的，他们必须要联合起来才能在技术上、在产业上促进物联网商业的运作。假设每个产业结点为一个主体，他们都由在上文中叙述的各自所包含的企业集合聚集而成，单一技术与产业结点难以实现物联网的运作，所以各个主体都在物联网的产业空间中游走寻找合作伙伴，并且都有合作的意愿。

根据物联网三层产业主体的分析，网络层有覆盖全部的特点，同时在现实中无所不在的网络也是大势所趋，网络的存在并不会因为感知层或应用层的多少而改变，也不会因为单一用户数的增减而增减，所以在产业层面虽然涉及三个层次，但为了更接近于现实，我们假设网络层不依其他结点而变化，从而在实验之前做出如下假设。

假设 1：根据数据流动的顺序，物联网由数据获取、数据传输和应用三部分组成，最后将产品交互用户，用户付费的价值流反向运行，但考虑到网络层的特性，在实验分析中假设网络层不受其他结点的影响，从而简化物联网运作链条如图 4 - 10 所示。感知层获取数据，然后给应用层应用，应用层产生产品为用户提供服务，用户根据服务付费给应用层，感知层从应用层获取收益。

假设 2：每个结点为一个智能体，应用层和感知层主体拥有能量，用户随机分布于产业空间中，应用层寻找用户，感知层寻找应用层，寻找要耗费能量，寻找到后会合作，从而获取能量。能量为零则企业死亡，能量达到一定

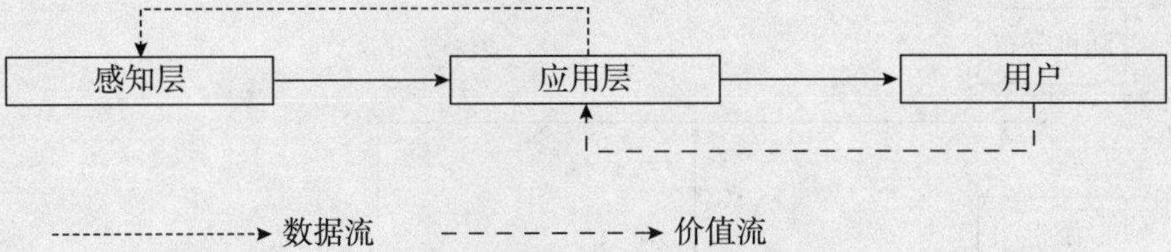

图 4－10 简化的物联网产业运营链

值会分裂出新的结点。

假设 3：政府和各类组织对产业环境的影响都可以通过用户数量的改变来反映，也就是说用户数量的变化代表了物联网产业发展的外部环境影响。

假设 4：物联网相关技术及企业都严格的隶属于一个主体，跨领域经营的企业在实验中被看成几个小企业。

本实验中的感知层和应用层主体也可以对应商业链中的数据服务供应商和内容服务供应商，而忽略以连接和集成为主的网络服务供应商和应用服务供应商，可以得出类似的结论。

4.5.2 实验过程设计

在实验中建立三个智能体：用“瓦片”表示用户；用两个“海龟”表示感知层主体和应用层主体；时钟用来显示所走的步数。通过实验希望测试以下三个问题：①测试当环境一定的情况下，物联网产业结点分布对整个物联网商业系统的影响，即产业主体个数影响；②测试环境对主体的影响，即用户多寡对物联网产业发展的影响；③测试在环境一定的情况下，成本和收益因素对物联网产业演变的影响。

实验流程设计如图 4－11 所示。

各个主体的属性和方法设计如下：

用户：随机分布于产业空间中，为白色，当被寻找到后变为绿色，定期更新产生新用户。

感知层主体：黄色三角表示，具有能量、位置（随机分布），可随机游走，每走一步会损失能量，会观察是否有应用层主体，如果有则合作获取能量，直到死亡为止。感知层主体代表了感知器件也就是数据获取技术和设备的分布情况或是可以理解为专注于数据获取技术及产品开发的企业分布。

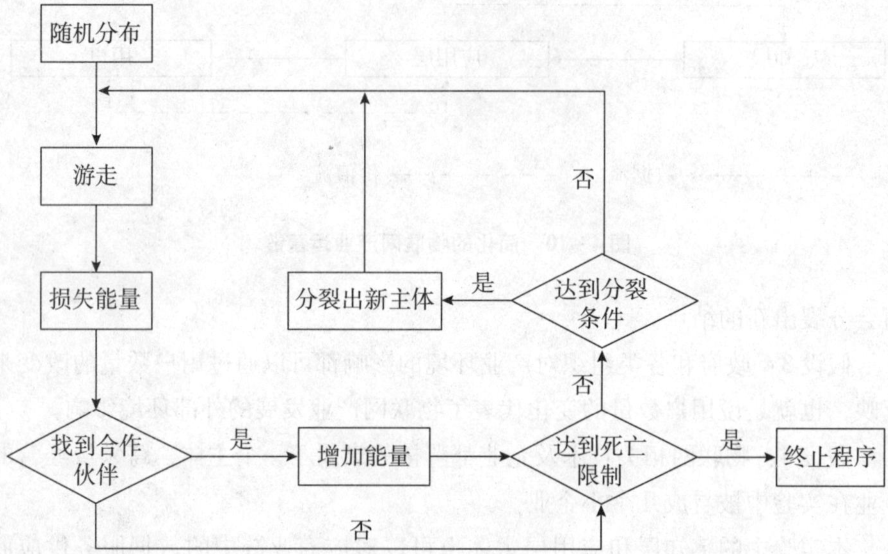

图 4－11　实验流程设计

应用层主体：蓝色的圆形，具有能量、位置（随机分布），可随机游走，每走一步会损失能量，会观察是否有用户主体，如果有则合作获取能量，直到死亡为止。应用层主体代表了应用软件及相关企业的分布情况。

产业主体的个体数量和能量等属性都可以被设定和控制。

4.5.3　实验测试与结论分析

实验初始界面如图 4－12 所示。

由于在实验过程中，根据每次随机数出现的不同，实验结果不一定相同，会有几种不同的结果循环出现，在截取实验结果图的时候，截取其中有代表性的更加符合物联网商业生态系统特征的实验结果进行分析。

1. 测试产业主体个数影响

产业主体包括感知层主体和应用层主体，当两个主体的初始个体数量相同或悬殊时，物联网商业系统的演变如图 4－13 所示。

从实验结果看，会出现如下现象：①无论初始时产业主体的个体数量是否均衡，物联网产业生态系统都会出现周期性的波动；②当其他条件不变，感知层主体个数减少一半的时候，系统演化的趋势并没有明显的变化，在相对短暂的演化过程中感知层主体个数还是会出现大于应用层主体个数的情况，

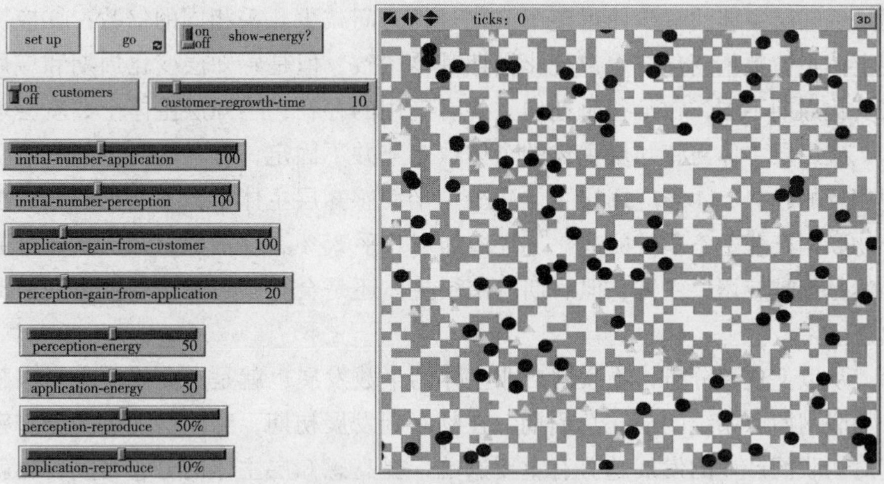

图 4－12　实验初始界面

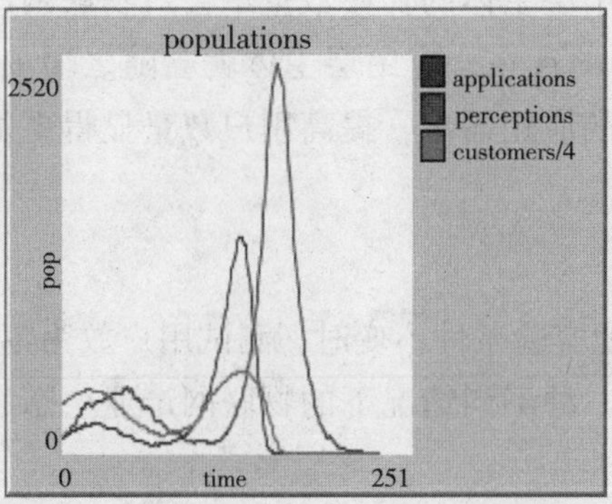

（a）当初始都是100个智能体的情况

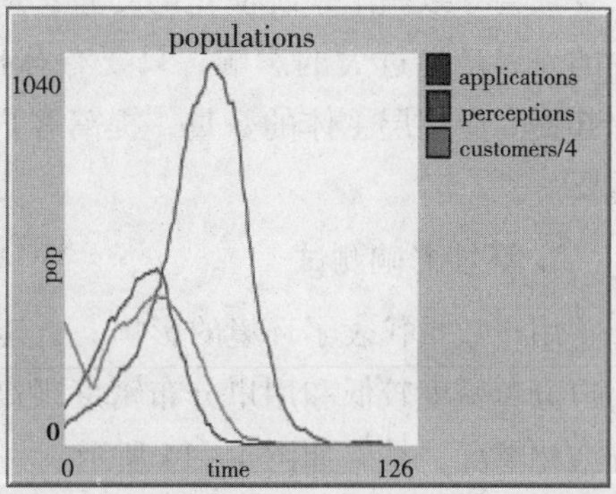

（b）当初始感知层主体减少一半的情况

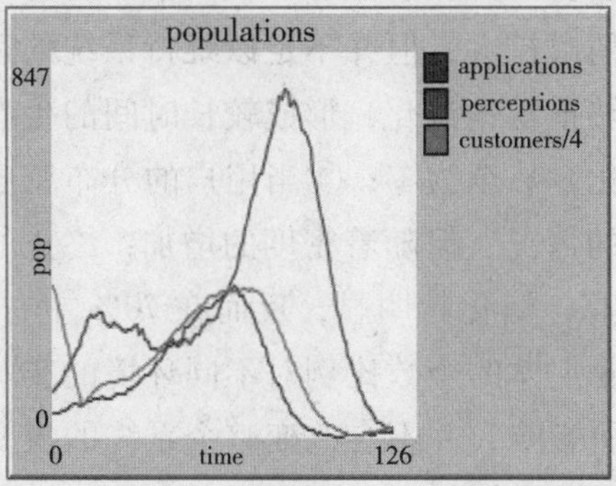

（c）当初始应用层减少一半的前半实验

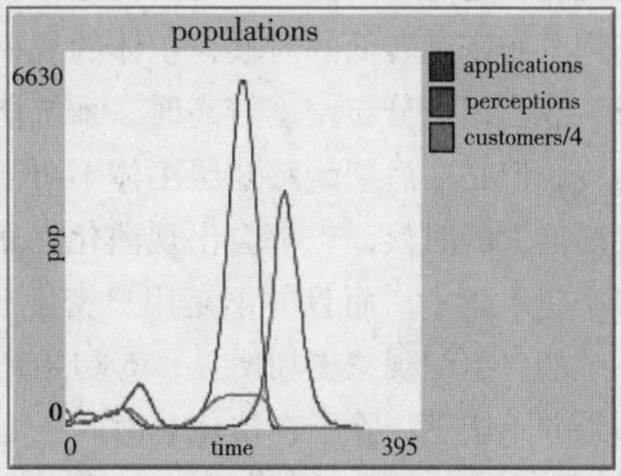

（d）当初始应用层减少一半的实验全图

图 4－13　产业主体个体数量对商业系统影响的部分测试结果

但是感知层主体的减少使得整个演化过程时间减少几乎相同的倍数；③应用层主体个体数量变化与用户变化周期基本一致，但是感知层变化周期和应用层变化周期不同，在某些时期内只要有应用的存在，感知层主体个数就会增加，应用层主体与感知层主体的个体数走势并不固定，有时同时增减有时呈现相反的趋势；④当应用层主体减少一半而感知层主体个数不变的时候，整个物联网产业生态系统的演化过程增加了几乎25%，在前期感知层主体个数仍然是超越应用层主体，但后期应用层主体还是会有反超感知层主体的情况出现。

从以上现象分析，物联网产业主体的个数发展也就是产业规模会影响整个物联网商业系统的演化总周期，在物联网发展初期，感知层主体的分布密度对物联网产业的发展趋势有重要影响，提高感知层主体的分布密度，也就是广泛地收集感知数据，是物联网产业得以持久发展的基础，若感知层主体太少，会导致整个系统演化的终止；应用层主体的初始数量不会对物联网产业的发展产生过大的影响，只要有客户的存在，应用层主体就会随之增加，比起提高应用层主体的数量，提高客户的应用需求，提高用户数量显得更加重要。

2. 环境影响测试

用户数量代表了环境的影响，当其他实验条件不变时，测试用户数为零，用户分布密度较低和用户分布密度很高三种不同情况下的物联网产业生态系统演化情况，结果如图4-14所示。

以上实验呈现如下现象：①当没有用户的时候，只要产业主体具有一定的能量，还可以维持一段时间但是很快就会因为没有生存环境而消亡；②当用户分布密度较低的时候，主体的规模稍微扩大，但并不足以维持系统的运行；③当用户分布密度较高时，系统能够正常地演化，形成较长时间的生态运行，但是在后期，感知层主体不再变化，甚至为零；④当用户的分布密度逐渐增大的时候，也都会出现演化终止的情况，但随着密度的增加，终止的概率越来越小，而且并不是用户密度越高，演化越明显，反而在70%左右，系统的自组织现象更加明显；⑤初始产业主体的个数比例对不同环境的实验结果并不敏感，除了在演化总时间上有所影响，并不会改变整个系统的演变过程与走向，但是比例均衡可以使演化更富规律性。

从以上现象可以完全看出环境（包括用户也包括创造用户的各种因素）对物联网发展的重要作用。如果没有用户，物联网主体根本无法持续生存；

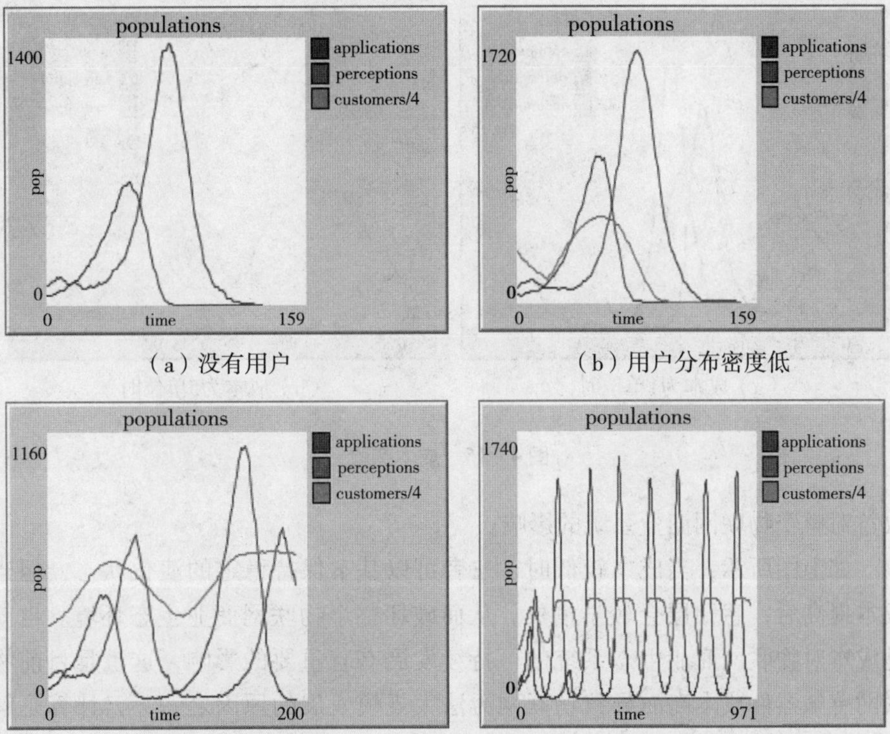

（a）没有用户　　（b）用户分布密度低

（c）用户分布密度高前部　　（d）客户分布密度高全图

图 4－14　客户影响实验

当用户数量较少的时候，物联网主体也无法正常的持续运行；当用户数量达到一定的比例（在本实验条件下是达到 70% 左右，条件变化会影响用户最佳比例）的情况下，整个物联网产业生态系统可以达到最佳的自组织状态，之后随着用户比例的增加，系统的运行并不是越来越好的；而随着物联网产业的发展，数据的来源是有限的，新的数据来源会逐渐地消失，但是对数据的应用是无限的。总之，用户数量对物联网产业及整个商业系统的演化具有决定性的作用，要维持物联网的可持续发展，一定要培育用户，有市场才有未来。

3. 成本与收益实验

物联网产业主体中包含了大量的相关企业，企业在寻求合作形成产业链的过程中会产生成本，比如库存成本、技术成本、人力资源成本等，自然当企业之间合作成功，通过产品也会获得收益，图 4－15 的实验显示了成本和

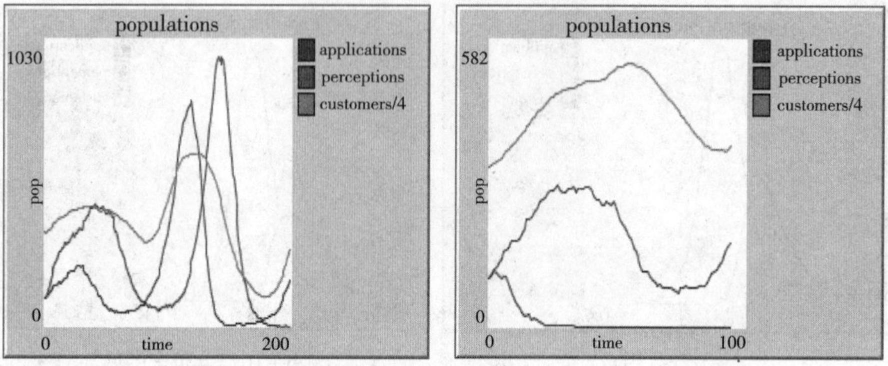

（a）成本为1单位时　　（b）成本为5单位时

图 4－15　成本实验

收益对整个物联网商业系统的影响。

如上图所示，当成本较低时，三者可以基本保持稳定的演化状态，但当成本提高后，感知层会较早消失，从而破坏整个物联网商业生态环境。也就是成本对物联网商业生态系统的可持续发展有着重要的影响，这也是目前物联网感知器件成本高而导致物联网无法大规模发展的原因之一，云计算是解决成本问题的有效手段。

对收益进行测试，当产业主体的收益都较高（都设 30 单位）、一个较高一个较低（一个 10 单位，一个 30 单位）、都较低（都设 10 单位）时的测试结果如图 4－16 所示。

从测试结果看，当两大主体的收益都较高时，整个物联网商业生态系统并不能维持长期的发展，当至少一方的收益下降到一定程度时，整个系统反而可以维持较长的时间；另外，感知层主体对收益更加敏感，感知层主体收益过低会明显降低系统的运行活跃度，而应用层主体的收益变化并没有出现类似的结果。

从以上对物联网产业链的 MAS 实验可以看出，不同的条件设置对于实验的结果会产生不同的影响，在本文选取的实验条件下至少能得出如下结论：

第一，市场是一切应用和产业发展的基础，而现实中过多关注了技术概念，对用户培养不足，这也是目前物联网产业并没有快速发展的重要原因之一。要促进物联网大发展，仅有技术突破是不够的，必须要加强对物联网基础用户的培养，为物联网应用寻找更加广阔的平台。

第二，物联网较互联网最大的不同是感知层主体的出现，或者说是对数

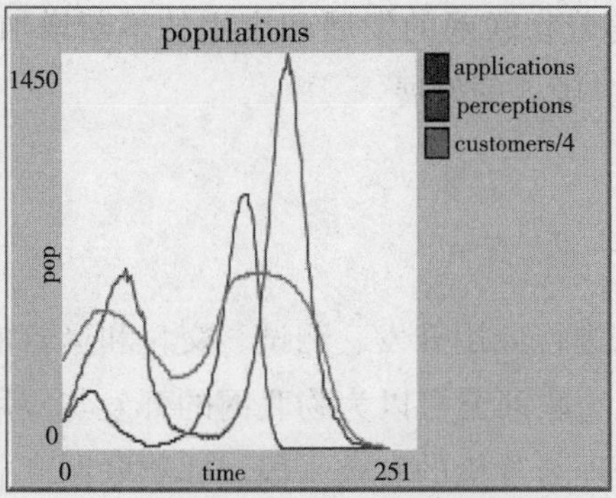

（a）当两大主体收益都高时

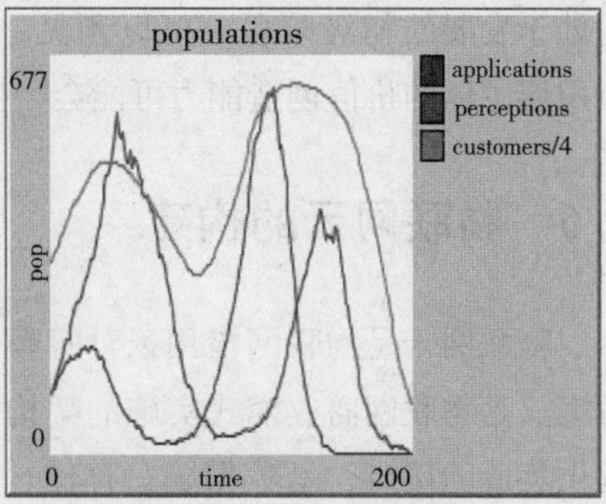

（b）当感知层收益高、应用层收益低时

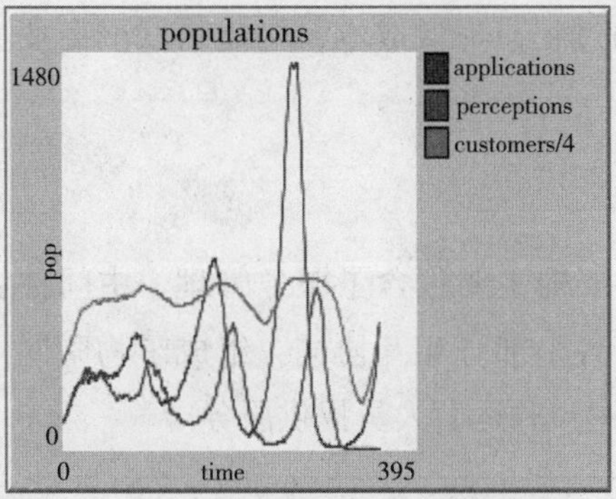

（c）当感知层收益低，应用层收益高时

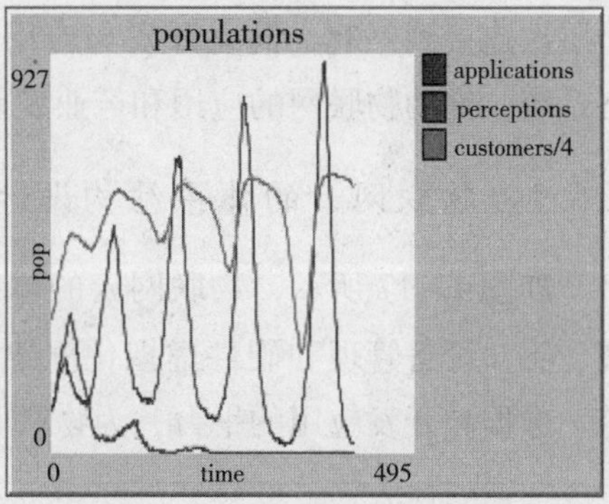

（d）当两大主体收益都低时

图 4－16　收益测试

据获取技术的广泛应用。而通过实验可以看出，感知层主体似乎比应用层主体更加敏感，对成本敏感，对收益敏感，对数量也敏感。作为物联网智慧的源头，在物联网发展的初期和中期必须要重视感知层主体的推广和保证，尤其在开始阶段，广泛的数据来源才是物联网真正得以实现的保护，而如何控制感知器件的成本，让感知层企业的收益不要过低也成为感知层主体能否发展以及整个物联网商业生态系统能否顺利运转的关键。

第三，应用层主体似乎有更持久的发展空间，也就是对数据的分析和应用比数据的获取更加无限。如何发掘、创造用户需求，并开发出满足用户需求的物联网应用产品是应用层主体的任务也是目标。从实验分析，无论应用层主体的初始分布如何，都不会对整个系统的演化产生决定性的影响，这也是物联网商业系统的生态表现，应用层主体会根据需要而自动调节个体的数量，只要有用户，应用层就会迅速增加而与最初的个数无关。目前，物联网还处于发展的初级阶段，可以预见，随着物联网的发展和应用的不断增加，应用层主体的价值创造能力可能会产生井喷式的发展。

4.6 物联网云的构建

物联网云是物联网借用云计算模式进行应用开发、测试、交付和运营的方案，是物联网商业模式实施的架构。物联网云可以为物联网的开发与应用提供集成的接口，是数据统一存储、处理与分析的有效手段。在物联网商业链条中，应用服务提供商主要承担物联网云的构建角色，可以将物联网的各个层次连接到一起，简化开发与应用的过程，降低成本，构建物联网商业生态系统，推动物联网的应用和产业发展。

4.6.1 物联网云的体系结构设计

如图 4－17 所示，物联网云的体系架构主要包含了服务管理、中间件管理、感知设备管理和硬件虚拟化框架，各个部分相互协同，组成了物联网内容、数据和开发应用的平台，为物联网用户和运营人员提供服务。

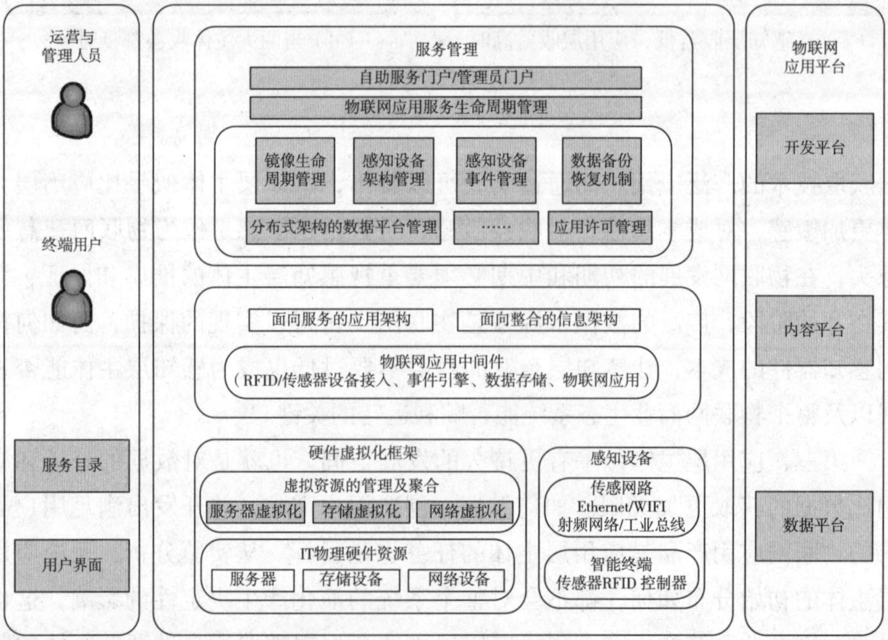

图 4－17 物联网云体系架构

资料来源：改编自朱近之《智慧的云计算：物联网的平台》（第 2 版）341 页

(1) 服务管理：服务管理主要包括物联网云的服务门户、物联网应用和服务的生命周期管理。比如对分布式架构的数据平台管理、对应用许可的管理、对数据备份和恢复机制的管理、对感知设备的事件管理和架构管理等。

(2) 应用中间件管理：物联网应用中间件包含一系列相关的中间件产品，主要用来实现终端设备接入、各种 RFID 和传感器的事件管理及数据的存储和应用功能。

(3) 感知设备管理：主要是对物联网感知层技术涉及的硬件设备，如传感器、RFID 等智能终端及实现终端互联互通的传感网络的管理，感知层设备通过网络层接入云计算平台，并由物联网中间件进行管理。

(4) 硬件虚拟化框架：硬件虚拟化框架定义了云计算平台所管理的存储设备、网络设备、服务器等物理硬件资源及相应的虚拟化方法和技术，并将以上资源以虚拟化的方式交付给用户。

4.6.2 物联网云的使用模式

在物联网的商业应用中，不同的用户有不同的需求，总体来说，基于云计算的服务模式，物联网云可以提供基于基础架购、平台和内容的应用服务，物联网云可以为物联网商业模式提供内容服务、开发/测试服务和数据提供与个性化应用三种使用模式。

1. 内容应用模式

内容应用模式主要是被大众消费者和中小型企业所使用，能够快速提供满足用户业务需求的功能组件，比如物流追溯、资产定位、业务流程监控以及数据分析等。

在使用中主要经过如下流程：①物联网云的管理员定义物联网应用的场景模板，包括所需部署的中间件和虚拟环境；②用户登录物联网云平台，从服务目录中选择自己所需要的物联网应用场景；③物联网云对申请的应用场景进行自动化配置和部署，并将相应信息返回给用户；④用户直接使用或在有必要的时候在物联网云中接入终端设备享受物联网服务并按使用付费。

2. 开发/测试模式

除了面向最终用户，物联网云也会面对开发物联网内容的用户，比如内容服务提供商，或者其他需要自行开发物联网应用的一些大中型企业或者有特殊需求的个人。面对这些用户，物联网云开始提供开发/测试的平台，使得客户快速获取物联网应用的开发和测试环境，以加速物联网应用开发和测试的周期，提高其生产效率。

在使用中一般遵循如下流程：①物联网云管理员定义物联网开发/测试环境模板，包括中间件的部属和虚拟环境的配置；②物联网应用开发用户登录物联网云，从物联网云的服务目录中选择需要的开发/测试环境；③物联网云针对应用开发用户的申请自动配置环境并部署相关组件，并将结果返回用户；④应用开发用户将设备接入物联网云，进行物联网的开发与测试，并按使用付费。

3. 数据提供与个性化应用模式

有些用户不需要直接的模板化物联网应用而是希望通过物联网收集的数据进行个性化的应用，比如某些企业希望利用一些特殊的数据构建自己的应用，或者某些大企业集团希望打造自己公司的物联网运营系统等。为了满足这类需求，可以利用物联网云构建数据存储和事件捕获的平台，部署物联网的个性化应用。

使用中，可遵循如下流程：①物联网云管理员部署数据存储和事件捕获平台，包括传感事件的捕获、数据存储中间件和虚拟服务器的部署等；②个性化用户登录物联网云，从物联网云服务目录中选择所需要的事件通道或数据存储服务，打造个性化应用环境；③物联网云对应用中间件进行自动部署和配置，并将相应信息返回给客户；④用户根据物联网云提供的资源，构建运行个性化物联网应用，并按使用付费。

综上，物联网云的使用一般经历如下流程：首先，由应用服务供应商构建物联网云的环境并负责系统升级与维护；其次，各类用户登录物联网云并从服务列表中选择所需服务；再次，物联网云提供者根据用户需求提供服务；最后，用户获得应用服务并按需付费，如图4－18所示。

4.6.3 物联网云的实施方案

物联网云的实施，是物联网商业模式构建的基础，涉及不同的角色，是项复杂的系统工程，大体来讲会经过需求分析、方案选择与系统设计、系统实施与业务运营四个步骤。

像所有信息系统实施的起点一样，物联网云构建的起点也应该是需求分析，即要对客户使用物联网的目的进行全面地调研和详细地分析，同时针对业务现状和信息技术环境的改变进行综合研究和探讨，挖掘需求中能够被实

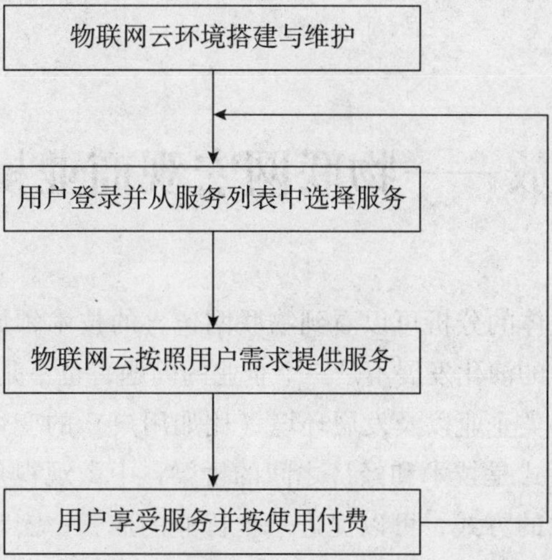

图4-18 物联网云使用流程

现的部分构建信息世界的概念模型；在需求确定之后，还需要根据需求和概念模型进行方案的设计和选择，包括感知器件的选择和布局、软硬件平台的选取、操作系统和应用软件的选择、资源分配方式与用户访问模式设计、信息系统的整体流程设计、服务类型设计、界面设计和系统安全设计等，设计是物联网云实施的基础和路线图；在设计方案确定后，就是按照设计结果实施的过程，包括资源的采购、布局、实施以及过程管理、测试等具体的工作；在物联网云运行之后，还需要持续化的技术支持和运营服务，以保证系统的可持续发展并不断挖掘新的需求，提高客户满意度，促进物联网产业的可持续发展。

总之，物联网是各类信息技术相互结合实施的结果，应用是其根本目标。云计算是一种计算模式，解决了物联网实施中的成本和虚拟化问题，代表了物联网的商业模式。物联网云是物联网和云计算相结合的产物，是物联网商业模式实现的有效途径。

5 多元开放——物联网宏观商业模式阐述

从对物联网主体的分析可以看到物联网包含的技术领域和产业范围非常广泛，物联网产业的演化发展不是一个企业的问题，也不是一类企业的问题，任何一个企业、一类企业以及发展环境（比如用户）的变化都会影响整体产业的演变。商业模式是技术和经济之间的桥梁，中微观视角，从企业层面来讲，它是企业赚钱的方式，可以促进一个行业的成长；宏观视角，从国家层面来说，它代表了产业发展的大环境，可以和国家战略形成无缝对接。本章是从宏观角度对物联网商业模式的分析，总体来讲，本文认为物联网的宏观商业模式应该包含技术、产业、政策和战略四个纬度。

5.1 技术纬度

虽然物联网的概念在2009年才正式被大众所熟识，但本质上涉及的技术并不是什么全新的事物。明确物联网技术的发展需求，实现关键技术的突破固然重要，但从长远看，物联网发展的关键还是技术的整合和标准的设立。关键技术是“点”的问题，而标准的规范和整合是“面”的问题，不能以点盖面。明确物联网技术发展需求、构建物联网标准体系是物联网技术平台的关键任务。

传感器技术是物联网感知层的最关键技术，但这些技术大部分已经超出了信息技术层面，属于化学、物理以及材料科学的范畴；在网络层，相关的有线和无线网络技术已经基本发展成熟，“面”的问题已基本解决，尤其是作为物联网重要基础设施的3G技术发展已经基本可以满足物联网产业的需求，目前最关键的是网络资源的整合、规范和标准化的问题，而4G等关键技术的发展属于锦上添花；物联网的核心还是“面”的问题，这使得应用层的地位举足轻重。应用层的关键是应用软件和中间件，其中物联网产业的行业应用软件也是属于“点”的问题，而通用的物联网中间件是“面”的问题，这也是IBM和Oracle等中间件厂商积极投身物联网（智慧地球）产业的原因。一些人早已被大众所熟悉的业务范畴，如 ERP 企业资源计划、MES 制造业执行系统，基本上也和物联网应用相关，或属于它的上游应用，很多时候，它们需要用物联网中间件软件来集成末端设备的数据作为输入，才能更大的发挥作用。

标准化是占领物联网制高点的关键所在，但是目前业界对于物联网本身的认识并不统一，表 5－1 总结了目前存在的物联网标准体系以及新标准产生的必要性与可行性。哪些是物联网关键技术、哪些技术应该先突破、哪些技术应该优先资助，目前并没有一致的观点，这也阻碍了物联网技术的标准化进程。

综上，在技术维度要重视基础研究、应用研究，尤其要注重标准的建立和规范的形成，争取攻克更多具有自主知识产权的关键技术。

表 5－1　　　　物联网标准体系

物联网标准矩阵		现有物联网相关标准		新物联网标准的必要性和可行性		
		国外标准	国内标准		必要性	可行性
感知层		TEDS/IEEE1451，CBRN，Transducer Ml，Sensor ML，IRIG，EX-DL/CAP，TEDS 等	传感器标准不等同于传感网标准，目前在我国受关注度不高	传感器基于物理、化学、生物等技术的信号标准难以统一，但它的输出数据和应用层一样，可以标准化	高	高
	有线长距离	IP（TCP/UDP 等），IP over，Evertthing/Everything over，IP：Erhener，ATM，Frame Relay，SDH，FDDI，Fiber Channel，ISDN，VPN，VoIP，Cable/Xdsl 等	互联网时代中国因当时实力有限错过做自己标准的机会，制定新标准的必要性小，可行性小	现有协议已基本完善，物联网可直接采用，三网合一，Ipv6 值得在物联网产业重点推广，但“IP 地址不够”并不是物联网发展的主要障碍	低	低

续 表

物联网标准矩阵		现有物联网相关标准		新物联网标准的必要性和可行性		
		国外标准	国内标准		必要性	可行性
传输层	有线短距离	AS - i, BAC Net, Can Bus, Control Net, Device Net, Dupline, FF, HART, Iner Bus, Lon Works, Mod Bus, P - Net, Profi Bus, Swift Nte, Vnet/IP, World FIP, CC - Link, PLC 电力线载波, 工业以太网, RS232, RS485 等	现场总线从 20 世纪 80 年代开始蜂拥出现，我国当时没实力做自己的标准，这些国外标准中很大一部分后来都“转化”成我国的国家标准	依现场的特殊环境（如温度、安装条件、干扰等）及传输介质、用途、成本的不同作为建立标准的依据，有线标准（如电力线载波等）还不完善，有改善和建立新标准的可能性	中	中
	无线长距离	2G: GSM CDMA 3G: WCDMA, EV - DO, HSUPA, EV - DOrA 2.5G: EDGE, HSCSD 4G: EV - DorB, LTE, WiMAX, UMB/UWB 等	TD - SCDMA，错过了有线通信标准的参与，第一次成功推出我国自有重大通信标准，体现了我国实力的提升，为未来 4G/5G 标准奠定了基础	尽管有些标准还在完善中，制定新物联网标准的必要性较小，可行性也小，未来的 4G/5G 标准也不局限于物联网应用，IP over Wireless 的全网 IP（IPv6）化值得物联网产业推广	中	中
	无线短距离	Bluetooth, HyperLan, 6LoWPAN, HomeRF, Insteon, IrDA, IRIG, NFC, RFID, WAVE, WiFi, Zigbee, Z - Wave 等	WAPI，我国实力提升的又一体现，WGSN 计划 2 年内提出物联网标准，但目前企业的参与欠缺	现有嫌疑已经被用到传感网应用中，有些协议 footprint 太小，难以实现全网 IP 化，有些标准还不完善，有制定新的改善型标准的可能性	中	中

续 表

<table>
<tr><th colspan="2" rowspan="2">物联网
标准矩阵</th><th colspan="2">现有物联网相关标准</th><th colspan="3">新物联网标准的必要性和可行性</th></tr>
<tr><th>国外标准</th><th>国内标准</th><th></th><th>必要性</th><th>可行性</th></tr>
<tr><td rowspan="2">应用层</td><td>数据标准</td><td>EDDL,ONS/PML,
M2MXML OPC,
B ITXML oB IX,
FDT,NGTP 等</td><td>中国移动：WMMP 同方：oMIX</td><td>物联网统一数据表达、交换、处理的标准化，融合感知层传感器数据标准和模型（如 sensorML 等）</td><td>高</td><td>高</td></tr>
<tr><td>软件框架</td><td>DRM IDM，MDMSOA，OS Gi，SaaS，云计量，ArchestrA，Sedona 框架等</td><td>M2M 物联网中间件框架</td><td>SaaS /云计算支持 MMO 运营的标准化，OSGi 应用于物联网，新 Paradigms（如 MDM），物联网中间件架构标准化</td><td>高</td><td>高</td></tr>
</table>

5.2 产业纬度

从宏观角度看，以物联网技术框架为基础，物联网的总体产业链可以分为感知层产业结点、网络层产业结点和应用层产业结点，其中感知层产业结点以芯片和传感器厂商为代表，网络层产业结点以通信模块提供商和电信运营商为代表，应用层产业结点以中间件及应用开发商和系统集成商为代表，其中运营商作为各方的交汇，距离用户最近，是整个产业链条的主导者。产业链合作形式如图 5 –1 所示。

我国感知层产业结点总体还处于起步阶段，赢利能力尚不稳定，定位很专，但技术水平总体偏低，多为代工，处于国际产业链的低端，多专注于特定领域的稳定发展；网络层产业结点中通信产业厂商以华为和中兴最为知名，发展也较为成熟，拥有一定的自主研发能力，赢利能力较稳定；应用层产业结点的中间件厂商、应用开发厂商和软硬件集成厂商划分并不清晰，同方是综合平台提供商的典型代表，很多运营商也涉足其中。

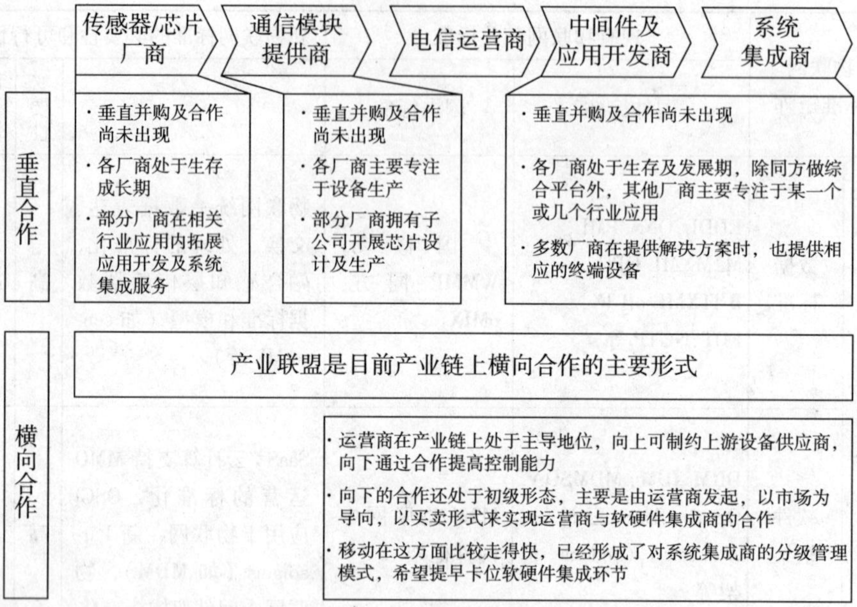

图 5－1　产业链合作形式

资料来源：《2010 年中国物联网产业发展研究报告》

从物联网的应用产业看，物联网的行业应用前景十分广泛，一下子实现所有应用并不现实，还需要在重点行业重点领域率先突破，以引领其他行业的发展。运营商作为产业链的主导者，其应用行业选择可以为宏观产业发展提供有益的参考和启示。下面以国际知名运营商为例，说明物联网产业的应用布局。

1. Orange/FT

Orange 公司目前是英国和法国的第一大移动运营商，将物联网的重要组成部分 M2M 作为其企业解决方案的核心应用，其战略目标是要坐上欧洲 M2M 供应商的头把交椅，尤其在 B2B 领域，力图形成全球性 M2M 支撑和服务组织，其提供的物联网应用如表 5－2 所示。目前 Orange 在物联网领域主要关注物流和车辆管理。下一步将主要关注四个行业的六大应用：包括医疗行业（远程监控高血压病人的病理数据）、供应链管理行业（包裹追踪、现金袋追踪、冷冻物品供应链管理）、商业流程优化（卡车运行数据传输）和远程监控（工业室内液体加热监控）。

表 5-2　　Orange 提供的物联网应用

<table>
<tr><td></td><td colspan="2">Orange 开展物流/车辆管理的两种实现方式</td></tr>
<tr><td></td><td>GPS + SIM</td><td>传感终端</td></tr>
<tr><td>工作原理</td><td>1. GPS 实现定位
2. 通过 GSM 短信方式将车辆位置传至企业总部</td><td>1. GPS 定位
2. 传感获得车辆相关行驶数据
3. 通过 GPRS 交互方式，车辆获得总部优化路径等指令</td></tr>
<tr><td>提供的服务内容</td><td>SIM
网络通道服务
SMS 网关</td><td>SIM，传感终端（OEM）
网络通道
应用实现和运营管理服务</td></tr>
<tr><td>服务提供形式</td><td>系统集成商总包项目，使用 Orange 网络</td><td>Orange 总包项目</td></tr>
<tr><td>赢利模式</td><td>短信费用</td><td>终端销售费用和流量费用</td></tr>
<tr><td></td><td colspan="2">Orange 提供的其他应用</td></tr>
<tr><td></td><td>M2M　Connect</td><td>Lone Worker Solution</td></tr>
<tr><td>主要内容</td><td>基于 GPRS 的设备和资产管理 M2M 业务，客户可以通过互联网界面直接管理和查看设备状况，系统支持信息的发送和接收、用于生成报告的数据过滤器等功能</td><td>对在外的工人和员工提供保护的业务，当员工遇到危险会自动发送求救信号到当地的急救部门，并派遣救援人员前往，而公司总部也会得到信息进行相关调度</td></tr>
</table>

资料来源：《2010 物联网产业链分析及企业运营模式研究》PPT

2. Telenor Group

Telenor 是总部设在挪威、业务范围覆盖欧亚的全球第七大移动运营商，物联网应用是其实现成为全球领先移动运营商这一战略目标的三大业务战略之一。目前 Telenor 已经开展的物联网行业解决方案主要集中在移动定位、跟踪和信息的远程传输及处理，如表 5-3 所示，未来目标重点在金融和通信行业应用。

表 5-3　　Telenor 物联网行业应用

	说　明	业务使用者
车队管理与物流	提供实时的信息，降低成本，增加安全性	FleetBoard，德国车队管理公司
汽车信息通信	提供事故预警以及 eCall 求助终端和网络	Volvo，瑞典汽车公司，与 Telenor 合作开发了 OnCall 系统
定位和跟踪	重要设备的跟踪	Haldex Brake Products，瑞典汽车解决方案公司，使用了拖车的定位业务
自动化与监测	自动抄表，工业自动化以及安全监测	Fortum Sweden，瑞典能源公司，应用了自动抄表
移动 POS	基于无线网络的 POS 机	Babs Paylink，瑞典信用卡公司
安全监测	企业安防	Securitas，瑞士安保系统公司

资料来源：《2010 物联网产业链分析及企业运营模式研究》PPT

3. NTT DoCoMO

NTT DoCoMO 在日本是最著名的运营商，其未来的应用方向是要进一步开发手机的个性化应用，在日本 U-Japan 战略的带动下，其对物联网应用也开始涉足，主要关注环境及生态业务、健康管理业务、移动支付业务、教育辅助业务和安全监控业务，同时计划将手机终端与各种设备互联，向多行业扩展融合业务，如与工业设备融合、与汽车融合、与信息家电融合、与广播和固网融合等。

4. Jasper Wireless

Jasper Wireless 的理念是为包括制造商、运营商和用户在内的每一个物联网生态系统的参与者创造价值，实现多方共赢，其产业链本身就是物联网商业模式实现的典型代表，如图 5-2 所示。

Jasper Wireless 物联网应用行业主要涉及消费类电子行业（比如导航）、车辆远程监控、车队管理、健康服务、资产监控和远程控制、POS 和 ATM 以及安全监控。

5. Wyless

Wyless 于 2003 年成立，是英国一家私有制虚拟移动运营商，其物联网战略目标是成为全球网络实现者（Global Network Enabler，GNE），其物联网应用主要关注六大行业的 18 种业务，且业务内容可根据用户需求自由组合，如表 5-4 所示。

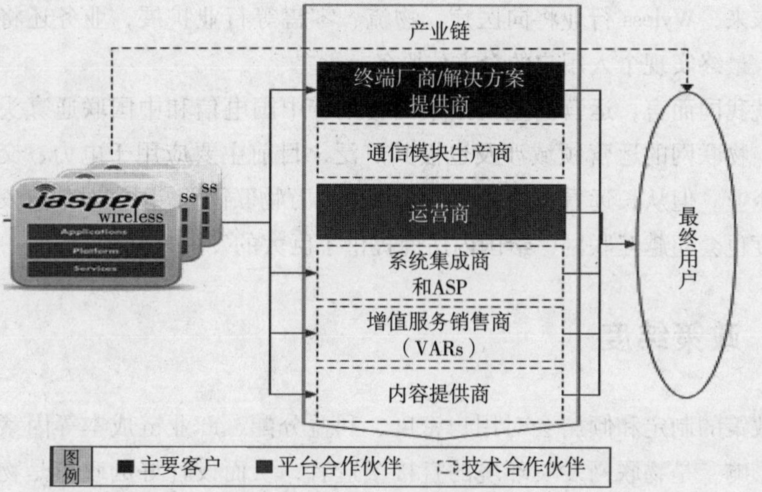

图 5－2 Jasper 产业链

资料来源：《2010 物联网产业链分析及企业运营模式研究》PPT

表 5－4 Wyless 物联网行业应用

<table>
<tr><th>行业</th><th>业务</th><th>内容</th><th>业务使用者</th></tr>
<tr><td rowspan="5">资产监测</td><td>环境监测</td><td rowspan="18">• 提供带有固定 IP 的 SIM 卡
• 提供本地、跨国区域、全球网络
• 提供 VPN 网络搭建及接入
• 提供外包服务
• 提供 WMP 管理平台及应用
  • 报告自动生产及历史报告存储
  • 自动配置（SIM 卡的激活及关闭、API 的配置）
  • 数据统计、预测及报警
  • 设备网络端开通及关闭
  • 账单及明细
• 提供全网络的 24/7/365 全天候监测服务
• 提供网络安全服务
• 提供技术支持服务</td><td rowspan="5">ABB Robotics，EngergyICT
Onset Computer，Rentokil，SoilInstruments</td></tr>
<tr><td>宠物监测</td></tr>
<tr><td>沉降监测</td></tr>
<tr><td>工业监测</td></tr>
<tr><td>赌博监测</td></tr>
<tr><td rowspan="2">能源业</td><td>环境监测</td><td rowspan="2">EnergyICT，
Onset Computer</td></tr>
<tr><td>自动抄表</td></tr>
<tr><td rowspan="4">交通业</td><td>车队管理</td><td rowspan="4">DB Schenker，Enigma Vehicle Systems，Pilotfish，Techspan、Textlink，Westcotec</td></tr>
<tr><td>自动停车</td></tr>
<tr><td>车辆跟踪</td></tr>
<tr><td>交通管理</td></tr>
<tr><td rowspan="4">零售业</td><td>移动 ATM</td><td rowspan="4">Verifone，Rascal</td></tr>
<tr><td>移动 POS</td></tr>
<tr><td>移动售货亭</td></tr>
<tr><td>货存监测</td></tr>
<tr><td rowspan="3">安全防护</td><td>报警系统</td><td rowspan="3">DB Schenker，Pilotfish，tTextlink</td></tr>
<tr><td>视频监测</td></tr>
<tr><td>车辆跟踪</td></tr>
</table>

资料来源：《2010 物联网产业链分析及企业运营模式研究》PPT

未来，Wyless 行业将向医疗、物流、零售等行业扩展，业务还将不断精细化，最终实现个人用户的全方位服务。

就我国而言，运营商呈现出中国移动、中国电信和中国联通寡头垄断的局面，物联网的运营领域涉及也极其广泛，目前主要应用于电力、交通等行业和企业。但从长远看，物联网的远景是“万物联网”，国家对信息安全的重视程度也会超越互联网，给国内厂商提供了巨大的发展空间。

5.3 政策纬度

政策的制定和倾斜会对用户密度、利益分配、产业链成本等因素产生重要的影响，是物联网发展环境的直接塑造者，从而设计好的政策是物联网商业模式不可或缺的纬度之一。这些政策可能包括金融政策、财政政策以及其他一些相关的政策和法规制定。

比如，在物联网发展的初期，为了培育市场，让民众深入了解物联网的功能与特性，各个地方政府可以结合自身的实际情况，开设物联网示范工程展示平台，集中展示物联网的科技创新成果，并进行产品体验，一方面可以促进科技成果的转化，另一方面可以激发民众对物联网的应用热情；同时，各个地方政府可以充分发挥自身的协调作用，积极引导金融机构增加对物联网的信贷资金投入，为银行和物联网企业之间的沟通搭建平台，促进良好银企关系的建立；另外，政府可以引导成立物联网专项基金，鼓励企业发展担保资金、投资发展风险补偿基金等，为物联网的发展奠定基础。

物联网不是一个小产品，也不是少数几个小企业就可以做出来、做起来的。它不仅需要技术，更牵涉到各个行业、各个产业，需要多种力量的整合。这就需要国家的产业政策和立法要走在前面，要制定出适合这个行业发展的政策和法规，保证行业的正常发展。对于复杂的物联网，必须要有政府的政策支持，政府必须要有专门的人和专门的机构来研究和协调，物联网才能有真正意义的发展。

总体来讲，在政策规划方面还是要坚持顶层设计、分级管理。首先，定下全国物联网发展的总基调；其次，地方根据国家需求，从自身实际出发，制定地方物联网发展的具体措施。中央与地方联合互动，打造物联网发展的平台，才能确保物联网产业的可持续发展。

5.3.1 国家级政策规划

温家宝同志在十一届全国人大三次会议上的政府工作报告中首次专门提及物联网，鼓舞了我国物联网产业的发展。目前，我国国内物联网产业已初步形成环渤海、长三角（含泛长三角）、珠三角及西部地区等四大区域集聚发展的总体产业空间格局。其中，长三角（含泛长三角）地区产业规模位列四大区域的首位。

长三角（含泛长三角）地区是我国物联网技术和应用的起源地，在发展物联网产业领域具有得天独厚的先发优势，是国内物联网产业的研发、设计、设备制造及系统集成基地，重点进行核心关键技术突破与创新能力建设、着眼于物联网基础设施建设、城市管理信息化水平提升；珠三角地区是我国国内电子整机的重要生产基地，主要聚焦物联网设备制造、软件及系统集成、网络运营服务、应用示范领域及农村信息技术应用等方面；环渤海和西部地区主要在示范应用方面取得一些突破。

2011年，我国工业与信息化部发布了《物联网“十二五”发展规划》全文，文中分析了我国物联网发展的现状和形式，明确了今后发展的指导思想，确定了以市场导向与政府引导相结合、全国统筹与区域发展相结合、技术创新与培育产业相结合、示范带动与全面推进相结合的发展原则并制定了发展目标。同时，文中指明了发展的主要任务为：大力攻克核心技术、加快构建标准体系、协调推进产业发展、着力培育骨干企业、积极开展应用示范、合理规划区域布局、加强信息安全保障以及提升公共服务能力并颁布了重点工程。

目前，我国确定的十大城市“十二五”规划全面布局物联网的内容包括：

（1）无锡“十二五”将建成物联网标准体系和专利池；

（2）重庆“十二五”将建设城市物联网基础平台；

（3）杭州“十二五”物联网发展目标产值1000亿元；

（4）北京“十二五”将推动物联网应用实践；

（5）武汉“十二五”将实现车联网全覆盖；

（6）天津“十二五”要建成无线传感网；

（7）广州“十二五”将重点推进“智慧广州”建设；

（8）上海“十二五”将推进物联网产业自主发展；

（9）宁波“十二五”将全力加快创建智慧城市；

（10）深圳“十二五”将建设物联网传感网络平台。

5.3.2 地方物联网政策规划——以武汉市为例

以国家物联网规划为基础，各个地方会根据自身的特点，结合实际出台地方物联网政策规划。一方面，地方物联网规划要面向全国；另一方面更要突出特色，力争在物联网大潮中树立自己的品牌。在具体制定时，应首先分析自身的优势与挑战，确定总体目标和框架，定位重点领域，并规划实施路径。在此，以武汉市物联网政策规划制定为例，分析地方物联网政策规划，以供其他地方参考。

武汉市属于物联网四大区域集群中“泛长三角”的重要组成部分，是国务院批准的沿江开放城市，是长江经济开发带的重要支点。国务院批复的《武汉市城市总体规划（2010—2020年）》明确定位武汉为：“中部地区的中心城市”。在全球物联网的热潮中，作为最中心的城市，武汉市发展物联网已经抢占了天时和地利，有很大的发展潜力。在立足自身优势的基础上，以技术为基础、以产业为依托、以政策为保证，进一步汇集人气，物联网的东风将推动武汉市的经济改革、技术创新和社会升级。

1. 武汉市物联网规划的基础

（1）技术基础

武汉市在物联网感知层的二维码技术中，拥有国际标准（2007年武汉矽感科技有限公司成功研制了“矽感CM、GM二维条码技术”，打破了日本QR和美国PDF417的标准壁垒）；对微电子切割起重要作用的激光领域全国领先，激光产业规模国内第一，为全国三大激光产业基地之一；光电通信领域特色突出，优势明显，已是全国全光网通信产品的主要生产制造基地，在国际上已有一定的地位和市场份额，武汉全真光电获得两项美国发明专利授权，武汉邮科院“城域网络多业务环技术方法”获国家技术发明二等奖；达梦公司成功研制了国内唯一的数据库系统，使得武汉在应用层技术领域亦有所斩获。总之，武汉的基础研究覆盖面很广泛，在物联网感知层、网络层和应用层都有一定的技术基础。

（2）工业经济基础

两化融合是物联网产业发展的重要“阵地”，在与物联网紧密关联的光纤传感、光纤通信等领域，武汉市拥有绝对领先的产业基础，拥有一批具有自主知识产权的专利和标准；同时，武汉市是湖北省的工业龙头，工业的高度发展也为物联网产业的发展带来众多机遇。

(3) 设施基础

武汉市电信数据业务、移动通信和广播电视网络发达，覆盖全市，拥有华中地区最大的光纤通信汇接中心，能够方便快捷地与全球240多个国家和地区进行通信联络和信息交流。在光纤到户、3G网络以及网络运营方面都走在全国的前列。同时，武汉市所依托的湖北省的光纤光缆产业规模居国内第一、世界第三，光通信设备及光电器件研究开发和生产规模居国内前茅。手机已形成千万级产业规模，已拥有移动通信设备和终端的研发厂家6家，配套厂家近10余家。中小型电台和移动通信基站反馈系统产量居全国第一位。这些硬件基础的大部分都属于武汉，为武汉物联网产业的发展提供了有力的支持。

(4) 应用基础

武汉市的交通、商业和流通业十分发达，拥有内陆最大的流通中心和货物集散地，作为“中心城市”可辐射湖南、江西、安徽、河南、四川五省近四亿人口。这些都构成了物联网技术应用巨大的市场空间和需求来源。

(5) 人才基础

武汉市高等院校和研究院所众多，研究领域广泛，在与物联网相关的学科如计算机、网络、无线传感、智能信息处理、微芯片设计、信息安全、遥感遥测、通信、微纳加工、光机电一体化等领域拥有众多的国家重点实验室和研究基地。同时，一批院士和创新团队构成了高素质的人才队伍，多年来一直承担国家级的基础研究课题和科技攻关课题，积累了大量的科技成果。

2. 武汉市物联网发展的机遇与挑战

(1) 武汉市物联网发展的机遇

①区位优势

湖北省地处中部，武汉市被确定为“中部地区的中心城市”，承东起西，连南接北，拥有水路、公路、铁路和航空立体交通，也拥有连接全国、通达世界的主干网络，不仅有利于文化交融、人才交流，也有利于产业链的对接和物联网应用市场的培育，是武汉市发展物联网产业的优势所在。

②产业转移带来机遇

我国将继续成为发达国家电子信息产业转移的重点对象。而以珠三角、长三角、环渤海以及福建等沿海为代表的我国信息产业发达地区由于劳动力成本上升、环境资源压力加大，出现了人员、土地、水电能源等重要生产要素全线告急的状况，信息产业有由沿海城市向中部转移的趋势。作为泛长三角的重要区域，“中心城市”武汉拥有承接海外和沿海经济发达地区的产业梯度转移的实力。产业转移为武汉市及整个湖北省信息产业未来的发展提供了新的机遇。

③政策规划“福”射武汉

政策是促进产业发展的巨大推动力。武汉市在湖北省提出的物联网“15185”产业发展和“智慧湖北”的应用格局中占有重要的位置，这为武汉市物联网发展带来巨大的机遇。其他政策支持下的武汉物联网示范工程还包括：在武汉智能示范小区、武汉新机场、武汉石化、武汉钢铁等大型工厂和工业园区建设中开展“光纤光栅周界入侵防范传感器与系统”的示范应用工程，构建“武汉智能桥梁结构健康监测与综合管养系统”示范应用等。这些政策的“辐射”无疑对武汉市物联网产业的发展起到推波助澜的作用。

（2）武汉市物联网发展的挑战

①顶层规划不完善

虽然武汉市政府部门和企业积极开展推动物联网相关产业的发展工作，也成立了有关园区和产业联盟，但总体来说产业缺乏顶层设计，规划意识与协调机制有些薄弱，部门之间、地区之间、行业之间资源共享不足，分割情况较为普遍，资源利用率过低，有无序重复建设现象的态势，难以形成产业总体规划。

②产业链发展不平衡，规模化应用不足

目前来看，虽然武汉市物联网产业已经有了初步发展，但产业链发展仍然不平衡。其中，属于感知层结点的信息感知、RFID、自动控制等产业已经基本成熟，网络层产业结点优势也较明显，但应用多以单体的形式出现，“物物互联”的应用需求层次偏低，规模化应用不足，导致了感知层产业结点的相对欠缺，制约了武汉市物联网产业的整体发展。物联网产业的健康有序发展，需要产业链各个环节平衡发展、共同努力，以实现各个环节的互动、联动，达到规模化应用。

③标准欠缺

虽然武汉市在二维码领域拥有了一定的话语权，但目前的技术创新，大部分还是源于对原有技术的深化和改进，而使其具有了物联网的特性。物联网数据采集环节的传感器、电子标签，应用环节的各类软件、中间件都没有形成足够有力的核心技术。知识产权大部分掌握在国外企业手里，这无疑增加了武汉市物联网产业的发展成本，而信息安全也难以保障。同时，物联网本身是一个技术束，跨越多个学科，包含各类技术，涉及的标准非常多，亟待统一标准体系的出台。

④缺乏成熟的商业模式

和物联网整体发展的问题一样，武汉市物联网产业的发展也存在商业模式缺失的问题。如何将物联网技术束中的各类技术进行组合，创造出有价值的产品，并将技术产业化形成经济效益，是整个物联网行业亟待解决的问题，也是本文研究的重点。

3. 武汉市物联网政策规划建议

总体来说，武汉市物联网发展应该结合城市定位、体现区域特色，应用为先，促进经济转型，以点带面，梯级推进，整合区域资源，面向全国布局，从管理、产业、资本环境、人才培养等方面制订物联网发展政策规划。

（1）顶层规划　加强领导协调监督

①建立市级领导机构及其办事机构。尽快成立武汉市物联网产业发展领导小组，办公室可设在市科技局，承担全市物联网产业发展的统一领导、统筹规划、组织实施、综合协调、监督管理等重要职能，协调解决跨地区、跨部门、跨行业的重大工程建设等相关方面的问题，为全市物联网产业发展和应用推广提供组织保障。

②加强物联网建设宏观指导和管理。进一步完善发展规划，出台指导意见和行动方案，积极打造“绿色智慧武汉”。组织和协调重点关键技术与重大建设项目，加强行业标准、立法等方面的研究与制定工作。

③建立专家咨询机构和专家咨询制度，加强物联网产业战略研究和科学决策。设立武汉市物联网专业委员会，参与研究制定武汉市物联网发展规划，对重点建设工程方案、技术标准进行咨询论证，对信息技术和信息化发展趋势提出预测报告和相关方向的软课题研究。

（2）资本多元化　完善投资环境

①设立政府引导、市场运作的物联网产业发展专项资金。市政府每年从财政预算内统筹安排一定数额的资金作为市物联网发展专项资金，主要以资本金、项目贷款贴息和风险投资等方式，进行人才培养、核心技术研发及技术产业化，亦可用于重大物联网工程项目的投资及教育培训与国际交流等。

②采取国家政策性拨款和争取国际上优惠低息贷款，充分发挥中央各部门新兴产业发展建设资金的支持作用，搞好联合共建。积极引进外资和外地

企业、市内外上市公司以及民间资金投入到物联网建设中去。

③争取国家支持以发行股票、证券，甚至到海外市场上市等方式融资集资。通过产业资本、金融资本与政府政策支持相结合，对物联网产业的非上市企业进行直接股权投资，并对各类上市或非上市的技术领先型企业进行产业整合为目的的并购重组。针对物联网企业和产业特点，向社会公开发行并上市流通的风险投资基金，鼓励和吸引国外风险投资机构和风险投资家直接投资新兴产业，或者与国内的风险投资机构合资、合作共同设立风险投资基金，允许合资、合作风险投资基金收购兼并国内的相关企业，以利用他们的优势在国际资本市场上筹资。

④加强宏观指导和管理，避免重复建设。对于直接为政府服务的工程项目和为公众服务的公益性项目，纳入全市物联网重点建设管理范围，列入国民经济和社会发展中长期规划，按照滚动发展、分步到位的原则，政府逐年投资建设，避免重复建设。

⑤按照市场经济规律，向投资多元化、投资方式多样化方向转变，实行政府投资为引导、企业投资和资本市场融资相结合，以市场运作为主，多渠道筹措建设资金。建立和完善多层次资本市场，改善融资环境。

（3）启动示范工程　创新产业发展模式

①充分发挥“武汉·中国光谷”物联网产业技术创新联盟的作用，启动五大示范工程（武汉数字城市示范中心、武汉轨道交通物联网示范工程、智能用电信息采集物联网系统组网示范工程、武汉新机场光纤光栅周界入侵防范系统、城市人居环境智能监测示范工程），继续扩大物联网相关产业和技术创新联盟，对从事物联网感知层产业结点传感器业务和 RFID 技术的企业进行重点培育与扶持，设立专项资金支持技术创新与改造。

②建立物联网“政产学研用维”平台，在武汉市物联网产业发展进程中，推广“政产学研用维”相结合的模式。“政”为行业主管部门，负责物联网产业的宏观规划和管理；“产”为生产制造企业，该类企业构成武汉市物联网产业链；“学”为武汉市内各高校，由高校借助于物联网产业建设契机，为物联网发展提供充足的人力资源；“研”为高校及研究院所，负责研究物联网的基础技术、行业标准、技术应用；“用”为政府用户、行业用户和个人用户；“维”为维护企业，由专业维护企业实现对物联网的运行和维护，通过创新的运维模式确保物联网产业的良性发展。通过“政产学研用维”模式，将各方的优势结合在一起，形成多赢共赢的局面，保证武汉市物联网产业快速、长

效发展。

③加快建设光纤通信技术和网络国家重点实验室、软件工程国家重点实验室、测绘遥感信息工程国家重点实验室、国家卫星定位系统工程技术研究中心、国家多媒体软件工程技术研究中心、空天信息安全与可信计算教育部重点实验室等项目；筹备设立武汉市物联网研发中心等机构，构建物联网共性技术研发平台与云计算平台，支持物联网孵化器建设，鼓励更多企业加入物联网行业。

④以行业应用作为物联网应用平台，通过与现有产业紧密合作，改造传统产业。在政府采购和投资项目中优先使用物联网技术，在公共事业、公共服务领域优先引入物联网技术和产品，尽快形成物联网应用基础。

（4）引才培才　构建高端智库

①充分发挥武汉各个高校学科齐全与多学科交叉的优势，在信息技术相关专业中增设物联网专业或物联网核心技术相关的研究方向，针对物联网应用，积极开展物联网核心技术研发。同时加强与产业界在产品研发与技术创新以及人才培养方面的产学研合作。

②积极提升武汉市的国际形象，改善高端人才生活环境，营造高端人才和团队创新创业环境，通过与全省正在组织实施的引进海外高层次人才“百人计划”等人才工程项目相结合，大力引进掌握物联网核心技术的人才和专业团队来武汉创业，跨行业汇集和整合行业人才。

（5）规划路径　完善配套政策体系

①对重点领域、重点项目要给予政策支持。选择一批具有重大影响的建设项目和带有普及与推广作用的产业关键技术，进行资金、技术与政策倾斜。对带有战略性和全局性的建设项目进行总体规划和统筹安排，利用市场机制的作用，在资金投入、信贷、税收、设备折旧、人才引进等方面重点支持。

②鼓励营运业和信息产品制造业根据信息技术和市场需求，联合提高研制开发能力和生产能力，为物联网发展提供先进、适用的技术装备。给予政府采购、金融部门买（卖）方信贷等方面的优惠。加大税收和政府采购政策扶持力度，凡是使用财政拨款和基本建设贷款进行的重大物联网建设的项目，在同等条件下，积极鼓励优先采购和使用武汉市自主创新产品目录中的产品和服务。

③制定和完善鼓励利用国内外先进技术和管理的优惠政策。采取“以市

场换技术、以市场引资金、以市场招人才”的办法，引进国内外大公司，尤其是世界知名信息技术企业作为战略合作伙伴，提高对关键性技术、先进的管理经验等方面的消化吸收能力，解决好武汉市物联网建设所急需的技术、资金和人才的问题。

④对武汉物联网战略实现路径进行规划，初始阶段，可集中力量建设一批如政务数据中心、市民卡/车辆卡、智能交通等重大功能性项目或项目群，力争率先取得“点”的突破。而后遵循“以点带面、梯级推进、建设与应用同步”的方针，做好智物联网后续项目的前期策划和论证工作。

5.4 战略纬度

战略平台是技术、产业及政策平台的统筹与激发器，也是其他三个平台得以顺利运行的基础和润滑剂。只有战略正确，战术才会有好的结果。战略平台应该从世界、国家及总体的层面考虑整个物联网商业生态系统的长远发展并为之制定合理的发展路线，应该包括对于整个机制创新、系统创新的思考，比如对物联网在城市管理中创新的思考、对物联网可能带来的负面效应的思考以及对物联网教育的创新思考，等等。

5.4.1 物联网的世界格局与中国战略

近年来，全球主要发达国家和地区均非常重视物联网的研究，韩国、日本、美国和欧盟都纷纷制定了相应的发展战略以图利用各种信息技术来突破互联网的物理限制，实现无处不在的物联网络。

美国对“智慧地球”战略做出了积极的回应，将“新能源”和“物联网”作为振兴经济的两大武器，对物联网相关技术的研发投入巨资，其7870亿美元《经济复苏和再投资法》中，鼓励在推动能源、宽带与医疗三大领域开展物联网应用；欧盟于2006年成立工作组专门研究RFID，并于2008年发布了报告《2020年的物联网——未来路线》，2009年推出《欧盟物联网行动计划》，意在引领世界物联网发展，计划中制定了12项行动来保障物联网的发展；日本政府自20世纪90年代中期以来相继制定了e－Japan、u－Japan和i－Japan计划以期构建无所不在的网络，促进日本产业、社会、地区及信息与通信技术的融合；韩国于2002年、2006年和2009年分别提出了“e－Korea”、“u－Korea”战略和《物联网基础设施构建基本规划》，确定了构建物联网基础设施、研发物联网技术、发展物联网服务、营造物联网扩散环境4大领域、12项详细课题；新加坡于2005年制定了“智慧国2015（iN2015）”战略，描述了新加坡的智慧国蓝图；我国自2009年8月温家宝同志提出“感知中国”以来，物联网已被正式列为国家五大战略性新兴产业之一，写入《政府工作报告》，受到了全社会的极大关注。

信息产业是一个“跑马圈地”效果十分显著的产业，从目前的力量对比来看，世纪物联网大战将主要在美国、欧洲和中国之间展开：美国作为数字经济的领跑者，在物联网技术领域仍然存在累积性的技术优势，但却丧失了3G网络标准的话语权；欧洲在物联网中分量最重的标准——移动网络标准上拥有绝对的优势；中国则把握着世界最大的物联网应用市场，存在世界最大的物联网潜在需求，拥有世界最多的物联网应用平台——手机用户终端。如果中国倒向美国，美国将在市场上取得对欧洲的均势；如果中国倒向欧洲，美国的技术优势将被市场逼入绝境。在此情形之下，中国市场这个筹码的分量显得举足轻重。发展现状对中国来说是极其有利的。如何把握有利的战略时机，将中国发展为物联网强国，抢占第三次信息技术革命的先机是战略层应该关注的关键问题。

5.4.2 智慧城市战略

国家发展的主体是城市，而物联网在城市发展战略中可以体现智慧城市战略。智慧城市，是在信息技术和知识经济加速发展的背景下，以信息技术的高度集成和信息资源的综合应用为特征，以物联网、互联网、电信网、无线宽带网和广电网等网络组合为基础，以智慧产业、智慧服务、智慧生活、智慧管理等为重要内容的城市发展新模式，是物联网战略的重要建设内容，是物联网技术、产业和政策的结合。

智慧城市的兴起与物联网技术的深入发展和广泛应用是密不可分的，互联网把人类社会带入了“信息时代”，而物联网的使命则是要把人类社会带入“智慧时代”。随着物联网的发展，智慧城市开始具备从幻想向现实转变的条件，物联网是各个国家和地区开展智慧城市建设的先行者，物联网的应用水平是衡量智慧城市建设进程的重要标志。

1. 智慧城市的构建模式

从政府和市场在智慧城市建设中的分工来看，智慧城市建设有三种模式：政府主导型模式、市场主导型模式和混合型发展模式。

（1）政府主导型模式

政府主导型模式是指政府承担智慧城市构建的主要责任，由政府进行基础设施建设，并制定一系列的措施由上而下来推动智慧城市的发展，包括促进国内外资源的集聚、招商引资、引导企业、市民和政府间的互动以及“智慧”工程的颁布和实施等。对于金融业比较落后、不能吸引足够的风险投资的经济欠发达城市而言，政府主导型模式无疑是最好的选择。

（2）市场主导型模式

市场主导型模式主要是发挥市场在资源配置方面的主导作用，通过打造“智慧城市”的人文和产业环境，吸引并鼓励企业在寻求利益的目标下，自发的寻求技术突破和产业创新，形成智慧的产业集群，从而促进智慧城市的构建。一般情况下，经济发达地区，尤其是发达工业化国家一般都采用市场主导型模式，这种模式显示了自下而上的力量。

（3）混合型发展模式

目前，我国正处于智慧城市建设的起步阶段，单纯依靠政府的力量或市场的力量都不足以支撑智慧城市发展的进程，综合两种模式的长处共同构建智慧城市是比较理想的选择。而混合型发展模式正是政府力量和市场力量的有机结合：一方面，政府主导来促进智慧城市基础设施的建设，同时颁布相应的规章制度来提高企业进行智慧产业投资的积极性；另一方面，巨大的利益空间会促使市场自发地形成对智慧产业的追逐，会有更多的私人资本投入到智慧城市构建中来。

总体来看，目前我国信息化全局工作缺乏有效的规划，导致部分重复建设；不同部门组织制定的信息化标准之间不协调，各部门、各行业都在信息化，但不能连接起来发挥综合效应，缺乏统一的城市信息化标准体系；缺乏合适的运行管理模式，缺乏科学、实用的城市信息化建设的总体框架，缺乏适合不同类型城市使用的建设与运行模式。

2. 智慧城市的内容

智慧城市可以为政府公共管理提供高效快捷的手段；为企业运营增产增效；为市民提供无所不在的公共服务。是数字政务、数字产业和数字民生的综合平台。目前来看，智慧城市的发展还处于起步阶段，其应用功能主要包括智慧电网系统、智慧建筑系统、智能交通系统、智慧医疗、城市指挥中心、城市环境管理、城市公共安全和城市公共服务八个方面。智慧城市全景如图5－3所示。

图 5－3 智慧城市全景

资料来源：华为智慧城市报告

3. 智慧城市的运营

智慧城市是一种理念，是技术的集合也是产业的集合，运营和实施是智慧城市成功的关键。其运营模式可从技术、环境、政府以及可持续发展几个方面来考虑，参考智慧城市构建模式，具体来讲有以下正在尝试的运营模式：①政府独自投资建网外包运营：比如美国德州的 Corpus Christi（60% 出租给 ISP）和美国纽约的 NYCWiN，非盈利性质；②政府投资，委托运营商建网和运营：以免费为主，政府给予运营商一定补贴，例如中国香港、新加坡、深圳、西安等；③政府指导，运营商投资并运营：盈利方式分为商业部分和公共服务部分，后者由政府购买服务，大众免费使用，如上海、厦门、广州等；④政府牵头，运营商建网的 BOT 模式：运营商拥有一定时期的专营权，到期移交政府，如中国台北；⑤运营商独资投资运营，完全市场化，在特殊场所政府提供补贴，可免费享受服务：如日本东京、美国费城。

5.4.3 物联网人才战略与教育创新

产业的扩张需要人才的支撑，如图 5－4 所示，教育部的资料显示，物联网80%左右的人才需求都集中在物联网的应用开发、实施以及推广方面，也就是物联网的应用人才最紧缺，这也显现出物联网实训基地建设的必要性。

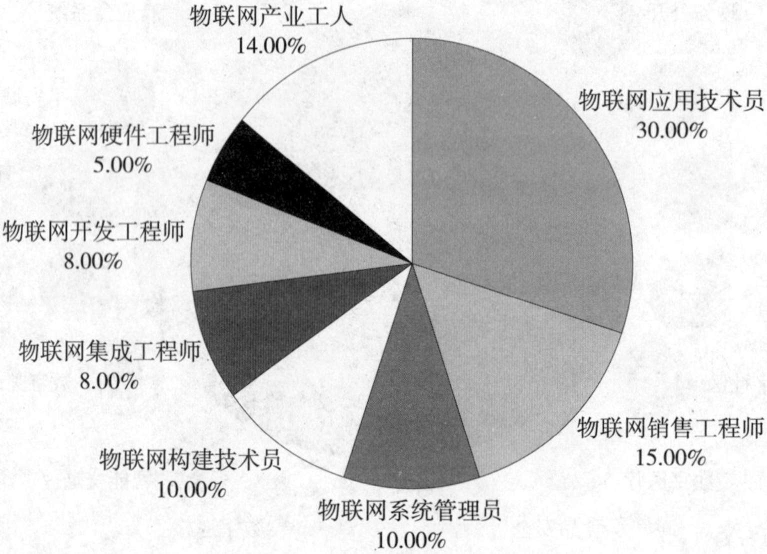

图5-4 物联网类人才结构分布

资料来源：教育部全国物联网技术应用人才培养认证项目办公室

教育部从2010年开始，陆续对部分普通高等院校一本、二本、三本及高职院校批准开设物联网相关专业，最早从2011年开始招生：2010年7月12日《教育部办公厅关于战略性新兴产业相关专业申报和审批工作的通知》，批准北京理工大学等37所高校开设物联网相关专业；2011年3月8日，教育部批准华侨大学等25所高校开设物联网工程专业；“国家示范性高职院校建设计划”批准南京信息职业技术学院物联网工程技术专业和重庆城市管理职业学院物联网技术与应用专业为立项重点建设专业；教育部教育管理信息中心于2010年6月26日正式启动全国物联网技术应用人才培养认证项目（简称：IOT-PRO实训项目），面向全国高校开展全国物联网技术应用专业人才培养认证考试，并建立了与之配套的专业教学大纲、教学计划、教材、软件、考试题库等。同时，增设以培养物联网专业人才为目标的实训项目——全国物联网技术应用专业人才实训基地，目前已批准的有四个：分别为江苏信息职业技术学院、重庆正大软件职业技术学院、青岛职业技术学院和广西经济管理干部学院。

综上，我国已经开始对物联网人才培养布局，但还处于初步发展阶段，客观上讲物联网专业人才培养面临着“三缺乏”的现实：缺乏师资、缺乏教材、缺乏教学设备。

首先，物联网是典型的交叉学科，涉及电子、计算机、自动控制、通信、信息管理等多方面专业知识，是信息科学与技术的大集成。但在教师资源方面，单专业的教师好找，横跨多学科的教师，尤其是“双师型”高复合型教师稀缺，这将在很大程度上阻碍我国物联网人才的培养。其次，随着物联网的提出和发展，出现了很多物联网方面的书籍，但多以概念描述为主，或是从单一技术入手（如 RFID 等），能够全面体现物联网技术和应用的教材尤其是实验教材凤毛麟角，选择的余地非常小，且还有待教学实践的检验。最后，掌握技术的最佳途径是实验，但目前各个高校物联网的教学实验设备非常缺乏，物联网研究中的核心部件 RFID，目前国内只有清华、上海交大等三四所高校具备实验实训条件，其他高校都要进行购置，而这些设备都价值不菲，传感器的设备就更加稀缺。

以上从我国物联网人才培养需求、现状和问题方面进行了分析，作为物联网发展的重要分支，需要在实践中摸索物联网教育的创新模式，以支撑物联网产业的发展，下面以武汉商贸职业学院物联网实践基地创新模式为例，阐述物联网教育模式创新。

武汉商贸职业学院依托物联网发展的大环境，提出“4 +1 云共享”物联网实训基地的构建设想，提出“行动导向、校企共育”的人才培养模式，值得借鉴和推广。

1. “4 +1 云共享”物联网实训基地总体设计

武汉商贸职业学院提出的“4 +1 云共享”物联网实训基地模型指的是“一个平台” + “四种功能”，如图 5 –5 所示。

“一个平台”是指基于云计算技术的人才培养共享平台，是实训基地“四种功能”的支撑，计划通过与企业和其他院校、科研院所的合作，利用云计算中心的强大计算功能，为合作企业和学校提供数据计算和存储平台，通过和相关企业及厂商合作探寻新的培训和实训模式，基于云端创新应用场景，最终达到能实现远程仿真实训、数据共享和实训指导等功能。如图 5 –6 所示，“一个平台”将采用云计算的理念建设，且所有的教材、课件、软件等资源，完全对外开放，实现校校、校企共享，满足学生、教师及社会物联网实践教学的需求。

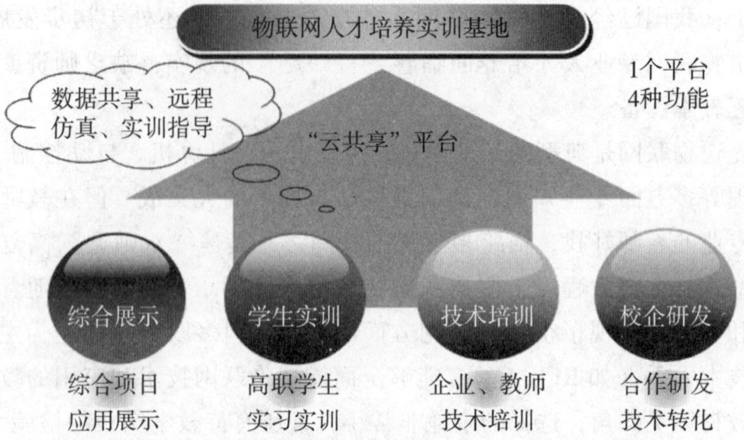

图5-5 "4+1云共享"物联网实训基地构建模型

资料来源：武汉商贸职业学院

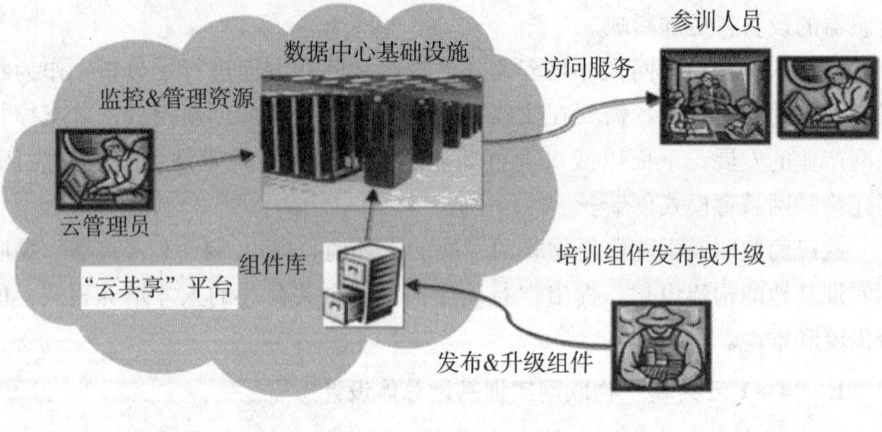

图5-6 云共享平台模型

资料来源：武汉商贸职业学院

"四种功能"是指：

(1) 物联网系统的综合展示应用

学校针对当前几种典型物联网应用场景进行模拟展示，以使培训人员通过所观所感深刻而迅速地了解物联网的意义。比如模拟智慧物流，模拟农业环境中的温度和湿度监控，模拟智能家居应用等。同时，在综合展示区还会展示主流的物流网产品和器件，比如感知层的RFID、条形码、IC卡、传输层的传输设备、应用层的软件等。

（2）学生实训

这一功能主要针对学生培训群体，重基础重应用。希望通过培训让学生能掌握物联网的相关设备的使用，熟悉各种物联网设备性能、参数，了解物联网设备的应用场景，掌握基于物联网设备的嵌入式开发。

（3）教师和企业人才培训

此功能主要是针对高职教师和企业一线从业人员的技术培训，让受训人员能加强自身对物联网应用技术的理解，能实际帮助企业解决物联网在典型应用中的实际问题。

（4）校企合作研发

学校应充分利用基地自身具备的智力资源和门类齐全、技术先进的各种仪器设备构造区域共享型实训基地，并将此基地打造成为科技成果转化基地、技术推广、技术服务、技术咨询基地和科技信息集散地。通过校企合作，学校可与企业联合承接工程，联合进行新技术、新产品、新工艺的开发项目，共同研讨生产中的实际应用课题，实现培训和就业、创业的完美过渡。

2. 实训基地建设方案

物联网实训基地要兼顾教学、实训、创新、应用与科研，所以实训基地的建设要做好区域规划。通过区域规划，可以将教学与实训、创新与应用很好地融合在一起，既能方便教师教学，又有利于参训人员进行独立实验以及分组创新实验，使培训达到更好的效果。武汉商贸职业学院拟将实训基地分为综合展示区和技术培训研发区两部分实施建设。

（1）综合展示区的建设

综合展示区的建设主要为了实现第一个功能，在此通过物联网器件及几项物联网的典型应用的展示，让参观人员可以直观了解到什么是物联网以及物联网系统构建的基本形式，会涉及很多硬件设备。

以智能家居系统的展示为例：物联网智能家居应用包括智能家电、安防系统、可视对讲、远程控制、智能影音等，可建立如图 5－7 所示的物联网项目演示模型。

通过此演示模型可主要实现以下功能：①通过互联网监控家中各种家电设备；②通过手机监控家中各种家电设备；③通过室内遥控器控制家中各种家电设备；④进行进门、出门、睡眠等各种场景控制；⑤提供二次开发扩展接口，此接口可方便参训人员进行扩展实验，比如通过互联网、手机控制房中各种家用电器等。

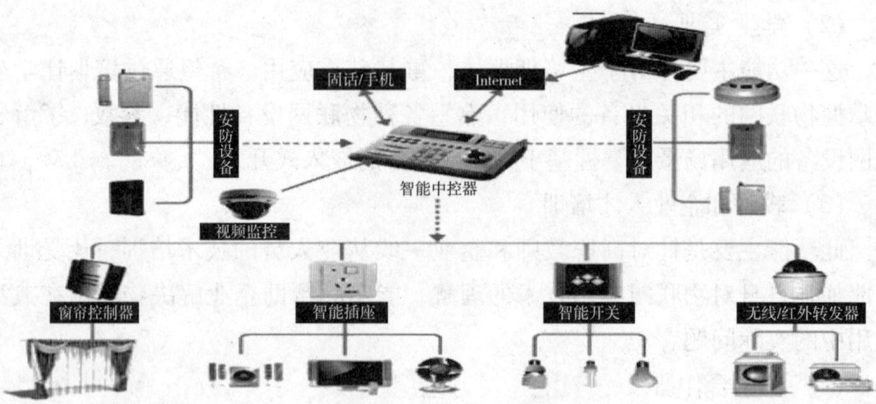

图 5 -7　智能家居演示系统模型

资料来源：武汉商贸学院

（2）技术培训研发区的建设

此部分要建设一个“教学研”的统一实训平台，集教学、实训、创新、研发功能于一体，围绕物联网主题，同时兼顾当前流行技术的发展趋势，注重各种技术之间的融合与灵活应用。此区域既要满足日常教学要求，又要注重项目实训及创新试验，各设备之间可以灵活组合。学生可以基于各种模块，按照自身的独特设计及应用，融合各种技术，进行创新实验。具体来讲，技术培训研发区按照宽基础、活模块、重创新的建设理念，采用分期投入和逐步建设的方式进行建设。

所谓宽基础是指：由于物联网是交叉领域，所以物联网实训必然要涉及相关基础学科的实验，那么可采用改造和整合等方式广泛集成支撑物联网的基础学科实验室，从而为参训者提供广泛的基础实验培训；活模块是指：物联网综合实训室的建设可根据物联网的分层体系架构，将物联网所涉及的关键技术模块化，基于不同模块的灵活整合，可构建不同的应用平台和应用场景；重创新是指：物联网是一个新兴产业，无论是技术还是应用上都有待创新，因此可建设一个创新实验室，提供计算机及必需工具设备，由设备供应商提供或参训人员自购相应元器件，在教师组织和引导下进行自主创新实验，同时该实验室也可作为科研人员的应用研究场所，力争实现物联网实际项目的转化。

3. 实训基地人才培养方式及课程设计

武汉商贸职业学院“4 + 1 云共享”物联网实训基地计划采用“行动导

向、校企共育”的人才培养模式，即采用项目导向、任务驱动、生产性实训、顶岗实习等行动导向的教学法实施课程的一体化教学。课程体系的构建、教学内容的选择与重构、教学任务和项目的选择、师资队伍、实践教学条件、环境氛围的建设、教学监控与评价等，即人才培养全过程通过校企合作共同完成。

课程设计是实训基地建设的关键，武汉商贸职业学院采用如图 5－8 所示的课程设计流程：从岗位分析开始，首先定位学习的岗位群；其次确定典型任务的基础上逆向反推能力需求；再次通过归纳转换确定具体的知识技能素质；最后整合优化将素质能力转化为具体课程。

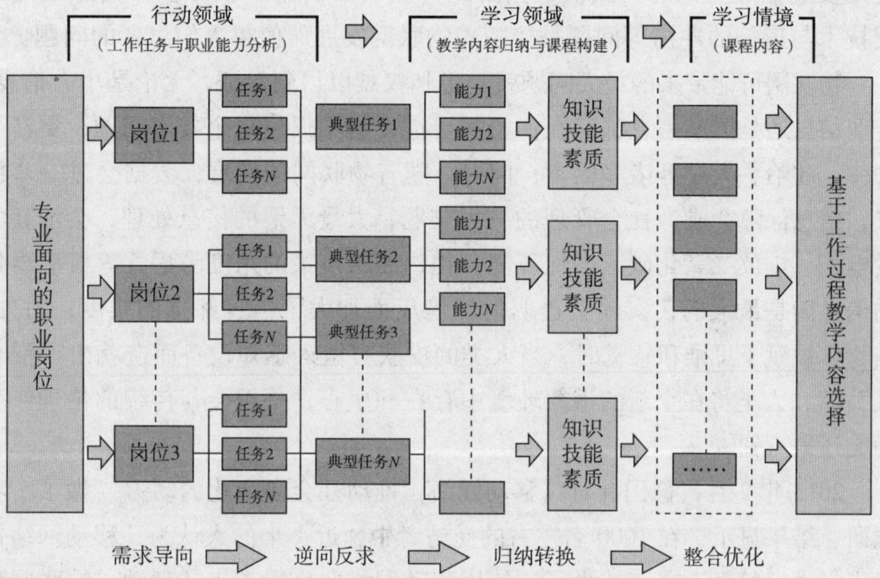

图 5－8　物联网实训基地课程设计流程

资料来源：武汉商贸职业学院

综上，武汉商贸职业学院提出了一个平台、两个区域、三个理念、四个功能、五步课程建设的高校物联网实训基地构建模型：一个平台——云共享平台；两个区域——综合展示区和技术培训研发区；三个理念——宽基础、活模块、重创新；四个功能——综合展示、学生实训、教师及在职人员培训、校企合作；五步课程建设——确定岗位、分解任务、总结能力、剖析技能、优化课程。这一模型的构建对于处于起步阶段的物联网实训基地构建具有很好的借鉴意义，是物联网教育模式创新的典型案例，可以为物联网人才战略提供有益的参考。

5.4.4 对物联网可能引发社会问题的思考

任何事物都有两面性，从战略角度考虑，当我们欣喜地看到物联网给个人、企业、产业乃至社会带来无限美好未来的同时，我们也必须清楚地认识到物联网带来的一系列问题。当任何“事物”包括人都被贴上数字化的标签后，社会将变得越来越透明，无论在单位，在家；在天上，在海里；在工作，在休息；在睡觉，在聊天……都会被一双叫“物联网”的眼睛所跟踪、所监视。诚然，社会透明度的增加加重了“公开、公正”的砝码，是“反腐倡廉”的有力武器，但由此可能引发的隐私权保护、信息爆炸以及技术与道德的冲撞等问题是伴随着物联网发展而值得人们思考的问题。

物联网可能带来的最大问题就是隐私权难以得到保证，无论是个人信息、企业信息还是国家信息都存在泄密的可能，这不仅仅是个技术问题，更涉及法律、政治、人权等诸多因素；同时，随着物联网的发展，数据会进一步膨胀，信息保障会成为社会管理的一大难题，大量无谓的信息处理，会消耗大量电能、排放二氧化碳，增加环境负担，而从决策的角度考虑，等概率事件的信息熵是最大的，实际上透明的环境反而加大了信息筛选的难度；另外，当物体被赋予思维和感觉时，当人类的皮肤被植入感知设备而造就出“混合人”后，人类将在全新的道德环境中存在和生存，是否会与传统的伦理产生冲突还未可知。

2013 年 2 月，德国针对《移动网络：推动社会数字化的动力》做了一项调研，结果显示，在 1000 名左右的受访者中，近一半的人认为，移动网络使得人们之间的真正交流减少了，使用移动网络会变得越来越孤独。物联网作为移动网络的一种，虽然延伸了连接的终端，但肯定也会带来一系列的社会问题。美国学者查德 · A. 斯皮内洛曾一针见血地指出：“社会和道德方面通常很难跟上技术革命的迅猛发展。而像中国这样的发展中国家，在抓住信息时代机遇的同时，却并不总是能意识到和密切关注各种风险，为迅猛的技术进步所付出的日渐增长的社会代价。”

这是一个美国学者对中国的善意提醒，不能不引起我们深思。

物联网技术应用遍及各行各业，正在改变着我们的世界，当人类享受创新和服务的同时，无所不在的物联网造就的人与物、物与物之间的交流也会给人类生活带来负面的影响，当一种新的技术改善我们生活的同时，它也可能会使得已经习以为常的生活方式黯然失色，如何在遵循社会伦理和人性规范的基础上进入前所未有的自动化、技术化海洋也是物联网战略应该考虑的内容之一。

5.5 基于 MOP 的宏观物联网商业模式构建与评价

综上所述，物联网宏观商业模式应该包含技术、产业、政策和战略四个纬度：从技术纬度看，物联网不是单一的技术而是一个技术束、技术集合，几乎覆盖了信息技术的各个领域，构建物联网商业模式的技术纬度，可以搭建一个技术平台，对物联网技术进行统一管理，统筹不同技术人员，为他们提供一个集中对话的空间，这有利于物联网标准的建立，促进物联网技术价值的实现；从产业纬度看，物联网产业链的发展还很不平衡，蒋国银在基于 MAS 的移动服务链研究中证实了构建利益共同体可以实现产业链利润的最大化，物联网的宏观产业商业模式，应该为所有物联网企业提供一系列的产业服务，如技术管理、法律咨询、信息共享等，同时可以对物联网产业的发展做统筹规划，促进物联网产业共同体的构建，以实现物联网产业链的利益最大化；从政策纬度看，政策反映了国家对于一个产业的信心和决心，为了保证整个产业的合理发展，国家需要对政策进行顶层规划，具体来讲需要制定国家政策、地方政策、金融政策、财政政策等，搭建政府和其他相关专家沟通的机会；从战略纬度看，需要对以上三个纬度进行协调和整合，一方面对于不能包含在以上三个纬度中的公共基础设施建设等内容要进行统筹规划；另一方面对于一些辅助性的内容，比如物联网教育的实施和人才培养规划等需要战略性规划，总之在战略纬度应该关注系统和机制的创新，对技术、产业和政策纬度进行统筹和引领。

总之，物联网的宏观商业模式应该是一个涉及技术、产业、政策、战略纬度，包含产业链、价值链、资本链在内的商业生态系统，要构建健康的物联网商业模式应该从技术、产业、政策和战略四个纬度进行分析，搭建物联网技术平台、产业平台、政策平台和战略平台，并将他们相互耦合，打通技术和经济通道，构建一个多元开放平台（Multiple Open Platform，MOP），如图 5 -9 所示。

这个多元开放平台应该是信息汇集的平台、技术扩散的平台、人才会集的平台、创意衍生的平台和公共服务的平台，它汇集官（政府）、产（产业

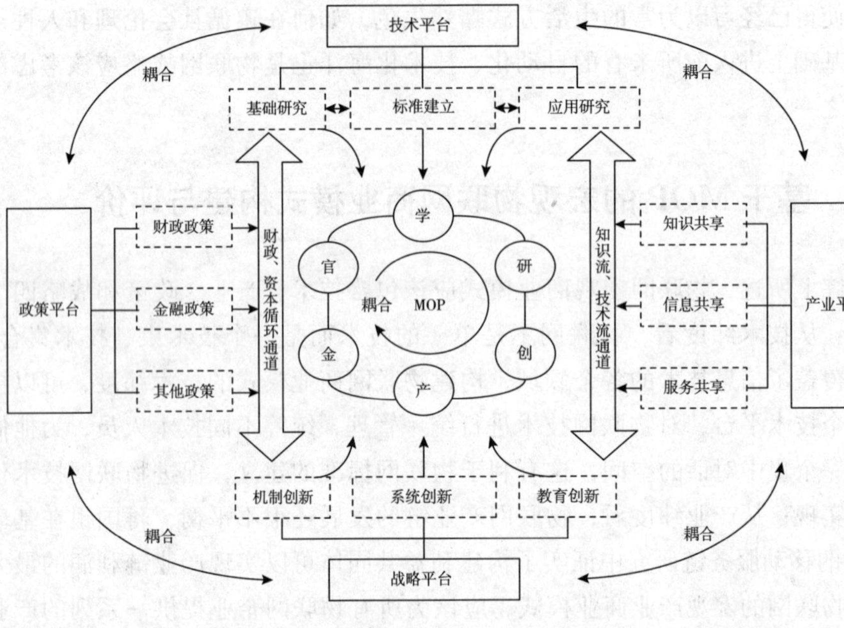

图 5－9　物联网宏观上商业模式——多元开放平台（MOP）模型

界）、学（学者）、研（研究机构）、金（金融机构）、创（创业组织）等多方主体，从宏观上形成物联网商业模式——物联网商业生态系统。

在实际应用中，可根据这一标准对某一个地区或城市的物联网发展潜力进行评价。在此，采用三角模糊数和灰色关联度相结合的方法进行算例评价。

1. 三角模糊数的背景简介

一个三角模糊数 $\tilde{a}$ 可以用（α^L，α^M，α^U）表示，则 $\mu_{\tilde{a}}$（x）可表示为：

$$\mu_{\tilde{a}}(x)=\begin{cases}0, & x<\alpha^L,\\ \dfrac{x-\alpha^L}{\alpha^M-\alpha^L}, & \alpha^L\leqslant x\leqslant\alpha^M,\\ \dfrac{x-\alpha^U}{\alpha^M-\alpha^U}, & \alpha^M\leqslant x\leqslant\alpha^U,\\ 0, & x\geqslant\alpha^U.\end{cases}$$

其中，$0<\alpha^L\leqslant\alpha^M\leqslant\alpha^U$，$\alpha^L$ 和 α^U 分别代表下限和上限，α^M 代表中间值。

如果有两个三角模糊数 $\tilde{a}=[\alpha^L,\ \alpha^M,\ \alpha^U]$ 和 $\tilde{b}=[b^L,\ b^M,\ b^U]$，则它们的距离可以表示为：

$$\| \tilde{a}-\tilde{b} \| = \sqrt{\frac{1}{3}\left[(\alpha^{L}-b^{L})^{2}+(\alpha^{M}-b^{M})^{2}+(\alpha^{U}-b^{U})^{2} \right]}$$

2. 评价步骤

第一步：对每个城市的每个指标分别调查、计算上限、下限和中值形成评价矩阵：

$$\tilde{R}=(\tilde{r}_{ij})_{m\times n}\quad (\tilde{r}_{ij}=\lfloor r_{ij}^{L},\ r_{ij}^{M},\ r_{ij}^{U}\rfloor)$$

第二步：用三角模糊数计算正理想值和负理想值：

$$\tilde{R}^{+}=[\tilde{r}_{1}^{+},\ \tilde{r}_{2}^{+},\ \cdots,\ \tilde{r}_{n}^{+}],\ \tilde{R}^{-}=[\tilde{r}_{1}^{-},\ \tilde{r}_{2}^{-},\ \cdots,\ \tilde{r}_{n}^{-}],$$

$$\tilde{r}_{j}^{+}=(1,\ 1,\ 1)\quad \tilde{r}_{j}^{-}=(0,\ 0,\ 0)$$

第三步：根据正理想值和负理想值计算模糊灰色关联系数（假设$\rho=0.5$）：

$$\xi_{ij}^{+}=\frac{\min\limits_{1\leqslant i\leqslant m}\|\tilde{r}_{j}^{+}-\tilde{r}_{ij}\|+\rho\max\limits_{1\leqslant i\leqslant m}\|\tilde{r}_{j}^{+}-\tilde{r}_{ij}\|}{\|\tilde{r}_{j}^{+}-\tilde{r}_{ij}\|+\rho\max\limits_{1\leqslant i\leqslant m}\|\tilde{r}_{j}^{+}-\tilde{r}_{ij}\|}$$

$$\xi_{ij}^{-}=\frac{\min\limits_{1\leqslant i\leqslant m}\|\tilde{r}_{ij}-\tilde{r}_{j}^{-}\|+\rho\max\limits_{1\leqslant i\leqslant m}\|\tilde{r}_{ij}-\tilde{r}_{j}^{-}\|}{\|\tilde{r}_{ij}-\tilde{r}_{j}^{-}\|+\rho\max\limits_{1\leqslant i\leqslant m}\|\tilde{r}_{ij}-\tilde{r}_{j}^{-}\|}$$

第四步：根据第三步计算：

$$\xi_{i}^{+}=\sum_{j=1}^{n}w_{j}\xi_{ij}^{+},\ i=1,\ 2,\ \cdots,\ m.$$

$$\xi_{i}^{e-}=\sum_{j=1}^{n}w_{j}\xi_{ij}^{e-},\ i=1,\ 2,\ \cdots,\ m.$$

第五步：计算每个地区的评价值：

$$\xi_{i}=\left(\frac{\xi_{i}^{+}}{\xi_{i}^{-}+\xi_{i}^{+}}\right),\ i=1,\ 2,\ \cdots,\ m.$$

第六步：按第五步计算的值排序，列出各个地区物联网发展的潜力排名。

3. 算例

由多元开放平台的四个维度设一级指标G（G_1，G_2，G_3，G_4），G_1到G_4分别为技术、产业、政策、战略，假设权重分别为ω =（0.40，0.25，0.15，0.20）^{T}，待评价地区有五个A_i（$i=1$，2，…，5），

$$\tilde{A}=\begin{array}{c} \\ A_1\\ A_2\\ A_3\\ A_4\\ A_5\end{array}\begin{array}{cccc} G_1 & G_2 & G_3 & G_4\\ \left[\begin{array}{c}[0.54,0.55,0.57]\\ [0.46,0.53,0.51]\\ [0.64,0.65,0.67]\\ [0.80,0.82,0.86]\\ [0.66,0.68,0.70]\end{array}\right. & \begin{array}{c}[0.25,0.27,0.30]\\ [0.50,0.52,0.54]\\ [0.78,0.80,0.81]\\ [0.83,0.85,0.86]\\ [0.76,0.77,0.78]\end{array} & \begin{array}{c}[0.65,0.70,0.75]\\ [0.28,0.29,0.32]\\ [0.39,0.40,0.41]\\ [0.63,0.64,0.65]\\ [0.47,0.49,0.50]\end{array} & \left.\begin{array}{c}[0.59,0.61,0.65]\\ [0.33,0.34,0.35]\\ [0.56,0.57,0.58]\\ [0.59,0.60,0.61]\\ [0.58,0.59,0.61]\end{array}\right]\end{array}$$

则可计算：

$$\tilde{R}=\begin{bmatrix}[0.1764,0.2063,0.2446] & [0.2365,0.2573,0.2845] & [0.2254,0.2361,0.2647] & [0.0987,0.1167,0.1387]\\ [0.1253,0.1494,0.1497] & [0.1554,0.1645,0.1787] & [0.0856,0.1265,0.1467] & [0.1351,0.1525,0.1637]\\ [0.1777,0.1978,0.2123] & [0.2132,0.2276,0.2399] & [0.1587,0.1765,0.2012] & [0.2265,0.2365,0.2534]\\ [0.2332,0.2454,0.2653] & [0.1623,0.1769,0.2124] & [0.2445,0.2665,0.2878] & [0.2345,0.2546,0.2765]\\ [0.1879,0.2023,0.2234] & [0.2232,0.2365,0.2398] & [0.1845,0.2076,0.2275] & [0.2242,0.2460,0.2732]\end{bmatrix}$$

$$\tilde{R}^{+}=\Big[[1,\ 1,\ 1]\ [1,\ 1,\ 1]\ [1,\ 1,\ 1]\ [1,\ 1,\ 1]\Big]$$

$$\tilde{R}^{-}=\Big[[0,\ 0,\ 0]\ [0,\ 0,\ 0]\ [0,\ 0,\ 0]\ [0,\ 0,\ 0]\Big]$$

$$\xi^{+}=(\xi_{ij}^{+})_{5\times4}=\begin{bmatrix}0.7032 & 0.4343 & 0.7665 & 0.3422\\ 0.7056 & 0.4323 & 0.3323 & 0.3909\\ 1.0000 & 0.7657 & 0.4867 & 0.8231\\ 0.6023 & 0.4568 & 1.0000 & 0.5431\\ 0.5236 & 0.4576 & 0.5564 & 0.8650\end{bmatrix}$$

$$\xi^{-}=(\xi_{ij}^{-})_{5\times4}=\begin{bmatrix}0.7462 & 0.8034 & 0.3765 & 1.0000\\ 0.6107 & 0.7769 & 0.7654 & 0.4537\\ 0.5143 & 0.4645 & 0.5500 & 0.3777\\ 0.7565 & 0.4045 & 0.3345 & 0.3456\\ 0.0458 & 0.7548 & 0.4365 & 0.3668\end{bmatrix}$$

$\xi_1^{+}=0.5321$，$\xi_2^{+}=0.4944$，$\xi_3^{+}=0.7345$，$\xi_4^{+}=0.9435$，$\xi_5^{+}=0.6678$

$\xi_1^{-}=0.7546$，$\xi_2^{-}=0.7945$，$\xi_3^{-}=0.5431$，$\xi_4^{-}=0.4934$，$\xi_5^{-}=0.5768$

$\xi_1=0.4189$，$\xi_2=0.3089$，$\xi_3=0.6543$，$\xi_4=0.7812$，$\xi_5=0.5435$

$A_4>A_3>A_5>A_1>A_2$，因此第四个地区的物联网产业发展潜力最高，第二个地区的物联网产业发展潜力最低。

5.6 基于 MAS 的物联网平台效应实验与分析

在上一章的物联网微观商业模式叙述中提及了企业及产品的平台辐射战略，在本章中从技术、产业、政策、战略四个纬度构建了物联网的宏观商业模式——MOP（多元开放平台），虽然再次提到了平台，两者的含义却有所不同。在微观战略的描述中，平台代表了应用的辐射；而在宏观战略中，平台则代表了对物联网发展环境的聚集管理，利用平台效应促成企业协作，为物联网企业发展创造更好的条件，从而推动整个物联网产业的发展，促进整个物联网商业生态系统的构建。下面，将通过实验验证平台效应。

5.6.1 实验假设

为了验证平台战略在整个物联网商业生态系统稳定性方面的作用与意义，本节将利用Swarm平台，对物联网的平台战略进行实验与分析。为了实验的进行，首先做出如下假设：

假设1：假设在物联网产业系统空间中，每个企业或组织为一个agent，每个agent都有自己的吸引度，并靠着吸引度引起其他企业或用户的关注，同时每个agent也会被其他agent的吸引度所吸引而向其靠拢，从而，每个agent可用attraction（x，y，a）表示，（x，y）表示企业在产业空间中的坐标位置，a表示某时刻该企业的吸引度。

假设2：假设agent以一定的概率偏离现有位置，同时每个agent都在一定的范围内寻找最佳吸引度并向其靠拢，在释放吸引度的同时也会得到吸引度，t时刻的吸引，$a_t = r \times (a_{t-1} + b - c)$，其中$r$为agent移动的概率，$b$为获得的吸引度，$c$为释放的吸引度，$a_t$和$a_{t-1}$分别为$t$时刻和$t-1$时刻的吸引度。

假设3：每个agent都有理想吸引度和自身的不满意度系数：不满意度系数可以表示为：unhappiness = Ⅰidealattraction - attraction（x，y，a）Ⅰ/max attraction；整个系统的不满意度系数可以表示为：unhappiness = $\sum_{i=1}^{n}$ happiness$_i$，实验通过观察总体不满意度系数走势来观察平台聚集与系统稳定性。

5.6.2 实验过程设计

如图5-10所示，智能体会评价自身吸引度与理想吸引度的差距，从而决定是否移动以及移动的方向，同时释放或获取能量。

5.6.3 实验测试与结论分析

图中彩色的点表示agent，周围的光圈是吸引度的表示，最初1步之内、10步左右、60步左右、300步左右以及1000步以内截图如图5-11所示。

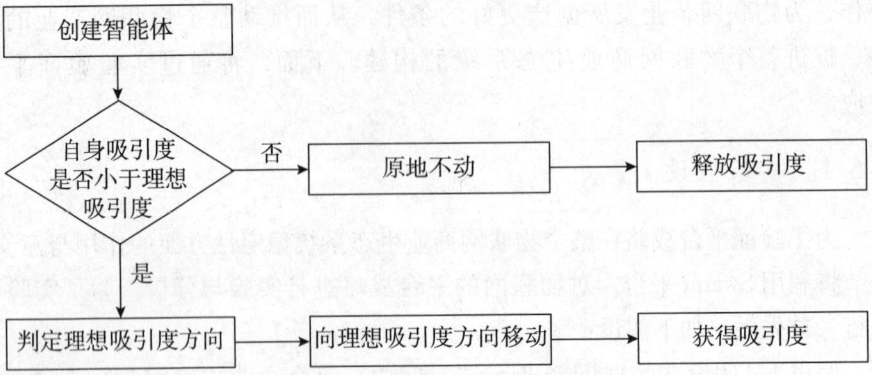

图 5－10　平台聚集实验过程设计

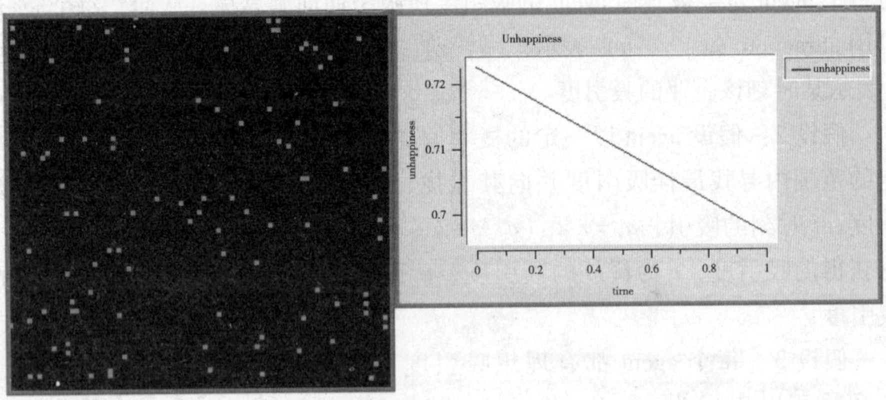

（a）1 步之内

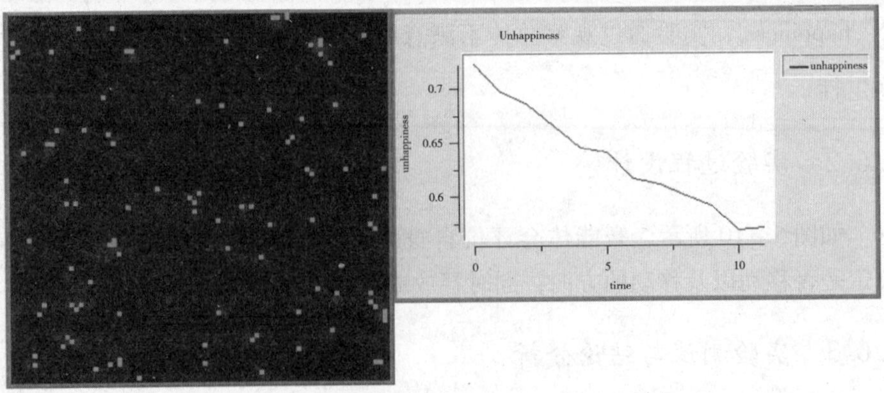

（b）10 步左右

图 5－11　SWARM 实验截图

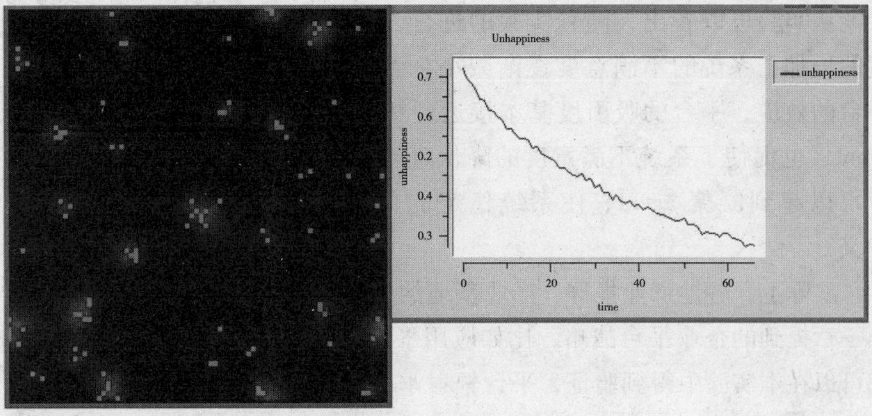

（c）60 步左右

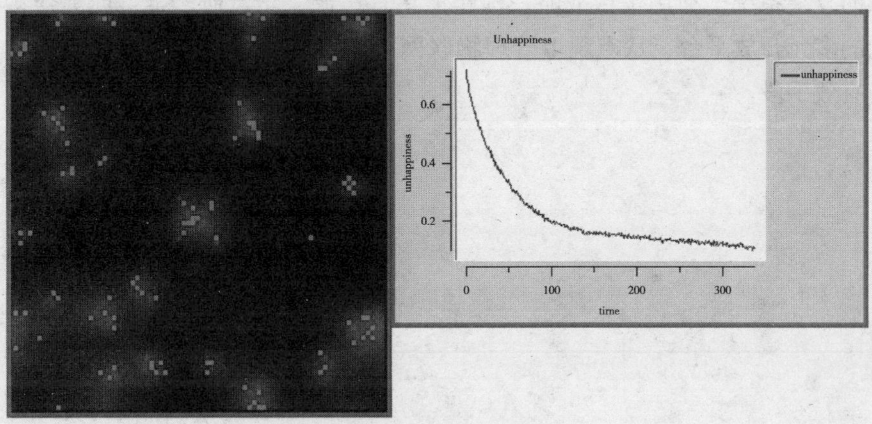

（d）300 步左右

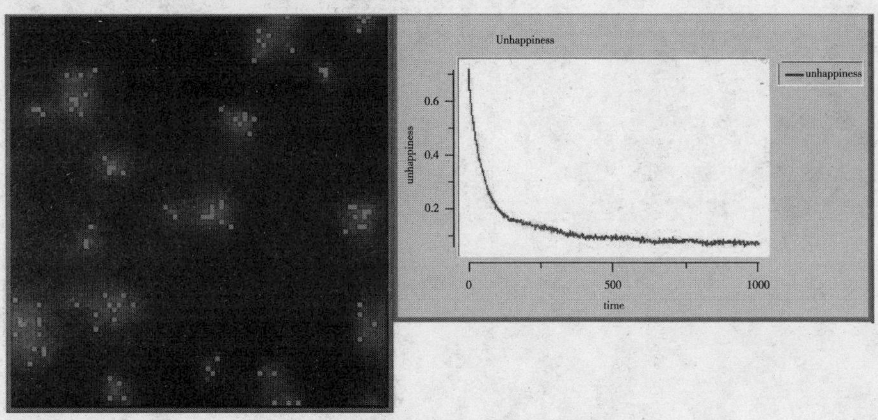

（e）1000 步左右

图 5－11　SWARM 实验截图（续）

从实验可以看出，随着实验的进行，聚集效果逐渐明显，而随着聚集度的增加，系统的不满意度逐渐减小，到300步后逐渐稳定。聚集反映了平台的效应，平台的吸引度基本接近理想吸引度，从而逐渐凝聚了周围的agent，也促使了系统不满意度的降低直至稳定，可见，有足够吸引度的平台可以起到凝聚agent、使系统稳定的作用，从而也验证了平台战略的意义。

实际上，各地产业集群、产业基地的构建都是平台效应的具体体现，而上一章提到的企业平台战略，比如应用平台、服务平台、平台辐射原理等也都可以在本实验中得到验证，平台辐射本身就是吸引度增加的过程。物联网商业生态系统是一个涉及企业、用户、政府、科研机构、金融机构等众多组织的复杂系统，利用平台战略，构建汇集官、产、学、研、金、创等众多机构的多元开放平台，从宏观上管理物联网的发展是物联网宏观商业模式构建的有效手段。

6 总结与展望——物联网携手大数据腾飞

经过30年的改革开放，我国产业结构进行了有效调整，综合国力得到了全面提升，进入了转型的青春期，社会呈现出多元复合的特征：计划经济向市场经济攻坚、乡村社会向城市社会变迁、农业社会快速工业化并向知识社会跃升、产业依赖向产业原创转变、封闭社会向开放社会过渡、线性经济向循环经济模式切换等。而要完成社会的全面转型，还需要实现工业化向信息化的跨越，步入由人类社会、信息空间和物理世界构成的三维立体世界。

物联网作为信息技术的现实体现和时代核心正是引领整个世界由二维空间向三维空间转化的起跳器，是21世纪助推中国乃至世界向信息时代升级的加速器。从本质上看，物联网是为了将人类的生产与生活放在一个智慧的环境中，使人类能够具备感知物理世界以及地球的能力，从而将人类的经济与社会生活提升到一个新的高度，这为技术创新和产业发展提供了一个前所未有的重要机遇。目前，商业模式的模糊制约了物联网的发展。本文从系统科学的视角来研究物联网商业模式，将物联网商业系统看成一个复杂的适应系统，并将之与商业模式的概念相结合，分别从中微观和宏观的视角，企业、产业和国家的层面对物联网商业模式进行了分析与研究，并通过多代理（MAS）实验对相关内容与结论进行了实验和验证。

总体来讲，本文研究的重要环节和结论可以总结如下：

首先，对物联网、商业模式和MAS的相关背景和文献进行了分析与综述，总结了物联网的技术和产业框架，确定了物联网商业模式的研究范围与内容，阐明了以复杂适应系统理论为基础的MAS研究方法。

其次，对物联网商业系统进行了主体分析，研究了物联网商业生态系统的主要组成成分与特性。总体上根据物联网的工作原理将物联网分为感知层、网络层和应用层三大主体，而这三大主体又可以分为下一级主体，继续细分直到企业主体层。在主体分析中，对每个主体从基本概念、发展现状和未来走势三个方面进行了较为详细的阐述，并对主体的系统特性进行了总结与论证。

再次，在主体分析的基础上，从中微观的视角，企业和产业层面对物联网商业模式进行了分析和实验。总体上，本部分认为云计算可以弥补目前物联网商业应用所遇到的瓶颈，从而将物联网与云计算相结合构建物联网云看作物联网中、微观商业模式实现的关键。文中构建了物联网商业链并分析了其具体的运营模式，同时，对物联网云的概念与构建方式进行了论述。另外，根据复杂适应系统的实验方法，将物联网的组成成分看成一个个智能体的代理，从最底层的企业层和最高层的三大主体两个层面对物联网商业系统演变进行了MAS实验。基于企业层的主要实验结果表明，初始条件的设置会影响实验的结果，大部分实验显示出同类企业的聚集趋势，当不合作时的利益所得值大于1.4倍的合作利益所得时，企业就会更趋向于不合作，当不合作时的利益所得值小于1.4倍的合作利益所得时，企业会更趋向于合作；基于产业层实验的主要实验结果表明，控制发展初期各个结点的产业数量有助于物联网商业系统的稳定发展，尤其在发展初期要重视感知层也就是信息收集结点的布局，同时稳定的客户发掘是物联网商业系统得以稳定发展的基础，减少中间成本是物联网得以发展的前提，随着物联网的发展和应用的不断增加，应用层主体的价值创造能力可能会产生井喷式的发展。总之，建立完善的交互体系是物联网商业模式形成的关键。

最后，从宏观视角、国家层面对物联网商业模式进行了分析与实验：总体认为物联网系统的演化发展不是一个企业的问题，也不是一类企业的问题，任何一个企业、一类企业以及发展环境的变化都会影响整体的演变，物联网的商业模式应该是一个涉及技术、产业、政策、战略四大纬度的商业生态系统。文中在对技术、产业、政策、战略四个纬度分别阐述的基础上构建了物联网商业模式的多元开放平台模型，并提出一种基于此模型进行物联网发展潜力评价的方法。同时，在本部分的最后利用SWARM平台对物联网平台战略进行了MAS的实验验证，实验表明，平台具有聚集效果，可以增加整体系统的稳定性，维持系统的长久发展。

在本文的研究和撰写过程中，作者学习了许多新的知识，但还有很多不足之处需要进一步研究和学习。本文的延伸研究可能包含以下几个方面：

第一，研究内容的进一步深化：本次研究是从系统科学视角对物联网商业模式进行的研究，也是对物联网商业生态系统的研究，无论是主体分析、MAS实验，还是MOP平台的构建都体现着物联网商业生态系统的理念。在今后的研究中，还可以更加深入地研究构成物联网商业生态系统的各条商业链以及物联网价值网的构成等内容。

第二，研究方法的改进：作者第一次尝试用系统科学的方法进行实验分析与研究，研究中尝试了面向对象的编程、NETLOGO 实验平台和 SWARM 平台，但实验内容相对简单，没有涉及智能体之间复杂的数量交互，在今后的研究中，可利用 SWARM 或 REPAST 等平台更深入地进行智能体之间的数量交互实验。

第三，对于物联网商业生态系统评价的研究：本次研究在物联网宏观商业模式研究中提出了一种物联网发展潜力的评价模型，但由于时间和数据来源的关系只是进行了简单的算例计算研究，随着物联网的发展，物联网发展评价将会成为必然，在调研的基础上进一步设计、改进物联网发展的评价模型也是本书延伸研究的重要方向之一。

第四，以物联网及其商业模式为基础进行大数据相关研究：随着以物联网为代表的第三次信息技术革命的爆发，整个社会已经开始由人类社会—物理世界的二元模式向人类社会—信息空间—物理世界的三元模式转变与升级，一切“物体”都可能成为数据的来源，而云计算为这些数据的整合和应用提供了可能。新兴技术与应用模式的出现，使得数据量呈现出前所未有的爆炸式增长，“大数据”时代已经到来并引发了一系列的相关研究。但在“大数据”背景下体现的绝非只是数据量的海量增长这么简单，“大数据”是物联网和云计算应用的结果。物联网、云计算、大数据，互相联系，彼此支撑，要研究“大数据”相关问题就离不开物联网的时代背景，因为物联网是“大数据”产生的重要原因，物联网每层组成成分的技术和产业发展都直接影响着“大数据”的产生与发展，而物联网商业模式更是“大数据”商业模式运转的雏形。比如，物联网的发展将导致更多的终端用户成为自媒体，这也将促使网络舆情的爆炸式增长，以物联网及其商业模式研究为基础进行大数据背景下网络舆情的传播及商业模式研究，将是本书进一步研究的主要方向。

社会的进步与科技的革命性突破密切相关，现代化历程的本质就是科技进步和创新的历史。当今世界科技正处在革命性变革的前夜，在 21 世纪上半叶出现新的科技革命的可能性较大。而在信息技术领域，物联网、云计算和大数据已经成为当前信息技术发展的核心与前沿。尤其是物联网技术，它是数据和信息的源头，它的发展与应用直接关系到大数据的发展。自从 2009 年“智慧地球”战略引爆了第三次信息技术革命——物联网革命之后，近年来，随着数据多样性（多源、异构、多模态、不连贯语法或语义等）、价值密度低、实时性等复杂性特征日益显著，“大数据”时代已经携手而来。国际数据公司（IDC）的数字宇宙研究报告称：2011 年全球被创建和被复制的数据总量超过 1.8ZB，且增长趋势遵循新摩尔定律（全球数据量大约每两年翻一番），预计 2020 年将达到 35ZB。

物联网会产生异构的、多样性的、非结构化的、有噪声的和高增长率的大数据，物联网产生的数据具有明显的颗粒性，通常带有时间、位置、环境和行为等信息，但不是人与人交往的信息而是物与物、物与人的社会合作信息，物联网感知的数据与通过社会媒体获得的数据相结合，形成人和物的社会联网，使得数据更加有用，决策也更加科学。但是这些数据处理起来非常复杂，需要大数据技术的支撑。从物联网的整体技术框架分析，其实大数据相关技术可以归入物联网应用层的技术框架，但是近年来数据量的巨增和数据复杂性的逐渐增大使得数据显示出“4V”（Volume，Variety，Value，Velocity）的新特性，对此类数据的分析远比传统的数据分析与挖掘技术复杂得多，已经形成了新的研究领域。

物联网作为下一代信息技术发展的核心之一，越来越被各行各业所重视。但是，物联网未来的发展还需要大数据技术的支撑。目前，大数据的商业模式也还很模糊，商业化进度相对滞后，物联网的商业应用将有助于明晰大数据的商业模式，促进业界对于大数据应用模式和商业模式的研究，为大数据发展提供契机；同时，大数据的发展也会为物联网产生的数据提供更大的支撑，扩大其应用价值。物联网和大数据携手，将会引领信息产业进入更加辉煌的明天。

专栏

大数据简介

大数据本身是一个比较抽象的概念，单从字面来看，它表示数据规模的庞大。但是仅仅数量上的庞大显然无法看出大数据这一概念和以往的“海量数据”、“超大规模数据”等概念之间有何区别。对于大数据尚未有一个公认的定义。维基百科将大数据定义为“无法在一定时间内用常规软件工具对其内容进行抓取、管理和处理的数据集合”；权威 IT 研究与顾问咨询公司 Gartner 将大数据定义为“在一个或多个维度上超出传统信息技术的处理能力的极端信息管理和处理问题”；美国国家科学基金会（NSF）

则将大数据定义为“由科学仪器、传感设备、互联网交易、电子邮件、音视频软件、网络点击流等多种数据源生成的大规模、多元化、复杂、长期的分布式数据集”。尽管存在不同的表述，但一个普遍的观点是，大数据与“海量数据”和“大规模数据”的概念一脉相承，但其在数据体量、数据复杂性和产生速度三个方面均大大超出了传统的数据形态，也超出了现有技术手段的处理能力，并带来了巨大的产业创新的机遇。在过去的十余年中，数据挖掘的应用在营销、销售、人力资源、电子商务等各个商业领域广泛开展，并取得了引人注目的成效。从这种意义上说来，大数据标志着面向数据的研究和应用已超越了起步阶段，步入了成熟和深化的新时期。

大数据包含了互联网、医疗设备、视频监控、移动设备、智能设备、非传统 IT 设备等渠道产生的海量结构化或非结构化数据，并且时时刻刻都在源源不断地渗入现代企业日常管理和运作的方方面面。企业从不断生成的交易数据中获取万亿字节的有关消费者、供应商和运营管理方面的信息；百万台网络传感器被植入手机、智能电表、汽车以及机械等设备来感应、创造并交换数据；社会媒体中数以亿计的网民群体的实时交流与内容分享也在大数据的指数级增长过程中起到重要作用；网民上传的每一秒高分辨率视频图像，都会产生超过单页文本存储内容 2000 倍的字节数据。大数据作为继云计算、物联网之后 IT 产业又一次颠覆性的技术变革，必将对现代企业的管理运作理念、组织业务流程、市场营销决策以及消费者行为模式等产生巨大影响，使得企业商务管理决策越来越依赖于数据分析而非经验甚至直觉。

目前，大数据的开发与利用已经在医疗服务、零售业、金融业、制造业、物流、电信等行业广泛展开，并产生了巨大的社会价值和产业空间。以麦肯锡评估西方产业数据为例，大数据的有效利用将能使欧洲发达国家政府节省至少 1000 亿欧元（约1490 亿美元）的运作成本；使美国医疗保健行业降低 8% 的成本（约每年 3000 多亿美元）；并使得大多数零售商的营业利润率提高 60% 以上。据市场调研机构 IDC 预测，大数据技术与服务市场将从 2010 年的 32 亿美元攀升到 2015 年的 169 亿美元，实现 40% 的年增长率（IT 与通信产业增长率的 7 倍）。近两年来，国内外知名企业（如 Ebay、Amazon、Wal - Mart、淘宝、中国移动和凡客等）相继推出相应的大数据产品和平台，开展了多种深度商务分析和应用。例如：通过分析结构化和非结构化数据促进其业务创新和利润增长；基于机器学习和数据挖掘方法来管理和优化其库存与供应链，并量化评估其定价策略与营销效果；通过市场分析、竞争分析、客户分析和产品分析以优化经营决策等。此外，业界和学界共同组织了一系列以大数据为核心的主题峰会，共同探索大数据的发展与创新。

与此同时，从管理学的角度应用大数据技术以支持商业分析和决策，已经成为商学院教育的热点方向，这个趋势已经在欧美商学院中相继展开。以数据驱动为主导的金融、市场、战略、营销和运作管理研究和实践指导，将成为未来商学院重点发展的核心领域。

一般而言，可将大数据的特性归纳为4个“V”：Volume，Variety，Value，Velocity。

	从	…到（大数据）
实时	▪ 分析提前完成，有时分析和应用之间有长时间的延迟（例如，需求预测，市场营销活动的发展）	▪ 不断增长的实时分析
混合数据集	▪ 将分析基于数量有限的企业实时数据	▪ 基于不同来源的数据，公共数据和私人数据（包括语义WEB数据）
无限制访问	▪ 访问受到物理位置或设备限制	无限制访问
数据驱动做出决策	▪ 数据管理以实现监管或存档的目的（即最小的分析）	▪ 大规模的数据分析杠杆式开发客户洞察能力和驱动策略
数据的货币化	▪ 数据作为一种管理最小风险的副产品	▪ 数据作为一种资产被货币化

从一般数据分析到大数据分析

第一，数据体量巨大：从TB级别，跃升到PB级别；第二，数据类型繁多：企业内部的经营交易信息、物联网世界中商品物流信息、互联网世界中人与人交互信息、位置信息等是大数据的主要来源，这样形成的大数据具有异构和多样性，如文本数据、图像数据、视频数据、机器数据等都具有不同的形式，有很多数据没有模式或者模式不明显，具有不连贯的语法或句义；第三，数据价值密度低，商业价值高：以视频为例，连续不间断监控过程中，可能有用的数据仅仅有一两秒。大量的不相关信息可以对未来趋势与模式进行预测分析与深度复杂分析；第四，处理速度快：大数据是实时分析而非批量式分析，数据的输入、处理与丢弃需要立竿见影而非事后见效，一般需遵守1秒定律，即必须要在1秒钟内形成答案，否则处理结果就是过时和无效的，最后这一点也是和传统的数据挖掘技术有着本质的不同。

参考文献

[1] International Telecommunication Union (ITU). ITU Internet Reports 2005: The internet of things Executive Summary [R]. Press, Nov, 2005: 2.

[2] 工业与信息化部电信研究院. 物联网白皮书 [R], 2011: 1.

[3] 中关村物联网产业联盟, 长城战略咨询. 物联网产业发展研究 [R], 2010.

[4] 亚德里安·斯莱沃斯基等. 利润模式 [M]. 北京: 中信出版社, 2005.

[5] 尚光剑. 顾客价值创新驱动的商业模式变迁研究 [D]. 南京: 东南大学, 2007.

[6] TEECE D J. Business models, business strategy and innovation [J]. Long Range Planning, 2010 (43): 172 - 194.

[7] GHAZIANI A, VENTRESCA M J. Keywords and cultural change: Frame analysis of business model public talk 1975 - 2000 [J]. Sociological Forum 20, 2005: 523 - 559.

[8] APPLEGATE LM. E - business models: Making sense of the internet business landscape, in G. Dickson and G. Desanctis (Eds.), Information technology and the future enterprise: New models for managers, Englewood Cliffs [J]. NJ: Prentice - Hall, 2000: 49 - 101.

[9] WEILL P, VITALE M R. Place to space: Migrating to e - business models, Boston [D]. MA: Harvard Business School Press, 2001.

[10] TIMMRS P. Business models for electronic markets [J]. Electronic Markets, 1998, 8 (2): 3 - 8.

[11] MIRRIS M, SCHINDEHUTTE M, ALLENS J. The entrepreneur's business model: Toward a unified perspective [J]. Journal of Business Research, 2005 (58): 726 - 735.

[12] OSTERWALDER A. The business model ontology - A proposition in design science approach, Dissertation 173, Unibersity of Lausanne, Switzerland, 2004.

[13] OSTERWALDER A, PIGNEUR Y, TUCCI C L. Clarifying business models: Origins, present and future of the concept [J]. Communications of the Association for Information Science (CAIS), 2005 (16): 1-25.

[14] AMIT R, ZOTT C. Value creation in e-business [J]. Strategic Management Journal, 2001 (22): 493-520.

[15] AFUAH A, TUCCI C L. Internet business models and strategies: Text and cases [M]. New York: McGraw-Hill, 2001.

[16] AFUAH A. Business models: A strategic management approach [M]. New York: Irwin/McGraw-Hill, 2004.

[17] CHESBROUGH H W, ROSENBLOOM R S. The role of the business models in capturing value from innovation: Evidence from Xerox Corporation's technology spinoff companies [J]. Industrial and Corporate Change, 2002 (11): 533-534.

[18] MAGRETTA J. Why business models matter [J]. Harvard Business Review, 80, 2002: 3-8.

[19] MORRIS M, SCHINDEHUTTE M, ALLEN J. The entrepreneur's business models: Toward a unified perspective [J]. Journal of Business Research, 2005 (58): 726-735.

[20] JOHNSON M W, CHRISTENSEN C C, KAGERMANN H. Reinventing your business model [J]. Harvard Business Review, 2008 (86): 50-59.

[21] CASADESUS-MASANELL R, RICART J E. From strategy to business models and to tactics [J]. Long Range Planning, 2010 (43): 195-215.

[22] YIP G. Using strategy to change your business model [J]. Business Strategy Review, 2004, 15 (2): 17-24.

[23] TAPSCOTT D, LOWY A, TICOLL D. Digital capital: Harnessing the power of business webs, Cambridge [D]. MA: Harvard Business School Press, 2000.

[24] APPLEGATE L M. Emerging e-business models: Lessons from the field, HBS NO. 9-801-172 [D]. Harvard Business School, Boston, MA, 2001.

[25] MAHADEVAN B. Business models for Internet-based e-commerce: An anatomy [J]. California Management Review, 2001, 42 (4): 55-69.

[26] DUBOSSON – TORBAY M, OSTERWALDER A, PIGNEUR Y. E – business model design, classification and measurements [J]. Thunderbird International Business Review, 2002, 44 (1): 5 – 23.

[27] TANKHIWALE S. Exploring the interrelationship between Telco business model innovation and the change in business process architecture [J]. Journal of Telecommunications Management, 2009 (2): 126 – 137.

[28] PAUWELS K, WEISS A. Moving from free to fee: How online firms market to change their business model successfully [J]. Journal of Marketing, 2008 (72): 14 – 31.

[29] CLEMONS E K. Business model for monetizing internet applications and web sites: Experience, theory and predictions [J]. Journal of Management Information Systems, 2009 (2): 15 – 41.

[30] MCPHILLIPS S, MERLO O. Media convergence and the evolving media business model: An overview and strategic opportunities [J]. The Marketing Review, 2008 (8): 237 – 253.

[31] ERIKSSON C I, KALLING T, ÅKESSON M, et al. Business models for eServices: Exploring the e – newspapers case from a consumer view [J]. Journal of Electronic Commerce in Organizations, 2008 (6): 29 – 57.

[32] STEWART D W, ZHAO Q. Internet marketing, business models and public policy [J]. Journal of Public Policy and Marketing, 2000 (19): 287 – 296.

[33] ALT R, ZIMMERMANH D. Introduction to special section on business models [J]. Electron Market, 2001, 11 (1): 3 – 9.

[34] BONACCORSI A, GIANNANGELI S, ROSSI C. Entry strategies under competing standards: Hybrid business models in the open source software industry. Management Science [J]. 2006, 52 (7): 1085 – 1098.

[35] BROUSSEAU E, PENARD T. The economics of digital business models: A framework for analyzing the economics of platforms [J]. Review of Network Economics, 2006, 6 (2): 81 – 110.

[36] SEELOS C, MAIR J. Profitable business models and market creation in the context of deep poverty: A strategic view [J]. Academy of Management Perspectives, 2007 (21): 49 – 63

[37] ZOTT C, AMIT R. The business model as the engine of network - based strategies, in P. R. Kleindorger and Y. J Wind (Eds.), The network challenge, upper Saddle River [J]. NJ: Wharton School Publishing, 2009: 259 - 275.

[38] PATZELT H, KNYPHAUSEN - AUFSEβ D, NIKOL P. Top management teams, business models, and performance of biotechnology ventures: An upper echelon perspective [J]. British Journal of Management, 2009 (19): 205 - 221.

[39] ZOTT C, AMIT R. The fit between product market strategy and business model: Implications for firm performance [J]. Strategic Management Journal, 2008 (29): 1 - 26.

[40] ZOTT C, AMIT R. Designing your future business model: An activity system perspective [J]. Long Range Planning, 2010 (43): 216 - 226.

[41] GIESEN E, BERMAN S J, Bell R, et al. Three ways to successfully innovate your business models [J]. Strategy and Leadership, 2007 (35): 27 - 33.

[42] TEECE D J. Explicating dynamic capabilities: The nature and microfoundations of (sustainable) enterprise performance [J]. Strategic Management Journal, 2007 (28): 1319 - 1350.

[43] RICHARDSON J. The business model: An integrative framework for strategy execution [J]. Strategic Change, 2008, 17 (5/6): 133 - 144.

[44] BJORKDAHL J. Technology cross fertilization and the business model: The case of integrating ICTs in mechanical engineering products [J]. Research Policy, 2009 (38): 1468 - 1477.

[45] CALIA R C, GUERRINI F M, MOURA G L. Innovation networks: From technological development to business model reconfiguration [J]. Technovation, 2007 (27): 426 - 432.

[46] JOHNSON M W, SUSKEWICZ J. How to jump - start the clean tech economy [J]. Harvard Business Review, 2009, 87 (11): 52 - 60.

[47] CHESBROUGH H W, Business model innovation: It's not just about technology anymore [J]. Strategy and Leadership, 2007 (35): 12 - 17.

[48] CHESBROUGH H W. Why companies should have open business models [J]. MIT Sloan Management Review, 2007, 48 (2): 22 - 28.

[49] GAMBARDELLA A, MCGAHAN A M. Business model innovation: General

purpose technologies and their implications for industry structure [J]. Long Range Planning, 2010 (43): 262 - 271.

[50] DEMIL B, LECOCQ X. Business model evolution: In search of dynamic consistency [J]. Long Range Planning, 2010 (43): 227 - 246.

[51] SOSNA M, TREVINYO - RODRíGUEZ R N, VELAMURI S R. Business models innovation through trial - and - error learning: the Naturhouse case [J]. Long Range Planning, 2010 (43): 383 - 407.

[52] CHESBROUGH H W. Business model innovation: Opportunities and barriers [J]. Long Range Planning, 2010 (43): 354 - 363.

[53] DOZ Y L, KOSONEN M. Embedding strategic agility [J]. Long Range Planning, 2010 (43): 370 - 382.

[54] SMITH W K, BINNS A, TUSHMAN M L. Complex business models: Managing strategic paradoxes simultaneously [J]. Long Range Planning, 2010 (43): 448 - 461.

[55] SANTOS J, SPECTOR B, VAN DER HEYDEN L. Toward a theory of business model innovation within incumbent firms, Working paper no. 2009/16/EFE/ST/TOM, INSEAD [J]. Fontainebleau, France, 2009.

[56] 迈克尔·波特. 竞争优势 [M]. 陈小悦, 译. 北京: 华夏出版社, 2009.

[57] 王艳. 基于生态学的运营商移动互联网商业模式研究 [D]. 北京: 北京邮电大学, 2008.

[58] 亚当·斯密. 国民财富的性质和原因的研究 [M]. 北京: 商务印书馆, 1994.

[59] MARSHALL A. Principle of Economics [M]. London: Macmillan, 1920.

[60] 赫希曼. 经济发展战略 [M]. 北京: 经济科学出版社, 2006.

[61] STEVENS, GRAHAM. Integrating the Supply Chain [J]. International Journal of Physical Distribution and Material Management, 1989 (8): 3 - 8.

[62] 杨公朴, 夏大慰. 产业经济学教程 [M]. 上海: 上海财经大学出版社, 2002.

[63] 蒋国俊, 蒋明新. 产业链理论及其稳定机制研究 [J]. 重庆大学学报: 社会科学版, 2004 (1): 36 - 38.

[64] 王亚唯. 物联网发展综述 [J]. 科技信息, 2010 (3): 42 - 44.

[65] 李刚, 柳艳梅. 物联网: 通信企业发展的新机遇 [J]. 通信管理与技

术, 2009 (6): 13-16.

[66] 李如年. 基于RFID技术的物联网研究 [J]. 中国电子科学研究院学报, 2009 (6): 194-195.

[67] 亚德里安·斯莱沃斯基, 大卫·J. 莫里森, 劳伦斯·H. 艾伯茨, 等. 发现利润区 [M]. 凌晓东, 等, 译. 北京: 中信出版社, 2000.

[68] 大卫·波维特, 约瑟夫·玛撒, R. 柯克·克雷默. 价值网——打破供应链挖掘隐利润 [M]. 钟俊伟, 等, 译. 北京: 人民邮电出版社, 2001.

[69] PRABAKAR K, DAVID T W. The Future of Competition Value - Creating Networks [J]. Industrial Marketing Management, 2001, 30 (4): 379-389.

[70] 芮明杰, 刘明宇, 任江波. 论产业链整合 [M]. 上海: 复旦大学出版社, 2006.

[71] 胡大立. 基于价值网模型的企业竞争战略研究 [J]. 中国工业经济, 2006 (9): 87-93.

[72] 吴海平, 宣国良. 基于DEA-MODM的价值网组构模型研究 [J]. 系统工程理论与实践, 2004 (6): 20-25.

[73] 余东华. 价值组织形态演进与模块化价值网络的形成 [J]. 经济问题探索, 2010 (3): 45-47.

[74] 杨忠直. 企业生态学引论 [M]. 北京: 科学出版社, 2003.

[75] 崔祯珍. 基于商业生态系统的企业生命力及其战略研究 [D]. 济南: 山东大学, 2009.

[76] 梁嘉骅, 范建平, 李常红, 等. 企业生态与企业发展——企业竞争对策 [M]. 北京: 科学出版社, 2005.

[77] 詹姆斯·弗·穆尔. 竞争的衰亡——商业生态系统时代的领导与战略 [M]. 北京: 北京出版社, 1999: 18-22.

[78] MOORE J F. The Rise of a New Corporate Form [J]. Washington Quarterly, 1998, V01. 21 (1): 166-181.

[79] PELTONIEMI M, VUORI E. Business Ecosystem as the New Approach to Complex Adaptive Business Envirorunents [A]. Conference Proceedings of eBRF2004. TaznPere, Finland, 2004.

[80] 杜国柱, 舒华英. 企业商业生态系统理论研究现状及展望 [J]. 经济与管理研究, 2007 (7): 75-79.

[81] 王雅宁．商业生态系统中网络核心型企业竞争战略研究［D］．济南：山东大学，2011.

[82] 潘剑英，王重鸣．商业生态系统理论模型回顾与研究展望［J］．外国经济与管理，2012（9）：51－58.

[83] PELTONIEMI M，VUORI E K. Business ecosystem as the new approach to complex adaptive business environments［R］. Paper presented at Frontier of E－business Research 2004，Tampere，Finland，2004：1－34.

[84] PELTONIEMI M，et al. Business ecosystem as a tool for the conceptualization of the external diversity of an organization［R］. Proceedings of the Complexity，Science and Society Conference，2005：11－14.

[85] ANGGRAENI E，et al. Business ecosystem as a perspective for studying the relations between firms and their business networks［R］. Paper presented at the ECCON 2007 annual meeting，2007.

[86] 赵道致，李广．网络组织向商业生态系统的进化［J］．工业工程，2005（1）：24－28.

[87] 卓骏，李富斌，陈亮亮，等．共赢的生态链——阿里巴巴的商业生态系统之路［J］．浙江经济，2012（2）：32－33.

[88] 杨茉．基于商业生态系统的手机应用商城运作研究［D］．北京：北京邮电大学，2012.

[89] 赵葆军．中国银联基于商业生态系统的发展战略研究［D］．济南：山东大学，2012.

[90] 孔德安，潘 翀．水电技术标准“走出去”商业生态系统演化分析［J］．人民黄河，2012（12）：117－119，122.

[91] 孔德安，周海炜．水电工程技术标准“走出去”的商业生态系统服务功能定位研究［J］．经济问题探索，2012（3）：154－157.

[92] IANSITI M，LEVIEN R. Keystone and dominators：Framing the operational dynamics of business ecosystem［M］. Boston：Estados Unidos，2002.

[93] DEN HARTIGU E，et al. The health measurement of a business ecosystem［R］. Paper presented at the ECCON 2006 annual meeting，2006.

[94] 胡斌，章仁俊，邵汝军．企业生态系统健康的基本内涵及评价指标体系研究［J］．科技管理研究，2006（1）：59－61.

[95] 李爱玉．健康商业生态系统的评价量化模型［J］．华北水利水电学院学

报，2011（1）：139－141.

[96] LEWIN R. Complexity：Life at the Edge of Chaos [M]. Chicago：The University of Chicago Press，1999：44－61.

[97] 杨西蒂，M.，莱维斯，R. 共赢：商业生态系统对企业战略、创新和可持续的影响 [M]. 王凤彬，王保伦，柳钢，等，译. 北京：商务印书馆，2006：93－110.

[98] KIM H，et al. The role of IT in business ecosystems [J]. Communications of the ACM，2010，53（5）：151－156.

[99] 李强，揭筱纹. 基于商业生态系统的企业战略新模型研究 [J]. 管理学报，2012（2）：233－237.

[100] 李士勇. 非线性科学与复杂性科学 [M]. 哈尔滨：哈尔滨工业大学出版社，2006：4－268.

[101] 巴克. 大自然如何工作——有关自组织临界性的科学 [M]. 李伟，蔡勋，译. 武汉：华中师范大学出版社，2001.

[102] 司马贺. 人工科学：复杂性面面观 [M]. 武夷山，译. 上海：上海科技教育出版社，2004.

[103] 海斯 J. A. 自适应软件开发 [M]. 钱玲，等，译. 北京：清华大学出版社，2003.

[104] 沃尔德罗. 复杂：诞生于秩序与混沌边缘的科学 [M]. 陈玲，译. 北京：生活·读书·新知三联书店，1997.

[105] 沈小峰. 混沌初开——自组织理论的哲学探索 [M]. 北京：北京师范大学出版社，1993.

[106] 姜璐，谷可. 从复杂性研究看非线性科学与系统科学 [M]. 上海：上海科技教育出版社，2001：12－23.

[107] 钱学森，于景元，戴汝为. 一个科学新领域——开放的复杂巨系统及其方法论 [J]. 自然杂志，1990，13（1）：3－10.

[108] 霍兰. 隐秩序——适应性造就复杂性 [M]. 周晓牧，韩晖，译. 上海：上海科技教育出版社，2011.

[109] MINSKY M. The society of mind [J]. New York：Simon and Schuster Company，Inc，1986.

[110] 宣惠玉，张发. 复杂系统仿真及应用 [M]. 北京：清华大学出版社，2008：138.

[111] GILBERT N, BANKES S. Platforms and methods for agent - based modeling [J]. proceeding of the National Academy of Science of the USA, 2002, 99 (suppl. 3): 7197 - 7198.

[112] RAILSBACK S F, LYTINEN S L, JACKSON S K. Agent - based simulation platform: Review and development recommendation, Simulation, 2006, 82 (9): 609 - 623.

[113] 盛昭翰，李静，陈国华．社会科学计算实验基本教程 [M]．上海：上海三联书店，2010：60.

[114] 尹友明．Java 语言与 Java 技术概述 [J]．中国新技术新产品，2011 (6): 99.

[115] WILENSKY U. NetLogo [R]. Center for Connected Learning and Computer - Based Modeling, Northwestern University. Evanston, IL, 1999.

[116] 杜国柱．企业商业生态系统健壮性评估模型研究 [D]．北京：北京邮电大学，2008.

[117] 中国社会科学院语言研究所词典编辑室．现代汉语词典 [M]．北京：商务印书馆，1990：358.

[118] 周洪波．物联网技术、应用、标准和商业模式 [M]．北京：电子工业出版社，2010：123.

[119] 北京市经济信息化委员会祥云工程项目组．北京市云计算产业链研究报告 [R]．2011.

[120] 房秉毅，张云勇，程莹，等．云计算国内外发展现状分析 [J]．电信科学，2010 (S1)：1 - 6.

[121] 工业和信息化部电子科学技术情报研究所软件与信息服务研究部．中国云计算发展战略研究 [R]．2011：6.

[122] 刘小洋，伍民友．车联网：物联网在城市交通网络中的应用 [J]．计算机应用，2012，4：900 - 904.

[123] 王皓，谭国真，杨际祥．基于物联网的城市交通突发事件的检测研究 [J]．计算机科学，2012，2：262 - 267.

[124] 马士玲．物联网技术在智慧城市建设中的应用 [J]．物联网技术，2012，2：70 - 72.

[125] 阎晓军，王维瑞，梁建平．北京市设施农业物联网应用模式构建 [J]．农业工程学报，2012，4：149 - 154.

[126] 李道亮．物联网与智慧农业［J］．农业工程，2012，1：1-7.
[127] 刘东红，周建伟，莫凌飞．物联网技术在食品及农产品中应用的研究进展［J］．农业机械学报，2012，1：146-152.
[128] 俞磊，陆阳，朱晓玲，等．物联网技术在医疗领域的研究进展［J］．计算机应用研究，2012，1：1-7.
[129] 陈利．基于物联网的产品追溯系统关键技术研究［D］．武汉：武汉理工大学，2012.
[130] 刘仲鹏，刘丽娟，余瑞华，等．基于物联网的农副产品质量追溯系统研究［J］．农机化研究，2012，8：184-186，239.
[131] 王志军．基于物联网技术的智能家居系统的实现研究［D］．安徽：安徽理工大学，2012.
[132] 张永刚，王斌．物联网技术在智能家居中的应用［J］．智能建筑与城市信息，2012，2：27-30.
[133] 王芳，中国移动互联网行业发展解析（PPT）．艾瑞咨询，2011.
[134] 高阳．云计算环境下的民事法律问题研究［D］．郑州：郑州大学，2012.
[135] http：//www. nist. gov/itl/cloud/index. cfm.
[136] 项有建．冲出数字化——物联网引爆新一轮技术革命［M］．北京：机械工业出版社，2010：82-191.
[137] 查德·A. 斯皮内洛．世纪道德—信息技术的伦理方面［M］．刘钢，译．北京：中央编译出版社，1999.
[138] 蒋国银，胡斌，王缓缓．基于MAS的移动服务链协同工作机制研究［J］．管理工程学报，2010（1）：82-89.
[139] 董九英，万树平．三角模糊数型多属性决策的灰色关联法［J］．计算机工程与应用，2010，15：196-197，234.
[140] HILBERT M，LOPEZ P. The world's technological capacity to store，communicate，and compute information［J］．Science，2011，332（6025）：60-65.
[141] GANTZ J，REINSEL D. 2011 Digital Universe Study：Extracting Value from Chaos［M］．IDC Go-to-Market Services，2011.

后　记

还记得五年前，作者产假期间考上管理学博士，并带着哺乳期的孩子到异地求学。在相当长的一段时间里，作者都为找不到研究方向而迷茫困惑……直到2010年，导师的一个课题将作者带入了物联网研究的领域，在经过一年多的物联网基础研究之后，最终将研究焦点汇集在了物联网商业模式这一管理学与信息科学的交叉领域。回首四年的博士学习与生活，可谓酸、甜、苦、辣、咸五味俱全，记不得多少次因为找不到前进的方向而迷茫甚至想过放弃，数不清多少个夜晚挑灯夜读期待黎明的到来……2013年，作者终于完成了博士论文答辩，并在此后的一年内在博士论文的基础上，扩充了部分物联网基础的内容，结合信息技术发展的新趋势完成了本书的撰写。

在近五年的研究中，作者除了对物联网本身的研究，也深深体会到了科技革命对人类现代化进程的深刻影响。在现代化的进程中，两次重大的科学革命引发了认识论的革命，导致了世界观、价值观和发展观的革命，并为技术革命提供了新的知识源泉。如果说科学是认识世界的过程，那么技术则是改变世界的工具。几次技术革命与产业革命交互推进，引导了生产力的跨越式提升，推动了人类社会的现代化脚步。18世纪中叶，欧洲发生了以蒸汽机的发明和广泛应用为标志的第一次技术革命，从而突破了自然动力的局限性；19世纪30年代，以电力技术为标志的第二次技术革命，推动了人类社会从蒸汽时代进入电气时代；20世纪40年代以来，以电子技术、航空航天技术、核技术、信息和网络技术为标志的第三次技术革命，使人类社会从电气时代进入了电子时代。到了21世纪，互联网已经和电力、电话、高速公路一样，成为一个国家或地区重要的基础设施。今天人们所享受的一切现代文明，无一不直接或间接地与信息技术相关。当代科学技术的创新性研究在很大程度上依赖于信息技术，当代的经济与社会发展在很大程度上都取决于信息产业的发展。信息技术与信息产业正在一步一步地改变着人们的生产方式、工作方式、学习方式与思维方式。历史上还没有哪种技术和产业对人类社会产生如此广泛、深刻的影响。物联网引发了信息技术的第三次革命，随着物联网的发展，数据量将会爆发式增长，物联网、大数据与云计算携手已成为信息技术发展的新方向，是新一轮信息技术革命和科技革命的核心。作为一名信息管理专业的高校教师，作者将会继续在信息科学与管理科学的交叉领域进行研究与探索。

在本书完成之际，要衷心感谢我的博士生导师许正中教授在物联网研究中给予我的指引、教导与帮助；要特别感谢天津财经大学商学院管理信息系统系于宝琴主任和中国财富出版社的寇俊玲编辑在本书出版过程中给予的帮助和支持；感谢天津财经大学商学院管理信息系统系对本书出版的资助；当然，也要感谢天津财经大学的各位领导、同事以及我可爱的学生们一直以来的关心和支持。

同时，我要深深感谢我的家人一直以来对我的包容、理解与支持，如果没有家人为我默默地付出，很难想象我可以专心地进行研究、学习与工作并完成本书的撰写。家人永远是我坚强的后盾与前进的动力！

感谢帮助、关心我的所有人！

李　欢

2014 年 9 月于天津